现代中央银行视角下的货币政策规则：
理论基础、国际经验与
中国的政策方向

Monetary Policy Rules in the Modern Central Banking System:
Theory, International Experience and China's Practice

苏乃芳 著

经济管理出版社
ECONOMY & MANAGEMENT PUBLISHING HOUSE

图书在版编目（CIP）数据

现代中央银行视角下的货币政策规则：理论基础、国际经验与中国的政策方向/
苏乃芳著 . —北京：经济管理出版社，2022.8
ISBN 978-7-5096-8671-3

Ⅰ.①现…　Ⅱ.①苏…　Ⅲ.①货币政策—研究—中国　Ⅳ.①F822.0

中国版本图书馆 CIP 数据核字（2022）第 145515 号

组稿编辑：宋　娜
责任编辑：宋　娜
责任印制：黄章平
责任校对：董杉珊

出版发行：经济管理出版社
　　　　　（北京市海淀区北蜂窝 8 号中雅大厦 A 座 11 层　100038）
网　　址：www. E-mp. com. cn
电　　话：（010）51915602
印　　刷：唐山玺诚印务有限公司
经　　销：新华书店
开　　本：720mm×1000mm/16
印　　张：21.5
字　　数：309 千字
版　　次：2024 年 5 月第 1 版　　2024 年 5 月第 1 次印刷
书　　号：ISBN 978-7-5096-8671-3
定　　价：98.00 元

第十批《中国社会科学博士后文库》
编委会及编辑部成员名单

（一）编委会

主　任：赵　芮

副主任：柯文俊　胡　滨　沈水生

秘书长：王　霄

成　员（按姓氏笔划排序）：

卜宪群	丁国旗	王立胜	王利民	史　丹　冯仲平
邢广程	刘　健	刘玉宏	孙壮志	李正华　李向阳
李雪松	李新烽	杨世伟	杨伯江	杨艳秋　何德旭
辛向阳	张　翼	张永生	张宇燕	张伯江　张政文
张冠梓	张晓晶	陈光金	陈星灿	金民卿　郑筱筠
赵天晓	赵剑英	胡正荣	都　阳	莫纪宏　柴　瑜
倪　峰	程　巍	樊建新	冀祥德	魏后凯

（二）编辑部

主　任：李洪雷

副主任：赫　更　葛吉艳　王若阳

成　员（按姓氏笔划排序）：

杨　振	宋　娜	赵　悦	胡　奇	侯聪睿　姚冬梅
贾　佳	柴　颖	梅　玫	焦永明	黎　元

《中国社会科学博士后文库》
出版说明

为繁荣发展中国哲学社会科学博士后事业，2012 年，中国社会科学院和全国博士后管理委员会共同设立《中国社会科学博士后文库》（以下简称《文库》），旨在集中推出选题立意高、成果质量好、真正反映当前我国哲学社会科学领域博士后研究最高水准的创新成果。

《文库》坚持创新导向，每年面向全国征集和评选代表哲学社会科学领域博士后最高学术水平的学术著作。凡入选《文库》成果，由中国社会科学院和全国博士后管理委员会全额资助出版；入选者同时获得全国博士后管理委员会颁发的"优秀博士后学术成果"证书。

作为高端学术平台，《文库》将坚持发挥优秀博士后科研成果和优秀博士后人才的引领示范作用，鼓励和支持广大博士后推出更多精品力作。

《中国社会科学博士后文库》编委会

摘　要

　　加强价格型货币政策调控方式转型并遵循一定规则开展利率决策，是我国健全与现代中央银行制度相匹配的货币政策框架的重要方向。党的十九届五中全会提出要"建设现代中央银行制度"，这是优化政府职责体系、推进金融治理体系和治理能力现代化的重要内容。当今世界正经历百年未有之大变局，站在新时代的历史方位，我国经济已由高速增长阶段转向高质量发展阶段，货币政策目标和约束条件发生了明显变化，这对货币政策提出了新的要求。因此，加快推进货币政策由数量调控向以利率为主的价格调控方式转型，逐步探索符合中国实际的利率规则，对于完善我国货币政策框架、促进经济高质量发展具有重要意义。

　　本书分为三篇，分别从理论基础、国际经验和我国实践三个方面对货币政策规则进行了系统的讨论和分析。

　　（1）理论分析表明，货币政策规则有助于增强货币政策的时间一致性和政策效果，提高社会福利。货币政策是货币经济学理论的焦点，随着货币经济学理论的发展，货币政策理论得到不断完善。完整的货币政策包括货币政策的基本框架和传导过程，其中基本框架包括货币政策工具、操作目标、中介目标和最终目标。在货币政策框架中，货币政策决策方式一直是规范分析中最重要的研究方向。货币政策决策方式体现了中央银行为实现货币政策最终目标而进行货币调控的原则，这对中央银行在一定约束条件下能否有效实现货币政策最终目标有着至关重要的影响。一般而言，货币政策决策主要有两种方式：相机抉择和规则行事。

（2）国际经验揭示，遵循利率规则进行货币政策决策可以有效地促进全球经济稳健增长并保持较低的通胀水平。美国货币政策框架在演进的过程中，政策目标、工具、决策方式随经济变化不断进行调整，其中泰勒规则作为美国货币政策的重要参考，不仅在20世纪90年代有效地促进了美国经济稳健增长，而且在金融危机后为非常规货币政策正常化也提供了重要依据。欧元区货币政策经历了由数量向价格的转型过程，但近年来的全面宽松和负利率政策对经济的刺激作用有限。日本货币政策框架不断完善、目标不断调整、工具不断丰富、运行方式不断优化，对经济复苏起到了重要的促进作用，但金融危机后大规模实施的非常规货币政策未能成为拉动日本经济增长的动力。对美国、欧元区和日本的货币政策发展历程进行纵向分析的同时，通过对通胀目标制和低利率政策的横向比较，发现作为目标规则的通胀目标制能有效地稳定通胀预期并提高货币政策可信度，但随着全球经济体系的调整，通胀目标制也面临着挑战。近年来，全球大规模开展的低利率政策，造成全球利率普遍低于规则水平，不仅削弱了货币政策的传导效果，还增加了系统性金融风险。

（3）我国实践发现，在我国利率市场化和货币政策转型过程中存在金融脱媒、利率双轨制等典型特征，因此，须探索建立符合我国特征的货币政策规则。我国货币政策转型中存在两个典型特征：第一，金融创新和金融脱媒。基于信用货币创造理论的模型分析，金融脱媒使货币乘数形式更加复杂，从而使货币数量的可控性和调控效果日益下降，这进一步增加了中国货币政策向价格型货币政策转型的迫切性和必要性。第二，利率双轨制。在利率市场化过程中，我国仍存在利率双轨制特征，体现为银行体系中的存贷款利率仍然依赖中央银行存贷款基准利率，而货币和债券市场利率由市场供求决定。基于微观银行学模型和 EGARCH 模型的分析，利率双轨制对我国利率体系结构和金融体系都具有重要影响，在一定程度上限制了货币政策的传导效果。基于我国转型时期的特征，本书在动态随机一般均衡（DSGE）模型的基础上提出了我国最优货币政策框架。首先，分析表明规则行事的货币政策的社会福利损失明显优于相机抉择，因而我国的货币政策亟须向规则行事转型。其次，本书对我国自然利率水平进行了估算，这对我国货币政策规则的探索有重要的作用。最后，基于我国货币政策转型中"量""价"平衡的典型特征，本书构建了符合我国货币政策实践的数量与价格混合型货币政策规则，这对更好地理解中国在转型时期的政策实践以及建立符合我国特征的货币政策规则提供了可靠的理论基础和实证研究支撑。

关键词：现代中央银行制度；货币政策转型；货币政策规则

Abstract

Improving the market-oriented interest rate formation and transmission mechanism and exploring monetary policy rule of China, is of great importance to build a modern central banking system. The Fifth Plenary Session of the 19th CPC Central Committee pointed out "The construction of a modern central bank system" is an important part of optimizing the government responsibility system and promoting the modernization of financial governance system. The world today is experiencing a great change that has not happened in a century. Meanwhile, China's economy has shifted from a stage of high-speed growth to a stage of high-quality development. The objectives and constraints of monetary policy undergone significant changes, which raise new requirement for monetary policy. Therefore, we should accelerate the transformation of monetary policy from quantity-based to price-based regulation and gradually explore the interest rate of China. It is of great importance to improve China's monetary policy framework and promote high-quality economic development.

In this book, we systematically discuss and analyze monetary policy rules from three aspects as following:

Theoretical analysis shows that monetary policy rules help to enhance the time consistency and monetary policy effect and improve social welfare. Monetary policy is the focus of monetary economics theory, and is gradually improved with the development of monetary economics theory. The complete monetary policy includes the basic framework and transmission process, and the framework includes instruments tools, operating targets, intermediate targets and final targets. In the framework of monetary policy, the decision type is an important research subject. The decision type of monetary policy reflects the principle that how the central bank conduct monetary policy to achieve the final targets. It is crucial for the central bank to effectively achieve the final targets under certain constraints. Generally speaking, there are two decision types as "discretion" and "rules".

International experiences reveal that monetary policy based on interest rate rules can effectively promote the economic growth and maintain a low inflation level. In the evolution of monetary policy framework of U. S. , the policy targets, tools and decision type has gradually adjusted. Specifically, Taylor rule is an important reference of U. S. monetary policy. It not only effectively improves the U. S. economy growth in the 1990's, and also provide important basis for the normalization of unconventional monetary policy after the financial crisis. The monetary policy of Euro area transforms from quantity-based to price-based, but in recent years the quantitative easing and negative interest rate policy have limited effect on stimulating the economy. Japan's Monetany policy framework improvs as objects adjustment, tool enriched and operate optimized. It plays an important role to promote economic recovery, but the implementation of unconventional monetary policy after the financial crisis fails to boost Japan's growth. Through the historical analysis of monetary policies in U. S. , Euro area and Japan, we further analyze inflation targeting and low interest rate policy. Inflation targeting is effective in stabilizing inflation expectation and improving the credibility of monetary policy, but it also faces challenges in recent years. The global practice of low interest rate policy lowers the global interest rate below the rule level, which weakens the transmission effect of monetary policy and increase systemic financial risks.

The analysis of the features of China's monetary policy reveals that there are two typical characteristics: financial disintermediation and dual-track interest rate system in the process of China's interest rate liberalization and monetary policy transformation. We should strengthen China's monetary policy transformation and explore China's monetary policy rule. There are two features of China's monetary policy. First, financial innovation and financial disintermediation. Model based on the theory of credit money creation shows that financial disintermediation makes the money multiplier more complex, which decrease the correlation and effect of money quantity rule, and further strengthens the urgency and necessity of China's monetary policy transformation to price-based regulation. Second, the dual-track interest rate system. In the process of interest rate liberalization, China still has dual-track interest rate system, which means the deposit and loan rates in the banking system still depend on the benchmark deposit and loan rates of the central bank, while the interest rates in the currency and bond markets are determined by market supply and demand. The analysis based on the micro banking model and EGARCH model show that the dual-track interest rate system has an important impact on China's interest rate system and the financial system, and further restricts the effect of monetary policy transmission. Based on these features, we construct DSGE model and propose the optimal monetary policy framework in China. The analysis shows that the social welfare of monetary policy based on rules is obviously better than discretion. Therefore, it is urgent for China's monetary policy to transform to rule-based regulation. In addition, we estimated China's natural interest rate which provides an essential role for the formulation and evaluation of monetary policy. Based on the balance between "quantity" and "price" in the process of monetary policy transformation, we build an admixed monetary policy of quantity and price which conforms with China's monetary policy practice. The admixed monetary policy rule is important to understand the typical facts during the transformation of Chinese monetary policy regulation and provides theoretical and empirical support to explore the monetary policy rule conforms with China's features.

Keywords: Modern Central Banking System; Monetary Policy Transformation; Monetary Policy Rules

目　录

第一篇　货币政策规则的理论基础

第二篇 货币政策规则的国际经验

第三篇　转型时期我国货币政策的基本特征和货币政策规则的探索

Contents

Part Ⅱ   The International Experience of
Monetary Policy Rule

Part Ⅲ The Feature of China's Monetary Policy during Transition and Exploring Monetary Policy Rules of China

绪　论

加强价格型货币政策调控方式转型并遵循一定规则开展利率决策，是我国健全与现代中央银行制度相匹配的货币政策框架的内在要求和重要方向。理论和国际经验都表明，规则型货币政策操作不仅有助于稳定市场预期、提高货币政策有效性、完善货币政策调控和传导机制，也有利于深化金融供给侧结构性改革，促进经济高质量发展和形成新发展格局。

第一节　现代中央银行制度与货币政策规则：研究背景和意义

一、健全与现代中央银行制度相匹配的货币政策框架

党的十九届五中全会提出"建设现代中央银行制度"，这是优化政府职责体系、推进金融治理体系和治理能力现代化的重要内容。党的十九届五中全会基于推动高质量发展、统筹发展和安全，对建设现代中央银行制度提出了战略部署。改革开放以来，我国中央银行制度不断发展完善，对促进经济发展和金融稳定发挥了重要作用。当今世界正在经历百年未有之大变局，我国经济正在迈向高质量发展阶段。国际中央银行制度的演变，以及我国发展方式的转变、经济结构优化和增长动能转换的新变化，对中央

银行制度的建设提出了新的要求。建设现代中央银行制度，有助于更好地应对发达国家货币政策溢出效应、实现稳增长和防风险的平衡，在推动我国经济发展、物价稳定的同时可防止发生系统性金融风险，更好地推动我国经济高质量发展。

现代货币政策框架是建设现代中央银行制度的重要内涵之一。现代货币政策框架包括优化的货币政策最终目标体系，价格型调控方式下市场化利率的形成、调控和传导机制等。从最终目标来看，货币政策以物价稳定为首要目标，同时形成关注就业和金融市场稳定的最终目标体系。从操作目标来看，货币政策需加快向价格型调控方式转型。从政策工具来看，货币政策应健全市场化利率的形成和调控机制，以深化利率市场化改革为抓手疏通货币政策传导机制。由此可见，加强价格型货币政策调控方式转型并遵循一定规则开展利率决策，是我国健全与现代中央银行制度相匹配的货币政策框架的重要方向。

二、我国货币政策转型的迫切性

我国的货币调控体系脱胎于计划经济体制，1990 年之前主要采取现金发行和信贷规模计划的直接控制方式。自 1990 年初社会主义市场经济体制正式确立以来，我国逐步缩小了信贷控制范围，公布货币供应量统计并正式将其作为货币政策中介目标，最终在 1998 年以取消信贷规模控制并重启人民币公开市场操作为标志，货币政策转向符合市场经济要求的间接调控方式。中国现代意义的货币政策实践仅有二十多年的历史（张晓慧，2015）。正是由于脱胎于计划经济信贷控制，二十多年的中国货币政策主要采取了相机抉择方式并更加偏重于经济增长目标：当经济疲软时，采取适度宽松政策来刺激经济；当经济过热时，则采取适度紧缩政策来收紧经济。相机抉择可以根据经济变化随时调整货币政策，具有很强的灵活性，在市场经济体制运行初期，对稳定物价和促进经济发展起到了较好的效果。但是，随着经济金融体系日益成熟与复杂，传统的货币决策方式面临着日益严峻的挑战。货币政策往往具有顺周期特征，而与逆向而行的政策初衷相违，表现为产出和通胀不稳定并带来更大的社会福利损失。

与此同时，受金融体系发育不足、预算软约束、微观主体利率不敏感及利率传导机制不畅等客观因素的影响，长期以来，我国的货币政策主要以数量调控为主，对利率、汇率等价格机制的作用重视不够（周小川，2004）。随着我国金融体系的持续深化和金融创新的迅猛发展，货币需求函数的稳定性逐步降低，传统数量调控的有效性明显下降。特别是2015年10月我国基本放开存贷款利率管制以来，利率市场化进入了更加重视"形得成""调得了"的深化改革阶段，货币政策由传统的数量调控转向以利率为主的价格调控的必要性和紧迫性日益上升（张晓慧，2015；易纲，2019）。

三、探索我国货币政策规则的重要性

经过多年的高速增长后，中国经济已进入高质量发展阶段，货币政策目标和约束条件发生了明显变化，对货币决策方式转型提出了新的要求。随着经济由高速增长转向中高速增长，全面刺激性政策的边际效果明显递减。特别是现阶段仍处于前期刺激性政策的消化期，由于实体经济杠杆率较高，我国仍面临产能过剩、地方债务负担过重以及房地产泡沫等多重风险。若一味地追求经济增速而采取大规模的刺激政策，只能带来经济的短期反弹并进一步固化原有的结构性问题，滋生通货膨胀（以下简称通胀）与资产价格泡沫。在趋势性与周期性因素叠加的当下，我国货币政策既要防止结构调整过程中出现总需求的惯性下滑，又不能过度放水妨碍市场的有效出清，要为经济结构调整与转型升级营造中性适度的货币金融环境。随着经济由要素驱动、投资驱动转向创新驱动，经济不确定性进一步加大，关注短期经济状况的货币政策可能加大经济的不稳定性，这对货币政策的前瞻性提出了更高的要求。在经济结构优化调整和经济增长方式转变的过程中，我国正从以增量扩能为主，转向调整存量、做优增量并存的深度调整，经济运行新旧特征相互交织，主要经济变量关系发生了明显变化，原有货币政策效果有所减弱，这对货币政策的有效性提出了更高的要求。从全球环境来看，当今世界正经历百年未有之大变局，站在新时代的历史方位，我国经济已由高速增长阶段转向高质量发展阶段，这对货币政策提出了新的要求。

我国货币价格调控不仅要通过市场化方式"调得了"利率，还要"调得好"，逐步探索符合我国国情的利率操作规则，从而将操作目标和市场利率引导至与稳态经济增长路径相符的均衡水平，有助于对冲当前经济下行阶段过度的货币扩张预期，实现"稳增长、防风险、促改革""一石三鸟"的效果。这对于我国经济高质量发展以及加快形成以国内大循环为主体、国内国际双循环相互促进的新发展格局具有重要意义。

四、建设现代中央银行制度的国际经验

古典经济学的货币数量论假设货币具有外生性，即在其他条件不变的情况下，价格是由货币数量决定的，货币只是作为交易媒介和支付手段，因此货币政策只能引发价格变化而不会影响实体经济。在这一理论指导下，中央银行普遍采用金本位制的政策主张，认为货币发行应尽量独立于政府干涉。金本位制相当于为各国政府提供了一个具有时间一致性的货币规则（Bordo and Kydland，2004）。以英格兰银行的实践为例，1844 年《皮尔银行法案》要求实行完全储备的金本位制，即中央银行任何票据的发行在超过某一固定的数量时必须有 100% 的黄金储备作为抵押，正是体现了上述思想。金本位制在 19 世纪 70 年代被几乎所有主要经济体的中央银行采用，成为通用的国际货币制度。

二战时期，各国不得不暂时停止货币数量论和金本位制的实践，各国将黄金作为战略物资限制出口，以发行信用货币为主要的货币形式。二战后，黄金数量不足以支撑物价大幅上涨的价格体系，英国倡议采用金汇兑本位制，即英国、法国等国家实行金本位制，其他国家与实行金本位制的国家保持固定汇率。

二战后受全球经济结构变化和国际金融秩序重建的影响，以凯恩斯为首的经济学家提出了布雷顿森林体系，即采取各国货币与美元挂钩，而美元与黄金挂钩的"美元—黄金"金汇兑本位制，为二战后世界经济发展和国际贸易繁荣做出了巨大贡献。但是，布雷顿森林体系仍存在弊端，美国具有货币发行特权，即可以利用其储备货币的地位为其贸易逆差进行融资。尤其是在传统凯恩斯主义思想的指导下，美国的货币政策并不考虑其国际收支状况而是以国内目标为主。在相机抉择思想的指导下，货币政策时间不一致性问题日益突出（Kydland and Prescott，1977）。随着美国在20世纪70年代开始陷入滞胀阶段以及其贸易逆差不断扩大，美元币值稳定性的压力不断上升。1971年8月美国最终放弃了黄金可兑换的金汇兑本位制，此后布雷顿森林体系解体。

以传统凯恩斯主义为指导的相机抉择的货币政策实践造成了全球性滞胀和布雷顿森林体系瓦解的苦果。20世纪70年代以来，主要国家货币政策决策方式逐步转向规则行事，预先承诺机制有效增强了货币政策的透明度和可信性，能够为评价货币政策提供可靠依据，因而极大地提高了货币政策的有效性。20世纪80年代以来，按规则行事成为各国中央银行货币政策决策的主要方式，并取得了巨大成功，为全球进入长达二十余年的经济稳健增长且较低通胀的"大缓和"时代（Great Moderation）做出了重要贡献。Taylor（2013）认为，正是由于进入21世纪以来货币政策重新趋向相机抉择，才引发了全球金融危机并造成了经济复苏步伐缓慢的恶果。由此可见，货币政策规则在现代中央银行制度的确立中发挥了重要作用。

第二节　内容安排和主要框架

本书除绪论外分为三篇共十一章，其主要内容如下：

第一篇是货币政策规则的理论基础，分两章对货币理论、货币政策框架和货币政策规则进行了系统性讨论，为本书的研究奠定了坚实的理论基础。本篇共包括两章：

第一章对货币政策的基本理论进行了全面的梳理。货币政策是货币经济学理论的焦点。本章从古典经济学与货币数量论出发，阐述了早期对"货币中性"问题的讨论，并梳理了凯恩斯理论、货币学派和理性预期学派的主要观点，在此基础上对新古典经济学和新凯恩斯理论进行了深入分析，并紧跟国际前沿研究热点对现代货币理论进行了介绍。与此同时，本章将呈现一套完整的货币政策，包括货币政策的基本框架和传导过程。本章对货币政策基本框架中的货币政策工具、操作目标、中介目标和最终目标进行了系统而深入的讨论，并在此基础上对货币政策传导机制的相关理论进行了全面的阐述。

第二章对货币政策规则的理论发展进行了详细的分析。在货币政策框架中，货币政策决策方式一直是规范分析中最重要的研究方向。货币政策的决策方式体现了货币当局为实现货币政策最终目标而进行货币调控的原则，对中央银行在一定约束条件下能否有效实现最优的产出和通胀有至关重要的影响。一般而言，中央银行的货币政策决策主要有两种方式："相机抉择"和"规则行事"。本章对"相机抉择"和"规则行事"的基本概念、主要争论和研究进展进行了深入分析。在此基础上，对魏克赛尔（Wicksell）规则、货币数量规则、泰勒规则和通胀目标制等主要货币政策规则的演变进行了介绍。

第二篇是货币政策规则的国际经验。本篇首先从纵向对美国、欧元区和日本的货币政策实践进行了深入分析，其次从横向对近年来广泛关注的通胀目标制和低利率政策进行了全面讨论。通过翔实的国际经验介绍为我国货币政策规则的研究提供了重要参考和启示。本篇共包括三章：

第三章分析了美国、欧元区和日本货币政策框架的演变过程。首先，对美国在不同经济背景下货币政策的基本框架、具体实践及政策效果进行了深入的分析，并重点讨论了泰勒规则的实践。其次，对欧元区各阶段的政策背景、货币政策基本框架和主要工具、货币政策实施效果等进行了系统分析，并重点分析了负利率政策的实践。另外，梳理了日本央行货币政策演进，尤其是非常规货币政策的发展。

第四章讨论了通胀目标制的理论与实践。通胀目标制产生于 20 世纪 90 年代。新西兰是第一个引入明确通胀目标制的国家，目前已有超过 25 个国家采用通胀目标制。在政策实践不断发展的同时，通胀目标制的理论也得到逐步完善。本章对通胀目标制的理论发展过程、目标规则和工具规则的属性、政策框架基本实践和政策效果评价进行了全面分析。

第五章对低利率和负利率问题进行了深入分析。金融危机以来，低利率、低增长和低通胀成为全球经济的新常态。从作用机制来看，主要经济体中央银行大规模开展了低利率政策的实践，在流动性效应、预期效应和期限结构理论的基础上，通过利率走廊机制和多种渠道传导到实体经济。从政策效果来看，低利率政策在短期内对提振市场信心、缓解金融市场波动具有积极的作用，但其边际效用递减，政策传导效果不佳，不利于长期经济增长。本章对各国低利率政策的作用机制及其影响进行了系统性阐述。

第三篇对我国利率市场化和货币政策转型过程中的金融脱媒、利率双轨制等问题进行了多层次、多角度的深入讨论，从而全面地了解我国货币政策框架的主要特征，并在此基础上构建了符合我国实际的最优货币政策框架，同时对中国自然利率水平进行了估算，并提出了数量与价格混合型货币政策规则。这为建立符合我国特征的货币政策规则提供了可靠的理论和实证研究支撑。本篇共包括六章：

第六章讨论了金融创新及其对我国数量型货币政策的挑战。随着利率市场化改革的加快推进和基本完成，以银行理财和互联网金融为代表的金融创新和金融脱媒迅猛发展，传统的以货币供应量为中介目标的数量型货币调控效果日益下降。本章从信用货币创造理论出发，构建了考虑金融脱媒情形的货币供给和货币乘数模型，并利用中国数据进行了实证分析检验，对金融创新背景下我国数量型货币政策的有效性进行了分析，从而为我国货币政策转型提供了理论支持。

第七章分析了我国利率市场化过程中的利率双轨制问题。利率双轨制主要体现为银行体系中的存贷款利率仍然依赖中央银行存贷款基准利率，而货币和债券市场利率则由市场供求决定。本章通过建立微观银行学模型，对我国利率双轨制的微观机理进行了深入刻画，通过实证分析讨论了利率双轨制的影响，并对我国利率市场化改革的主要方向提供了政策建议。

第八章讨论了利率双轨制的影响。利率双轨制压低了我国存贷款利率，并通过利率传导使市场利率和长期利率也低于均衡水平。压低的利率限制了货币政策对商业银行存贷款利率和市场利率的传导效果，也弱化了对最终目标传导的有效性。可见利率双轨制对我国利率体系、货币政策传导和货币政策效果都具有重要的影响。本章通过理论和实证分析，对我国利率双轨制的影响进行了深入刻画。

第九章建立我国最优货币政策的框架。在本章中，笔者首先对现代最优货币政策框架的基本理论进行了深入的讨论，讨论了线性理性预期模型下最优货币政策规则的求解，并在这一框架下对目标规则与工具规则进行了深入的讨论。在此基础上，本章以新凯恩斯理论为基础，考虑到我国以银行为主的金融体系特征，构建符合我国实际的 DSGE 模型，并在我国最优货币政策框架下求解最优货币政策规则，分析不同货币决策方式的具体影响。这为探索符合我国实际的货币政策规则提供了可靠的理论依据。

第十章估算利率双轨制下的中国自然利率水平。在我国货币政策规则的探索中，自然利率作为经济系统的均衡实际利率具有重要的作用。本章在对自然利率的内在含义、政策意义、理论发展、估算方法进行深入分析的基础上，构建了考虑隐性利率双轨制的 DSGE 模型，该模型对中国自然利率水平进行了估算，这为我国货币政策合理设定利率目标水平、选择符合我国实际的利率规则以及有效开展货币政策调控，具有非常重要的意义。

第十一章探索了我国转型时期的混合型货币政策规则。在我国货币政策由数量型向价格型转型的过程中非常注意"量"与"价"的平衡。针对这一典型特征，本章基于货币数量论和货币效用模型构建了符合中国货币政策实践的数量与价格混合型货币政策规则，并通过状态空间模型进行了实证分析。本章的讨论对于更好地理解中国在转型时期的数量和价格混合

型货币政策实践以及建立符合我国特征的货币政策规则提供了可靠的理论
基础和实证研究支撑。全书主要框架如图0-1所示。

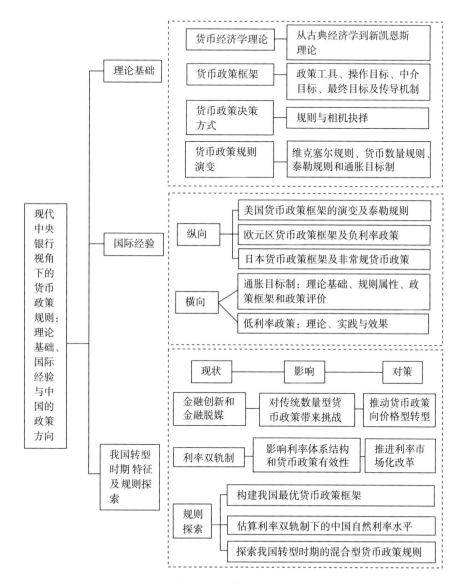

图0-1　全书主要框架

第三节 研究方法和创新之处

本书将采用以下几类研究方法，多层面、多角度研究讨论问题：

第一，理论研究法。从理论的角度出发，对国内外关于货币政策规则的相关文献进行综述，阐述货币政策规则的理论发展脉络。这有助于了解货币政策框架的历史背景和发展现状，为研究提供坚实的理论基础。

第二，经验分析法。从经验的角度出发，阐述不同经济发展时期各国中央银行所广泛使用的货币政策规则，尤其对近年来主要中央银行使用的通胀目标制和泰勒规则的发展背景和应用情况进行深入分析。这为我国货币政策框架构建提供了重要的参照和依据。同时坚持历史分析和逻辑分析方法相结合，分析我国货币政策发展情况、转型时期的主要经济特征和货币政策特点，探索我国货币政策规则的必要性和可行性，为我国货币政策操作提供了理论支撑。

第三，实证检验法。在理论分析的基础上，注重规范分析与实证分析相结合，采用向量自回归、时间序列分析、面板数据分析等实证分析方法，提升研究的科学性与规范性。实证检验结果不仅为我国宏观经济模型的构建提供了依据，也为我国货币政策规则的研究指明了方向。

第四，数理模型法。参考国际前沿的货币经济学研究方法，采用新凯恩斯一般均衡模型和动态随机一般均衡（DSGE）模型刻画我国的宏观经济情况。分析框架具有坚实的理论基础，对我国货币政策研究具有重要的理论价值和明确的政策指导意义。

本书在以下四个方面做出了一定的创新性贡献：

一是系统梳理，理论清晰完整。本书深入梳理了货币经济学的主流学派和理论发展，并对货币政策框架进行了深入、系统的分析，形成了较为系统、完整的货币政策理论框架，并在此基础上对货币政策规则的基本理论和实践进行了详细讨论。本书的货币政策规则相关理论框架完善、脉络清晰、观点全面、分析深入，为这一领域的研究奠定了坚实的理论基础。

二是纵横结合，国际经验翔实。本书采用纵向历史发展和横向政策比较的不同角度，对货币政策规则的国际经验进行了详细讨论。从纵向来看，对美国、欧元区、日本各阶段的宏观经济特征、货币政策背景、货币政策基本框架和主要工具、货币政策实施效果等进行了系统分析；从横向来看，对各国的主要货币政策规则和政策特点进行了深入分析，重点分析了泰勒规则、通胀目标制以及非常规货币政策中的负利率、低利率等政策。本书的国际经验翔实深入，对货币政策规则研究具有重要的参考价值。

三是抽丝剥茧，深入现状分析。本书对我国利率市场化改革推进和货币政策加快转型过程中的典型性特征进行了深入讨论，并分从理论基础、模型构建、实证检验和现状分析等多个层次进行了深入讨论，从而全面了解我国货币政策框架的主要特征，为货币政策转型的方向提供了理论支撑和实践指导。

四是守正出奇，创新模型框架。在现状分析的基础上，本书创新性地构建了符合我国实际的最优货币政策框架。这一框架以新凯恩斯理论为基础，并结合了我国货币政策从数量型向价格型转型的主要特征。这对于比较不同货币政策产生的社会福利、选择适合我国的货币政策决策方式以及构建我国最优货币政策规则都具有重要的意义。与此同时，本书对中国自然利率水平进行了估算，这不仅为我国货币政策合理设定利率目标水平提供了重要参考，也有助于探索符合我国实际的利率规则。在此基础上，本书针对我国转型时期的特征提出了数量与价格混合型货币政策规则。本书的理论创新，有助于更好地理解我国在转型时期的数量和价格混合型货币政策实践，并为建立符合我国特征的货币政策规则提供了可靠的理论基础和实证研究支撑。

第一篇

货币政策规则的理论基础

本篇深入梳理了货币经济学的主流学派和理论发展，并对货币政策框架进行了深入、系统的分析，对货币政策规则的基本理论和实践进行了详细讨论。本篇构建的货币政策规则相关理论框架为后续研究奠定了坚实的理论基础。

第一章 货币政策基本理论

货币政策是指中央银行为实现特定的经济目标而采用的各种控制和调节货币、信贷及利率等变量的方针和措施。货币政策是货币经济学理论的焦点。完整的货币政策是一个含有货币政策目标体系、工具体系和操作程序的复杂框架。在本章中，笔者对货币理论的发展历程和货币政策的基本框架进行了全面的阐述，为本书的研究奠定了坚实的理论基础。

第一节 货币理论发展概述

一、古典经济学与货币数量论

早期的古典经济学聚焦"货币中性"问题，认为货币是中性的计价单位，只能决定价格水平而不会对真实经济产生影响。其代表性人物休谟（1984）认为，货币量的增长是物价上涨的原因，因此货币当局需要对货币增长量进行合理控制。休谟首次对货币数量论进行了完整而系统的阐述，对货币数量论的发展具有重要影响。Ricardo（1821）在此基础上进行了更深入的研究，认为货币数量的变动最终只影响价格水平，不会改变世界生产要素。这一理论也强调货币中性，否定货币数量与产出的关系。货币数量决定了价格，货币数量增加将导致物价相应比例的上涨。由此可见，货币数量论的重要假设是"货币中性"或"货币外生"，货币价格等名义变量与经济增长等实际变量是无关的，这也被称为"古典二分法"。

20世纪初，货币数量论蓬勃发展。美国经济学家Fisher（1930）提出了货币需求的交易方程式：MV=PT。其中，M为货币增速，V为货币流通速度，由消费者的支付方式以及信用的发达程度等制度因素决定，长期内基本稳定。T为全部交易，P为物价水平。因此，在国民收入和货币流动速度稳定不变的情况下，物价水平决定了货币需求。Fisher（1930）认为，交易是人们持有货币的主要目的，因此交易方程式反映了既定的名义总收入下人们所持的货币数量，体现了货币需求数量论。以庇古为代表的剑桥学派认为，交易方程式忽略了微观主体的货币需求（Pigou，1917）。他们重视微观主体的行为，并提出了剑桥方程式，即在其他条件不变的情况下，微观主体的名义货币需求与其名义收入水平具有稳定的比例关系。1917年，Pigou提出了货币数量现金余额说，认为人们持有货币的数额实际上是持有货币的收益、进行投资的收益以及消费收益的权衡，因此货币数量取决于人们用通货形式保持的实物价值与货币数量的比例，即 M=KPY，其中 Y 为产出，K 为货币流通速度的倒数$\left(K=\dfrac{1}{V}\right)$。与交易方程式不同，剑桥方程式更强调由货币储藏手段所决定的货币需求因素。

二、凯恩斯理论

由于20世纪30年代出现经济大萧条，理论界开始反思宏观经济理论中自由主义的观点，使凯恩斯理论得到了广泛的发展。凯恩斯认为经济萧条时社会总需求不足，因此政府应当采用积极的财政政策和货币政策，从而刺激总需求和推动经济发展（Keynes，1930）。凯恩斯的基础性框架可以表示为IS-LM分析模型，其中，LM模型就是货币需求理论。凯恩斯理论继承了剑桥学派的观点，但与古典货币数量论不同，凯恩斯强调利率对货币需求的影响。凯恩斯认为，作为微观主体的个人资产，货币的需求包括三种动机：一是交易动机，即个体需持有日常交易所需要的货币余额，由个体的收支水平决定；二是预防动机，即个体需持有货币来应对未来收入和支出的不确定性；三是投机动机，即货币的价值储藏功能。凯恩斯发现，货币需求不仅受到名义收入的影响，也受到其他资产收益的影响，当其他资产收益改变时，作为价值储藏的货币量随之变化。

后凯恩斯学派对凯恩斯的货币需求理论进行了发展，包括平方根模型、资产组合选择理论和立方根模型。平方根模型认为，交易性货币需求的平方与个体收入呈正相关、与利率呈负相关。资产组合选择理论认为，人们在持有货币的同时也可以持有盈利性资产（如债券），持有货币相当于放弃盈利性资产的收益，因此货币需求与盈利性资产的利率成反比。立方根模型认为，预防性货币余额的立方与货币支出分布的方差成正比，与转换现金的手续费成正比，与利率成反比。

三、货币学派与理性预期学派

此后，凯恩斯主义一直占据货币理论的主流地位，政府干预的货币政策主张被各国中央银行广泛认可和采用。但是，在 20 世纪 70 年代的石油危机冲击下，世界各国经济持续出现衰退，通货膨胀水平大幅上升，出现了全球性滞胀。在此背景下，新古典经济增长理论、内生增长理论、货币学派等新的货币理论逐渐发展。以弗里德曼为代表的货币主义提出了"新货币数量论"（Friedman，1968）。

Friedman（1968）认为，影响货币需求的因素主要包括居民的永久性收入水平、劳动收入在总财富中的占比以及货币、债券、股票等金融市场各种投资品的预期收益率。基于永久性收入假说，长期而言，利率变化对货币需求的影响很小，货币需求以及货币流通速度和货币乘数都是稳定的（Friedman and Schwartz，1963）。货币学派认为，从短期来看，由于货币流通速度具有波动性，逆周期的货币政策调控可以熨平短期波动，从而对产出和就业产生影响；从长期来看，由于经济具有自稳定机制，长期产出和失业率都将回归均衡水平；此外，货币具有外生性，货币数量只影响价格水平而不影响产出和就业。货币学派不主张政府过度干预经济，认为货币当局应维持货币供应量增速的稳定。

20 世纪 70 年代，理性预期学派对传统凯恩斯理论提出了批判，指出凯恩斯理论中的适应性预期存在系统性偏差，并提出应采用理性预期，即基于当时可以利用的一切信息做出的预期。理性预期学派还指出传统凯恩斯理论主要是缺乏微观基础的短期比较静态局部均衡分析，这也是著名的"卢卡斯批判"（Lucas，1976）的关键之处。理性预期学派开启了微观与宏观经济学相互融合的进程，使货币经济分析进入新的阶段，开创了新古典经济学和新凯恩斯主义经济学，这两种理论都是采用在理性预期条件下具有微观基础的无限期动态一般均衡分析。

四、新古典经济学与新凯恩斯理论

新古典经济学（即新古典宏观经济学，New Classical Macroeconomics）是在 20 世纪 70 年代高通货膨胀和高失业以及对凯恩斯主义学说不满的背景下发展起来的。新古典经济学认为，宏观模型应该是建立在微观基础上的、动态的、满足理性预期条件的一般均衡模型。新古典宏观经济学的基本假设包括个人利益最大化、理性预期、市场出清和自然率假说。经济主体在充分利用一切信息的基础上对个人利益最大化，且无论是劳动市场还是产品市场上的价格都具有充分的弹性，可以通过灵活调整来满足供求情况。社会存在自然失业率，其大小取决于技术、资源和文化等结构性因素。长期来看，失业率将趋向于自然失业率。因此，新古典经济学的主要政策观点是宏观经济无效论。新古典经济学认为，改变总需求的货币和财政政策都属于意料中的因素，只能改变价格水平的高低，不会影响产出和就业，这被称为新古典政策的无效性定理。

新凯恩斯理论在传统凯恩斯主义的基础上加入了微观基础，其基本特征是垄断竞争、名义价格黏性和货币短期非中性。新凯恩斯模型假定垄断竞争，认为产品和投入由经济主体根据目标（通常是利润）最大化原则设定。同时，模型假定名义刚性。在微观行为优化时，厂商可能面临价格调整成本，因而价格调整存在一定的刚性。也就是说，厂商在调整产品价格和买卖服务的频率方面受到了一定的约束，存在调整价格的成本。另外，模型强调货币政策的短期非中性。在名义价格刚性条件下，货币政策冲击导致的利率变化并不会引起通胀预期的等比例变化，这将使实际利率发生改变，厂商面临需求的变化从而调整产品数量以实现利润最大化，这样实体经济在投资、消费以及产出和就业等方面都将实现新的最优水平，因此货币政策在短期内是非中性的。实证分析也发现了货币政策冲击对实际利率、实际产出产生影响的证据。随着经济的不断调整，长期来看，所有的价格和工资都将最终得到充分调整，因而新凯恩斯模型在长时期内将呈现出新古典经济学的特征。目前，以新凯恩斯模型为理论基础，利用动态优化方法描述各经济主体最优决策行为的动态随机一般均衡（Dynamic Stochastic General Equilibrium，DSGE）模型已成为现代宏观经济学和货币经济分析最重要的研究方法。

五、非主流经济学与现代货币理论

2008 年全球金融危机使主流经济学遭受重创，大量研究对主流经济学进行了反思，甚至认为主流经济学严重地脱离了经济现实。因此，非主流经济学理论得到了广泛的关注。非主流经济学包括后凯恩斯主义、老制度主义、新熊彼特学派、马克思主义、女性主义、奥地利学派等，在西方经济学界处于边缘地位。其中，作为后凯恩斯主义的一个分支的现代货币理论（Modern Money Theory，MMT）在近年来引起了广泛的争论，代表人物包括雷（Wray，2019）等。

现代货币理论在新的理论框架下重新阐释了货币的起源和本质，认为货币是国家的货币，起源于债权债务关系和记账功能，并且税收驱动了货币。政府的财政收入不仅来源于税收和债务，还可以用货币政策操作来进行补偿。政府债券的发行与货币政策的操作类似，可以帮助中央银行维持市场利率，因此财政政策可以显著地影响市场利率。现代货币理论主张功能财政，货币政策应该从属于财政政策。现代货币理论最引起关注和争议的观点是财政赤字可以货币化。由于任何以主权货币支付的债务都可以通过发行货币偿还，因此政府发行债务可以不设限制。现代货币理论与主流经济学理论大相径庭，因此引起了颇多争论。一些学者认为日本是现代货币理论实践的成功案例。日本的中央银行通过大规模刺激计划将政府的借款成本维持在超低水平，从而在不引发通胀的情况下提振财政支出。尽管债务水平很高，占 GDP 的比重超过 250%，但债务是可持续的。但也有学者认为，现代货币理论不是在一般均衡的框架下进行的，存在逻辑错误，尤其是大大低估了政府发债这一刺激性政策的负面后果。总的来看，现代货币理论具有理论创新，但仍不够完备和严谨，对主流经济学的理论和货币政策具有一定的启发意义。

第二节　货币政策的基本框架

经过近两百年的发展，货币理论不断演变，形成了诸多流派，相关观点至今仍存在争议。与此同时，关于货币政策的理论也不断得到发展。1844 年，通货学派提出的《皮尔银行法案》确立了英格兰银行成为现代中央银行的鼻祖。此后，现代中央银行的体制和货币政策框架得到不断发展和完善。

一套完整的货币政策包括货币政策的基本框架和传导过程。货币政策的基本框架一般包括货币政策工具（Instruments、Tools）、操作目标（Operating Target）、中介目标（Intermediate Target）和最终目标（Objective、Final Target）（Mishkin，2009）。

一、货币政策工具

货币政策工具服务于货币政策调控的最终目标。中央银行通过货币政策工具影响操作目标，从而影响中介目标并实现最终目标。从现有中央银行的实践来看，传统的政策工具主要包括公开市场操作、再贴现政策、法定存款准备金率等。

公开市场业务是指中央银行直接在公开市场买卖政府债券的行为。公开市场操作是最重要的货币政策工具，它在很大程度上影响了利率水平和基础货币规模。当中央银行买入债券时，增加了存款准备金和基础货币，进而增加了货币供给，降低了利率。当中央银行卖出债券时，减少了存款准备金和基础货币，从而减少了货币供给，提高了利率。公开市场操作包括回购协议（Repurchase Agreement，Repo）和逆回购协议（Reverse Repo）。公开市场操作灵活准确，可以快速进行，因此被广泛使用。

再贴现政策是指商业银行利用抵押品向中央银行再次融资。这一业务也称为贴现窗口（Discount Window）。中央银行可以通过提高或降低再贴现率来影响商业银行的再贴现贷款规模，从而影响基础货币和货币供给。再贴现政策有助于中央银行发挥最后贷款人（Lender of Last Resort）的职能，即通过贴现向银行提供流动性来防止银行倒闭和金融危机。但是相比公开市场操作，再贴现的有效性相对较低。而且贴现率与市场利率之间的利差波动可能影响贴现规模，从而影响货币供给。

法定存款准备金制度。存款准备金制度是指商业银行必须按照中央银行的要求，将一定比例的存款作为准备金存入中央银行。法定存款准备金率通过影响货币乘数影响货币供给。法定存款准备金率的提高将减少商业银行的可贷资金规模，从而减少货币供给。法定存款准备金率是一个强有力的工具，对货币供给具有很大影响。但是，调整法定存款准备金率的成本较高，难以实现微调。

除传统货币政策工具外，2008 年金融危机后，各国中央银行频繁推出"非常规货币政策"，对于各国经济复苏起到了重要的作用。非常规货币政策主要包括降低利率、量化宽松货币政策和前瞻性指引等。与此同时，为了配合推进利率市场化改革，我国中央银行不断创新货币政策工具，主要包括短期流动性管理工具（Short-term Liquidity Operations，SLO）、常备借贷便利（Standing Lending Facility，SLF）、中期借贷便利（Medium-term Lending Facility，MLF）、定向中期借贷便利（Targeted Medium-term Lending Facility，TMLF）、抵押补充贷款（Pledged Supplementary Lending，PSL）等，这些货币政策工具对引导市场利率和管理金融体系流动性发挥了重要作用。

二、操作目标

货币政策操作目标一般由金融市场形成。中央银行使用货币政策工具来作用于操作目标，使市场变量接近政策目标水平。货币政策操作目标通过货币政策传导来影响中介目标，从而实现最终目标。货币政策操作目标可以是法定或超额准备金、基础货币等数量型变量，也可以是市场利率、收益率曲线、汇率等价格型变量。

操作目标是货币政策实施的重要内容，能够被中央银行直接有效引导，从而反映了货币政策当局的政策立场，是货币政策影响金融市场和实体经济的逻辑起点，有效传递中央银行的政策信息并引导市场预期，与最终目标密切相关。例如，目前主要国家的中央银行采用短期利率作为操作目标，也称为"参考利率"（Reference Rate），可以反映和评估该国中央银行政策立场及变化情况。

三、中介目标

一般认为，货币政策最终目标是不可控制的，因而在决定了最终目标后，中央银行选择一组要盯住的变量，称为中介目标或中间目标，比如货币总量或者利率。中央银行一般通过货币政策工具或货币政策操作目标影响中介目标，进而作用于最终目标，这就形成了完整的货币政策传导过程。中央银行可以通过中介目标来衡量和评价货币政策调控的传导效果。货币政策中介目标需要满足可控性、可测性及与最终目标的相关性。可控性是指中央银行需要通过货币政策工具和操作目标有效影响中介目标。可测性是指中央银行可以对中介目标进行快速而精准的测量。与最终目标的相关性是指货币政策中介目标可以作为货币政策最终目标的先行指标，中介目标需要与最终目标具有高度相关性和敏感性。

各国中央银行在实践中根据其所处的不同历史条件和经济背景选择中介目标。1971 年，美联储宣布用货币总量作为中介目标。1975 年美联储每季向国会报告货币增长目标。但美联储的货币供应目标范围过于宽松且经常变化，这损害了货币供应目标的实现。与此同时，随着金融脱媒和金融创新的发展，货币乘数和货币供给变得越来越复杂且难以精确有效地控制（李宏瑾、苏乃芳，2017），中央银行不得不多次修改货币统计口径，例如1971—1986 年，美联储曾 6 次调整货币的划分和统计口径。从 1982 年起，美联储不再强调货币总量指标，并在 1987 年停止报告 M1 且重点转向更为宽泛的 M2。1993 年，美联储不再使用货币总量作为中介目标。取消货币总量后，美联储在 90 年代初选择联邦基金利率作为中介目标。

我国的货币政策中介目标的选择经历了较长的过渡阶段。受长期计划经济的影响，20 世纪 90 年代中期之前我国货币政策主要采用直接调控模式，实行现金发行和信贷规模管理制度，并将信贷规模作为货币政策的中介目标。随着我国金融市场的发展和完善，中国人民银行逐渐减少了对信贷的控制，并探索货币供应量的统计和分析。1994 年，中国人民银行开始对外发布货币供应量数据，并于 1996 年正式将其作为货币政策中介目标。近年来，随着金融创新迅猛发展，金融产品替代性大大提高，这使得广义货币与狭义货币之间的界限越来越模糊，货币供给与物价产出的关系越来越不稳定。因此，货币供应量已不适宜作为我国货币政策的中介目标，我国货币政策亟须向价格型调控为主转型（张晓慧，2015）。

近年来，许多研究认为从政策实践的角度看，中介目标的货币政策模式过于迂回，不如操作目标那样产生直接影响，可能无法实现最优的政策结果（李宏瑾，2019）。而且，中介目标往往是经济系统中的内生变量，其与最终目标的关系一般不是稳定的。正是出于这个原因，尽管 20 世纪 70 年代以来各国中央银行使用货币数量目标制，但由于不断修改货币统计口径，准备金等政策也变得过于复杂。"卢卡斯批判"问题在货币政策实践方面也存在，当某一指标成为既定的政策目标后，可能失去原本包含的宏观经济信息，从而对决策的意义减弱，产生动态不一致问题。除了货币供应量之外，信贷总量、名义经济增速等指标作为中介目标都存在类似的问题。由于中介目标在理论和实践上的效果不佳，而且随着货币政策传导机制理论的发展，货币政策工具与最终目标的传导机制越来越清晰，因此中介目标逐渐淡出中央银行货币政策实践（Bindseil，2016）。

四、最终目标

货币政策最终目标是货币政策最终要实现的目的。中央银行最关注货币政策最终目标的实现，货币政策工具、操作目标和中介目标都要服从最终目标。货币政策的最终目标应与国家的长期发展战略和短期需要解决的社会经济问题相一致。不同发展阶段和不同国家对最终目标的选择有所不同。总的来看，货币政策的最终目标包括物价稳定、充分就业、经济增长、国际收支平衡。

物价稳定就是保持一般物价水平在短期内相对不发生显著或剧烈变动。物价稳定将促使全社会资源得以有效地分配。Wicksell（1936）最早提出，货币政策要采取显性价格水平标准。20世纪以来，许多中央银行逐步使用通货膨胀作为货币政策最终目标。从近年来实行通货膨胀目标制的发达国家来看，大部分中央银行都将通货膨胀目标范围制定在2%~3%。

充分就业是指包括劳动力在内的各种生产要素被充分利用。充分就业并不是指失业率为零。这里需排除短期劳动力供给失调造成的摩擦性失业和劳动者技能与工作要求不匹配造成的结构性失业两种情况。充分就业的目标是消除由于总需求不足而造成的失业，使劳动需求等于劳动供给，从而促进社会资源的合理利用，此时的失业率称为自然失业率（Natural Rate of Unemployment），也称为非加速通货膨胀失业率（Non-accelerating Inflation Rate of Unemployment，NAIRU）。Mishkin（2009）认为自然失业率应在

4.5%~6%。

经济增长是宏观经济的主要目标之一。根据世界银行的统计，1970—2019年全球GDP增长率平均为3.1%，且呈现较大的周期性波动。金融危机时期跌至-1.67%，此后稳步回升。2010年以来全球GDP增长率基本稳定在3%左右。但受2020年新冠肺炎疫情的影响，全球经济衰退。研究表明，从20世纪70年代到80年代末的货币政策具有显著的逆周期性特征，即当经济衰退时采取扩张性货币政策，当经济繁荣时采用紧缩性货币政策，货币政策对于刺激经济增长起到了重要作用。

国际收支平衡指一国对其他国家的全部货币收入和货币支出基本相抵消。长期逆差会导致沉重的债务和利息负担，长期顺差则会造成本国资源使用上的浪费，或者加剧国内通货膨胀。与此同时，国际收支平衡有助于维持稳定的外汇储备、外汇市场和汇率。近年来随着全球经济一体化的加强，国际贸易对本国经济影响越来越大，因此国际收支平衡也显得更加重要。

从长期来看这四个目标是一致的，但是从短期来看则需要有所取舍。充分就业与物价稳定此消彼长。菲利普斯曲线表明，失业率与物价及工资上涨呈负相关，失业率越低，物价水平越高。经济增长与物价稳定相互作用。大量研究表明，一方面，通货膨胀将导致较低的经济增长；另一方面，经济增长速度过快必然带来通货膨胀。因此，需保持适度的经济增长速度，才能促进物价水平稳定。经济增长与充分就业密切相关。根据奥肯定律，失业率缺口与产出缺口成反比，即实际经济增长超过潜在产出增长率时，失业率将低于自然失业率。反之，如果经济增长低于潜在增速，失业率将高于自然失业率。与此同时，国际收支平衡对于物价稳定、充分就业和经济增长具有重要影响。不同国家在不同发展阶段盯住的最终目标有所不同，一般选择其中一两个作为最终目标。

目前世界上主要国家往往选择将经济增长和通货膨胀作为货币政策最终目标。从1984年9月起，中国人民银行专门行使中央银行的职能。由于工作重心主要在于经济建设，因此中央银行货币政策的目标明确为"发展经济，稳定货币"。但为了解决短期经济增长的问题，在一定程度上牺牲了物价稳定，因此多次出现了通货膨胀。1995 年颁布的《中国人民银行法》明确规定，我国的货币政策的最终目标是"保持货币币值的稳定，并以此促进经济增长"。这个目标体现了两个要求：首先，中央银行应该以保持币值稳定来促进经济增长；其次，在短期内应兼顾经济增长的要求。这一规定符合我国的经济现实。作为全球最大的新兴经济体，中国已经进入了经济转型新阶段，货币调控需要考虑更多的因素，单一目标制并不符合中国国情（周小川，2013）。从我国货币政策目标的实施情况来看，我国的货币政策一直受到多目标的约束，在实践中也始终在追求经济增长、物价稳定、充分就业、国际收支平衡等多重目标。针对不同时期的经济特征，各目标的相对重要性、具体内涵以及中央银行实现目标的方式也有所不同。

在 2008 年金融危机后，主要经济体中央银行均对资产价格和金融稳定给予了高度关注，并就货币政策是否应将资产价格和金融稳定纳入最终目标进行了讨论。Cecchetti 等（2000）认为货币政策应该迅速对资产价格做出反应，从而降低金融风险。但 Bernanke 和 Gertler（2000）认为，由于资产泡沫难以识别，因而货币政策难以有效对资产价格做出反应。近年来，就资产价格是否应纳入货币政策最终目标，我国学者也进行了广泛的讨论。一些研究认为，鉴于资产价格自身形成的市场机制，中央银行不应将资产价格纳入货币政策最终目标，而是应完善资本市场。货币政策应该关注房地产价格，但不应将其纳入货币政策最终目标。

五、货币政策传导机制

货币政策传导是从中央银行的政策工具和操作目标传导至中介目标，并最后传导至最终目标的过程。货币政策传导机制是货币理论的核心内容，也是货币政策的重要部分。

Mishkin（2009）对当前研究的货币传导渠道进行了梳理，认为货币政策传导渠道包括利率渠道、汇率渠道、资产价格渠道和信用渠道，如表 1-1 所示。利率渠道、汇率渠道、资产价格渠道属于新古典渠道，信用渠道属于非新古典渠道。

表 1-1 货币政策传导渠道

类型		传导机制
利率渠道		短期利率变化刺激企业投资
汇率渠道		短期利率变化影响汇率从而影响净出口
资产价格渠道	托宾 Q 理论	短期利率变化影响资产价格从而影响投资
	财富效应	短期利率变化影响金融财富从而影响消费
信用渠道	银行信贷渠道	货币政策影响银行可贷资金从而影响企业投资
	资产负债表渠道	货币政策影响企业净值，通过金融加速器机制影响融资溢价，刺激企业投资

资料来源：笔者整理。

　　新古典渠道包括三种：一是利率渠道。传统凯恩斯学派（Keynes，1930）认为，扩张型货币政策将导致实际利率水平的降低，从而增加企业投资，并导致总需求和总产出水平的增加。利率渠道强调实际利率对消费和投资的影响。二是汇率渠道，随着全球经济一体化程度的加深，汇率渠道也得到了广泛的重视。汇率渠道的机制是，国内货币增加导致实际利率水平降低，引起本币贬值、外币升值，因此净出口增加，产出水平增加。三是资产价格渠道。其中包括两类：第一类是托宾 Q 理论。Q 值是企业的市场价值与重置资本之比。货币投入增加了股票价格，从而提高了 Q 值，企业市场价值高于重置资本从而增加投资，产出得到提高。第二类是财富效应。生命周期假说认为货币投入增加股票价格，消费者的金融财富升值，消费总资源增加，从而消费增加，总产出得到提高。

　　近年来，随着金融市场的快速发展，信贷渠道在货币政策传导中的作用越来越重要。Bernanke 和 Blinder（1988）首次明确提出货币政策传导的信贷渠道，并且随着金融加速器的提出，信贷渠道成为认识货币政策传导机制的重要理论。信贷渠道包括以下两种：一是银行贷款渠道。Bernanke 和 Blinder（1988）认为，扩张性的货币政策会增加银行的准备金和存款，从而增加银行可贷资金、增加企业投资、提高产出。Bernanke 等（1996）认为，银行受到的小幅冲击导致其贷款能力下降，并进一步造成经济的大幅波动，这是造成美国 1930 年经济大萧条和 1970 年石油危机的主要原因。二是资产负债表渠道。Bernanke 等（1999）将不完全信息下的债务契约引入信贷市场，认为由于借贷双方的信息不对称，借款者的外部融资存在外部融资溢价（External Finance Premium），溢价与借款者净值负相关。外部融资溢价的逆周期特征将放大冲击对经济的影响，这就是金融加速器效应。扩张型货币政策将使利率下降，这将减少借款者的利息支出，提高其可用于抵押的资产净值，这将改善企业的财务状况，降低信息不对称和逆向选择问题，从而降低外部融资溢价，促进企业贷款规模的提高。Christiano 等（2010）对资产负债表渠道和金融加速器机制进行了广泛的讨论。汪川等（2011）发现，中国货币政策存在信贷传导渠道。国内学者利用微观数据对我国信贷渠道进行了大量经验研究，发现信贷渠道在我国具有重要效果。全球金融危机的爆发更是让人们认识到了信贷渠道及金融加速器的作用。金融危机后，大量研究对金融中介行为进行了刻画并提出了货币政策传导的广义信贷渠道。Gertler 和 Karadi（2013）对金融加速器模型的机制进行了扩展，讨论了信用渠道在次贷危机中的加速效应，认为储蓄者和商业银行间同样存在委托—代理关系，因此银行具有内生信贷约束机制，存贷利差的逆周期性会放大初始货币、技术等冲击对产出的影响。这是对货币政策信贷传导渠道的重要补充。

第二章 货币政策规则

在货币政策框架中，货币政策决策方式一直是规范分析中最重要的研究方向。货币政策的决策方式体现了货币当局为实现货币政策最终目标而进行货币调控的原则，对中央银行货币政策效果有着重要的影响。本章笔者将对货币政策决策的两种方式进行深入的理论分析，并对货币政策规则的理论发展和实践进行详细的讨论。

第一节 货币政策的决策方式：规则与相机抉择

一、规则与相机抉择

一般而言，中央银行的货币政策决策主要有两种方式：相机抉择（Discretion）和规则行事（Rule）。相机抉择是指中央银行在既定的目标下，根据每一期变化的经济状态，不断系统性地调整货币政策，从而实现政策目标。例如，美国大萧条时期凯恩斯主张的"逆经济风向调节"就是典型的相机抉择。规则行事的货币政策大体可以分为两类：完全承诺的最优货币规则（Completely Commitment Optimal Rules）和简单规则（Simple Rules）（刘斌，2008），前者是指中央银行按照事前规定的承诺履行货币政策，每一时期遵从原有承诺而不会临时改变（Clarida et al.，1999）。完全承诺货币政策规则形式比较复杂，规则中含有不可观测变量，难以直接应用。简单规则是完全承诺最优货币政策的近似和简化，仅依赖当期可观测变量。泰勒规则就是简单规则的代表（Taylor，1993）。

二、有关货币政策决策方式的讨论

选择相机抉择还是规则行事作为货币政策的决策方式，这一问题的讨论可以追溯到金本位制时代。亚当·斯密在《国富论》中首次提出了货币政策规则的概念，认为"调节得当的纸币"与商品交换相比可以更好地促进经济的稳定增长。1898 年维克塞尔提出了一个简单的利率规则，以价格水平稳定作为政策目标，当实际价格低于目标价格时降低利率，反之亦然，从而实现物价稳定的目标，这一规则称为维克塞尔规则（Wicksell，1936）。19 世纪中叶的金本位时期，通货学派与银行学派展开了关于相机抉择与规则行事的争论。针对 18 世纪末英法战争期间英格兰的通货膨胀问题，通货学派认为主要原因在于英格兰银行过量发行银行券，由此他们主张银行券发行应以严格的黄金储备作为保证，即货币政策应该受到严格的规则约束。而银行学派认为银行会把贷款限制在货币经济的真实票据水平范围内，因此不存在超额货币供给的情况。通货学派最终在这场争论中取得胜利，并于 1844 年颁布了《皮尔银行法案》，该法案规定当英格兰票据发行量超过一定数量时，超过的票据要有相对应的黄金储备。在法案通过后直到 1914 年，英国的货币政策仍然处于相机抉择中，在很多情况下违背了票据限制的规则。在自由市场理念下，货币发行应尽量独立于政府，以免政府为实现特定政治目标而滥用货币发行权引发经济内在不稳定，从而更好地维护货币体系信誉并为经济平稳发展创造良好的信用环境。也就是说，金本位制相当于为各国提供了一个可置信的时间一致性的货币规则（Bordo and Kydland，2004）。但是，银行学派倡导的"真实票据说"，以及根据经济活动中的真实票据而非不可贴现融通票据进行贴现并开展相机抉择式的货币操作（即所谓的"斯密原理"或真实票据原理）仍具有一定的合理性。在经济危机威胁到中央银行票据发行时，英格兰银行审慎地中止了严格的储备金要求，并通过相机抉择的利率调节保护其黄金储备。特别是在一战和大萧条的冲击之下，各国纷纷抛弃传统的金本位制，主张"逆经济风向"的相机抉择凯恩斯主义成为二战后各国货币政策的指导原则。

1929—1933 年出现了世界性经济大萧条，许多国家对于如何摆脱经济危机束手无策。凯恩斯（Keynes，1930）认为，政府应摆脱规则的束缚，更主动地管理经济，并提出保持价格稳定和失业率平稳的相机抉择的货币政策。在 1929 年的大萧条中，许多国家采用凯恩斯的政府干预建议，相机抉择成为各国宏观经济决策的指导原则，积极的货币政策对于刺激经济复苏取得了很好的效果。由于可以根据经济每一期的实际情况重新决定最优政策，系统性的"逆经济风向"操作具有灵活性、主动性的特点，相机抉择成为二战后各国中央银行主要的货币决策方式。相机抉择的观点也逐渐被大多数经济学家所接受。至今仍有很多国家的中央银行采用相机抉择，主要是新兴发展中经济体（刘斌，2003）或表现出明显的相机抉择特征的发达经济体（Taylor，2012）。尽管相机抉择在应对大萧条和二战后经济复苏中发挥了非常重要的作用，但"滞胀"的出现使相机抉择的传统凯恩斯主义陷入了政策困境。

事实上，几乎与凯恩斯同时，以 Simons（1936）为代表的芝加哥学派进一步倡导规则指导的政策主张（如 100% 的银行准备金要求）。货币主义的代表人物弗里德曼认为，相机抉择的反周期政策可能会导致经济波动，政策制定者可能面临信息不完全和时间滞后性等因素，因此相机抉择只能在短期内提高经济增长和就业水平，从长期来看并不能促进经济稳定增长。在分析美国内战之后的货币政策时，弗里德曼提出了稳定的货币增长率规则，认为温和的通货紧缩（以下简称通缩）能够促进劳动生产率的提高，这也被称为弗里德曼货币数量规则（Friedman，1968）。

与此同时，理性预期学派认为，扩张型货币政策通常导致物价上升，公众预期到这种扩张时会要求提高工资，同时银行会提高名义利率，企业也会相应地提高产品售价，实际利率和实际工资不变。理性预期学派认为相机抉择不可行，强调货币政策规则。

三、货币政策规则的理论优势

相机抉择与规则行事的争论持续了多年，直到 1977 年，货币政策规则取得了压倒性的优势地位。从实践上看，长期推行相机抉择政策导致了 20 世纪 70 年代滞胀的发生，对此相机抉择显得束手无策，严重受挫。从理论上看，Kydland 和 Prescott（1977）提出了时间不一致理论（Time Inconsistency），认为在一个动态博弈过程中，给定当期的经济运行态势，政府的决策保证了当期社会福利函数的最大化，但是当下一期到来时，这一政策不再是最优的。Kydland 和 Prescott（1977）利用一个两时期模型研究了经济政策与居民预期之间的动态影响。相机抉择下的最优政策存在动态不一致性，因为 t+1 期到来时，政府将重新最优化货币政策，背叛之前关于 t+1 期的最优决策。因此，与每期都重新最优化的相机抉择的政策相比，预先承诺的政策能够产生更好的政策效果。

Barro 和 Gordon（1983）、Svensson（1997）等的研究表明，预先承诺将有助于消除时间不一致性，而相机抉择仍将产生稳定性偏差，降低社会福利，削弱货币政策的可信度和有效性。Woodford（2003）、McCallum 和 Nelson（2005）进一步从无穷期界（Timeless Perspective）的角度阐释了规则行事的时间一致性，指出规则行事的货币政策相当于在无穷远的过去做出的事先承诺，从而消除了每期的不一致性。而相机抉择不仅会产生通胀偏差，还会扩大产出缺口波动，从而降低整体社会福利。他们建立了新凯恩斯一般均衡模型的货币政策规则研究框架，并对相机抉择和规则行事的有效性进行了比较，这一框架为后面的货币政策规则研究奠定了基础。

四、我国货币政策规则研究

近年来，随着我国经济结构和调控方式的转变，对货币政策规则的研究逐渐引起了我国学者的广泛关注。传统研究主要以实证分析为主。有学者研究认为，以货币供应量为操作工具的麦卡勒姆规则符合我国国情，数量型货币调控有其合理性（周小川，2004）。随着金融创新的发展，夏斌和廖强（2001）指出，将货币供应量作为我国货币政策的中介目标的适用性下降。任杰和尚友芳（2013）根据 Poole（1970）模型对中国的实证分析表明，随着利率市场化改革的推进、金融创新和金融市场的发展，我国以货币数量作为中介目标的效率日趋下降并逐渐向利率价格型调控转变。货币政策利率规则更有利于宏观经济平稳发展（Zhang，2009）。项卫星和李宏瑾（2012）从货币政策效率的角度论述了开展价格型货币调控的必要性和可行性。研究表明，弗里德曼规则导致社会福利损失较大、货币政策有效性降低，并且在弗里德曼规则下，我国的产出和信贷波动性更为明显。一方面，麦卡勒姆规则更符合我国的货币政策实践（向祥华、杨昱星，2004），但是，麦卡勒姆规则模拟的基础货币增长率明显低于我国实际基础货币增长率（葛结根、向祥华，2008），我国货币增速较高可能存在货币超发问题。另一方面，有学者认为泰勒规则可以很好地衡量中国的货币政策，但也有学者的实证研究表明，我国货币政策反应函数并不符合稳定货币政策规则的泰勒原理，货币市场利率长期低于规则利率水平（李宏瑾，2012）。同时，还有学者讨论了通胀目标制在我国的适用性（卞志村，2007）。可见，标准的数量规则和利率规则都不完全符合我国的货币政策实践。

随着国外研究的发展，国内学者也逐渐关注最优货币政策研究的框架。刘斌（2003，2004）通过建立混合型 AD-AS 模型的最优货币政策框架比较发现，泰勒规则能够很好地近似完全承诺，而相机抉择相对不稳定。余建干和吴冲锋（2014）基于混合型 AD-AS 模型分析了我国的最优货币政策规则，发现规则型货币政策在稳定经济和实现社会福利最大化方面都优于相机抉择。卞志村和高洁超（2014）进一步考虑了开放条件或适应性预期下的货币决策方式，并对货币政策工具和目标等问题进行了讨论。可见，国内有关中国最优货币政策规则的规范研究正逐渐深入开展，不过上述研究均以新凯恩斯一般均衡模型为基础，通过总需求和总供给的均衡（IS 曲线和菲利普斯曲线）来刻画宏观经济变化。近年来，动态随机一般均衡模型（DSGE 模型）逐渐成为现代宏观经济分析最重要的方法。DSGE 模型以微观经济为理论基础，严格依据一般均衡理论，利用动态优化方法对各经济主体的行为决策进行详细的描述，有机地整合了微观分析和宏观分析，因此，DSGE 模型日益受到全球主要中央银行的青睐并被广泛应用于定量分析的基准模型（刘斌，2016）。由于 DSGE 模型可以有效避免模型参数因结构性变化所导致的"卢卡斯批判"问题，分析结论同时具有动态、随机和一般均衡等特征，能够为处于结构性变化的宏观经济决策提供可靠的参考依据，因而可以为在不同经济发展阶段货币决策方式的分析提供有益的借鉴。目前，国内在 DSGE 模型框架下讨论最优货币政策选择的研究还比较少。

第二节　货币政策规则演变

在一战和大萧条的冲击之下，各国纷纷抛弃传统的金本位制，主张"逆经济风向"的相机抉择。凯恩斯主义成为二战后各国货币政策的指导原则。在传统凯恩斯主义积极货币政策思想的主导下，二战后美国的货币政策更多关注的是国内就业和经济增长，利率政策的调整存在滞后，货币政策不一致性问题更加突出，以熨平经济周期为目的的货币政策往往是顺周期的（Mishkin，2009）。尽管相机抉择在应对大萧条和战后经济复苏中发挥了非常重要的作用，但滞胀的出现使相机抉择的传统凯恩斯主义陷入了政策困境。最终到 1960 年，以传统凯恩斯主义为指导的相机抉择的积极货币政策实践不得不吞下全球性滞胀和布雷顿森林体系瓦解的苦果。20 世纪 70 年代以来，主要国家货币决策逐步转向规则行事，为评价货币政策提供了可靠依据，极大地提高了货币政策的有效性。

一、维克塞尔规则

瑞典经济学家维克塞尔于 1898 年提出了维克塞尔利率规则。维克塞尔提出了"自然利率"（Natural Rate of Interest）的概念，并且认为货币对经济的影响是通过货币利率与自然利率之间的关系实现的，其中货币利率就是市场利率，而自然利率代表了没有货币参与的实物经济中的均衡利率。维克塞尔主要是从市场利率与自然利率偏离的利率缺口角度说明货币政策对实体经济的冲击，市场利率是否与均衡利率一致就成为非常关键的问题，这也为判断利率政策是否合理提供了一个分析的基准。当自然利率高于货币利率时，将形成累积过程（Cumulative Process），从而导致经济扩张、物价上涨；反之亦然。当累积达到一定程度后，货币利率与自然利率趋于一致，经济重新达到均衡。这一理论成功地将实体经济与货币经济相融合。

市场利率与均衡利率的偏离将引发通货膨胀（或紧缩），并通过累积过程恢复经济均衡和物价稳定，因而应通过利率政策使市场利率与自然利率趋于一致，从而确保国内物价稳定。正是基于累积过程和自然利率的思想，维克塞尔认为应实施价格水平稳定目标制，这被称作维克塞尔规则。维克塞尔规则可以表示为（Woodford，2003）：

$$i_t = \phi \; (p_t / p_t^*, \; \nu_t)$$

其中，i_t 为名义利率，p_t 和 p_t^* 分别为物价水平和物价目标，ν_t 为外生冲击，$\phi \; (\cdot, \; \nu)$ 为非负的非减函数。

从实践来看，在黄金储备枯竭后，瑞典国家银行于 1932 年正式放弃了金本位制并采纳维克塞尔规则，以价格水平稳定作为政策目标并通过利率政策调节来实现这一目标，与那些饱受价格波动之苦的采用金本位制的国家相比，取得了良好的政策效果。尽管如此，这项实践在当时看来过于激进，虽然价格水平稳定的目标一直实施至 1937 年，但瑞典国家银行始终试图恢复钉住英镑。在 1931 年 11 月的短暂尝试失败后，随着 1932 年黄金储备的增加和 1933 年美国放弃金本位制，瑞典国家银行于 1933 年重新将货币钉住英镑直至二战爆发。

二、货币数量规则

1. 价格指数规则

几乎与 Keynes 同时，以 Simons（1936）为代表的芝加哥学派就对凯恩斯通过人为的利率调控的货币政策能否成功持怀疑态度。Simons（1936）认为，大规模的社会投资仅是确保接近完全就业的手段，尽管现实中存在工资价格黏性，但如果不顾货币信贷条件一味刺激产出，那么经济将陷入更严重的萧条；而如果通过货币政策刺激经济，那将不可避免地面临增加就业与工会寻求工资上涨之间持续紧张的冲突，形成长期垂直的菲利普斯曲线。

Simons（1936）认为，货币流通速度是内在不稳定的，而这主要是受经济周期的影响。在金融系统部分准备金的安排下，债务（特别是短期负债）对市场流动性具有非常重要的作用。由于现实经济中存在着价格黏性，受经济周期影响的货币流通速度冲击将主要影响产出和就业等实际变量而非物价和工资等名义变量，这将对实体经济带来更大的冲击。为此，在提出100%储备要求的"窄银行"金融改革方案以避免各种不同类型债务（如准货币）对货币政策和金融稳定的影响之外，Simons（1936）认为固定的货币数量政策并没有考虑到流通速度的影响，这将引发准货币（Near Money）和不受监管的信贷行为（即"影子银行"）并抵消政策的效果[①]，因而应采取稳定价格水平（Price-level Stabilization）的货币政策规则，货币供给应根据物价总水平（如某种物价指数）的变化进行调整，当价格水平下降时扩大货币供给，当价格水平上升时紧缩货币供给。Simons（1936）认为，价格指数规则（Price-index Rule）最大的优点在于，通过明确的长期规则，

---

① 1970 年以来，由于金融创新和金融脱媒使各类型金融产品之间的替代性大大提高，交易账户和投资账户之间、广义货币与狭义货币之间的界限越来越模糊，中央银行控制货币供应越来越困难。近年来，我国金融脱媒、金融创新和影子银行体系的迅猛发展也说明了这一现象。

能够有效解决货币流通速度不稳定带来的弊端。

2. 货币数量规则

Simons（1936）的分析框架是建立在交易方程式基础之上的，主要是从货币流通速度不稳定的角度出发，提出货币数量盯住价格水平的政策规则。一方面通过对部分储备的双重银行体系和信用货币创造及货币乘数理论的系统性完善（Friedman and Schwartz，1963），另一方面基于"永久性收入假说"的货币需求理论和大量货币经济的实证分析，Friedman（1968）认为应将银行的储蓄和清算功能与其借贷投资活动区别考虑。而且，长期来看，货币需求、货币流通速度和货币乘数都是稳定的。可见，与Simons（1936）认为货币流通速度的变化是导致经济不稳定的独立原因不同，Friedman（1968）认为货币数量的变化引起了货币流通速度的变化，所以只有控制好货币数量才能有效处理货币流通速度的顺周期波动问题。另外，Simons价格指数规则需要确定货币供给盯住具体的物价指数，但这缺乏足够的实证研究的支持。Friedman（1968）采用历史分析法，以美国南北战争到1960年的货币史为研究对象，发现过高的货币存量会导致过高的物价，因此保持货币量固定增长率是维持经济稳定的途径。他提出应采取与潜在产出增长率相等的单一的固定货币供给增长率的货币规则，通过独立于政府预算的不变的货币存量增长来稳定经济和物价，即货币数量规则。货币数量规则在理论上源于货币数量论 MV＝PY。在货币流通速度稳定时，货币数量的稳定对于经济增长和物价稳定有重要作用。Friedman（1968）强调控制货币数量的重要性，在某种程度上也是对以数量有限的黄金作为货币规则所导致的通货紧缩不良后果的一种妥协，并继承了芝加哥学派保守的自由主义经济学传统。

不根据物价和产出的实际情况进行积极调整的消极货币政策主张，在很大程度上源于 Friedman（1968）对货币需求冲击和追求最优政策效果的怀疑。一方面，虽然根据货币数量理论，货币政策可以很好地实现物价稳定或物价变化目标，但这需要灵活的政策调节以适应经济的变化，所以Friedman（1968）并不主张盯住名义变量（价格）而更倾向于盯住货币数量。但货币数量的调整对产出和价格的影响存在时滞，货币不稳定将危害经济稳定，因此中央银行应放弃相机抉择，采用固定的货币供应增长率作为规则。尽管以通货膨胀预期作为政策目标可以在一定程度上弥补这一问题（Bernanke and Mishkin，1997），但这需要货币决策者对货币政策与通胀的关系进行准确的估计，可能导致不稳定的政策实践，因此即使是好的政策目标也可能是坏的规则。货币数量规则无论从短期还是长期而言都相对优于以价格水平稳定为目标的政策规则。另一方面，基于古典"二分法"和自然失业率假说，任何实际变量最终在长期都将趋向于其自然水平，货币政策在这方面是无效的。当然，Friedman（1968）也承认，由于产出缺口能够提供通货膨胀变化的信息，因此以稳定产出缺口为目标的政策确实是可取的。不过，由于缺口（产出、失业或利率缺口）实际上是一个不可观测的变量，对缺口的估计可能存在偏误并导致政策的偏差，而以缺口为目标的政策实践同样可能导致不稳定的政策效果，盯住货币数量增长能够避免发生更大的偏离，因此弗里德曼并不主张以产出或就业缺口作为政策目标。可见，尽管并不一定是最优的，但为避免因缺乏信息和政策调控必要的知识而出现更大的政策错误，单一固定的货币数量规则是"两害相权取其轻"的合理政策选择。

3. 麦卡勒姆规则

正是由于货币主义实践并不理想，许多学者建议货币政策应以名义产出（即名义 GDP）稳定而非价格水平稳定为目标。名义产出包含了实际产出与产出缩减指数信息。以名义 GDP 为目标，货币供给将自动适应货币流通速度的变化，从而实现货币供求均衡，并可以避免货币流通速度不稳定的弊端。针对货币需求和货币流通速度不稳定对广义货币控制（即货币外生性）的影响，McCallum（1984）进一步提出了基础货币供应规则，即基础货币增长率盯住名义产出缺口，因而也被称作基础货币—名义 GDP 目标规则或麦卡勒姆规则。麦卡勒姆规则以基础货币为操作变量，最终目标是稳定名义收入 GDP。其中，基础货币增长率根据目标名义 GDP 增长率、货币流通速度变化的移动平均值（即相对于名义产出的货币需求变化）和名义 GDP 增长率缺口（目标名义产出增长率与实际名义产出增长率之差）的关系确定。

规则可以表示为：

$$\Delta b_t = \pi + \Delta y^* - \Delta v + \lambda\ (\Delta x^* - \Delta x_{t-1})\ = \Delta x^* - \Delta v + \lambda\ (\Delta x^* - \Delta x_{t-1})$$

其中，Δb_t 为基础货币变化率，Δy^* 为实际 GDP 增长率的目标值，λ 为参数，Δx^* 为名义 GDP 增长率的目标值，Δv 为基础货币流通速度，Δx_{t-1} 为 t-1 期名义 GDP 增长率。最后一项为误差修正项，表示名义 GDP 增长率偏离目标时，基础货币增长率的修正。

McCallum（1984）假设中央银行通胀目标为零，对美国历史数据的分析表明美国真实产出的增长率为 3%，名义产出缺口反应系数设为 0.25，从而得到了麦卡勒姆规则具体表达式。根据美国 1954—1985 年的数据分析，麦卡勒姆规则很好地描述了美国基础货币和名义产出的增长路径。同时，如果名义产出缺口反应系数为零，名义产出仍然有着良好的表现，但产出稳定性较差；而如果名义产出系数为 0.5，则虽然名义产出与趋势值拟合效果更好，但名义产出增长率将进一步变小且通货膨胀率将大于零。

在此基础上，McCallum 和 Nelson（1998）等还将货币数量规则和麦卡勒姆规则推广为泰勒规则形式的货币数量规则，即中央银行根据产出和通货膨胀率的变化调整货币供应量。

4. 货币数量规则的实践

20 世纪 70 年代，面对滞胀，凯恩斯束手无策时，货币规则则表现出强大的生命力，货币数量目标制逐渐被各国广泛采用，特别是美国和英国的货币主义实验，使货币数量论再次达到历史新的顶点。货币数量目标制对于解决 20 世纪 70—80 年代发达国家普遍存在的滞胀问题，严格控制货币供应量，起到了积极的作用。1975 年，国际货币基金组织建议各成员国主要是发展中国家以货币供应量作为货币政策的中介指标，由货币当局预先公布并予以严格执行。

20 世纪 80 年代，金融创新和金融脱媒的迅速发展对货币数量规则带来了巨大的挑战。货币数量规则的重要基础是货币外生论和货币乘数理论，但是金融产品和技术的发展给其带来了巨大的挑战。货币乘数和货币供给随着金融脱媒和金融创新复杂程度的增加而愈加复杂且难以精确、有效地控制（李宏瑾、苏乃芳，2017）。从历史实践来看，美国、英国和加拿大都未能有效地控制货币供应量。

三、泰勒规则

由于理论和实践的双重挑战，各国中央银行在 20 世纪 80 年代中期开始逐步放弃货币数量目标制。在理性预期革命及对货币政策时间不一致性等研究的推动下，经济学家们针对各种形式的货币政策规则进行了大量的深入研究，最终 Taylor（1993）的利率操作规则获得了广泛认可，成为指导各国货币政策实践的重要规范。

Friedman 的货币主义与传统凯恩斯主义一样，对有关经济动态问题的分析实际上属于局部均衡的适应性预期（Adaptive Expectation）方法。但是，在理性预期革命的推动下，考虑微观主体行为的结构化方法应当是分析货币政策问题的基础（刘斌，2016），尽管对 Philips 曲线和自然率等问题的认识与 Friedman 一致，但 Taylor 在有关经济冲击性质和经济结构的理解方面与 Friedman 存在很大的不同。Taylor（1993）通过理性预期和最优控制随机分析表明，简单规则的政策效果与最优货币政策非常相似，这也意味着简单政策规则的模型参数是稳健的，并成为后来泰勒规则的理论基础。

自 20 世纪 70 年代以来，包括泰勒规则在内的大量有关货币政策规则的研究表明，严格的货币主义政策（即仅考虑潜在经济增速并以通货膨胀为零作为政策目标，货币政策不根据通胀变化做出反应）实际效果并不理想，而考虑物价变化并严格控制通胀的逆周期货币政策则是有效的，因而货币政策应根据通货膨胀和经济增长的变化进行相应调整。Taylor（1993）的研究进一步表明，货币政策规则应对产出与潜在产出的偏离程度以及通胀水平做出积极的反应，从而适应经济的变化，应对经济冲击时的主要工具应采用利率工具。除了对美国进行分析外，Taylor（1993）对另外七个发达国

家的数据进行分析发现，根据实际产出和价格水平与政策目标的差距进行
调整的利率政策最有利于中央银行保持产出和价格稳定。正是在这些工作
的基础上，提出了泰勒规则。

泰勒规则认为，利率应围绕均衡利率波动，并根据通货膨胀和经济增
长的变化进行相应的调整。Taylor（1999）表明，货币政策规则中利率对通
货膨胀和产出缺口的反应系数在稳定经济中起到重要作用。只有当利率对
通货膨胀的反应系数大于 1 时，利率的调整才能稳定价格和产出，这被称为
"泰勒原理"（Taylor Principle）。

四、通胀目标制

泰勒规则主要是根据通胀和产出缺口的情况进行利率政策调整，与货
币供应量作为中介目标的货币数量规则一样，都属于显性的简单工具规则
（Explicit Simple Instrument Rules）（Taylor and Williamson，2010）。由于货币
数量目标制效果并不理想，20 世纪 90 年代以来，很多国家采取了直接将货
币政策操作与最终目标相关联的通胀目标制，通胀目标制在思想上源于弗
里德曼的单一货币供应规则。

尽管 Svensson（2005）认为，泰勒规则考虑的因素不够全面，因此无法
实现社会福利的最优化。新的信息下对原有规则的修正可能损害中央银行
对规则的承诺。因此，Svensson（2005）提倡通胀目标制，认为通胀目标制
通过公众的沟通提高了货币政策透明性。Svensson（2012）也承认，通胀目
标制下的利率决策存在一定的难度。因而，采用通胀目标制国家的中央银
行如苏格兰银行等也隐含地遵循着泰勒规则进行利率决策。

本书将在第四章对通胀目标制的理论与实践进行更深入的讨论。

第二篇

货币政策规则的国际经验

本篇首先从纵向对美国、欧元区和日本的货币政策实践进行了深入分析，之后从横向对近年来广泛关注的通胀目标制和低利率政策进行了全面讨论，这对我国货币政策规则研究具有重要的参考价值。

第三章 现代中央银行货币政策框架演变：美国、欧元区和日本的政策实践

本章将对美国、欧元区和日本的货币政策框架进行深入讨论，从而了解现代中央银行制度的演变过程。二战后，各国中央银行普遍采用金汇兑本位制，即"布雷顿森林体系"。在传统凯恩斯主义相机抉择思想的指导下，美国的货币政策主要以国内目标为主并不考虑国际收支状况，20世纪70年代，美国开始陷入滞胀并最终造成布雷顿森林体系瓦解。20世纪80年代以来，主要国家货币决策逐步转向规则行事，以泰勒规则为代表的货币政策逐渐成为各国中央银行货币决策的主要方式。

第一节 美国货币政策框架演变及泰勒规则的实践

20世纪50年代至今，美国货币政策经历多次调整。从凯恩斯主义的相机抉择操作到货币主义时代以货币供应量为中介目标；从保罗·沃克尔时代以抑制通货膨胀为最终目标到格林斯潘时代的泰勒规则；从金融危机后伯南克的非常规货币政策到耶伦对货币政策正常化的讨论。随着经济形势的发展变化，美国货币政策的目标、工具、决策方式和规则在不断演变。本节将对美国在不同经济背景下货币政策的基本框架、具体实践及政策效果进行深入的分析，从而为我国健全与现代中央银行制度相匹配的货币政

策框架提出相关的建议。

回顾美国的货币政策的发展历程，其经历了六个重要的发展阶段。

一、基于凯恩斯主义的相机抉择操作

二战期间，为筹集军费，美国实行盯住利率政策，即三个月期的国库券利率为0.375%，长期财政债券利率为2.4%。美国财政部成为货币政策操作的重要部门。在朝鲜战争爆发后，通货膨胀高企，使美国放弃盯住利率政策。1951年3月，美联储正式独立于美国财政部，成为具有独立性的中央银行，可以自由地进行货币政策操作。二战后至20世纪70年代中期，美国的货币政策主要采用传统的凯恩斯主义相机抉择的货币政策。

在凯恩斯主义和既定最终目标（通常是稳定物价、促进经济稳定增长）的指导下，中央银行根据经济形势的变化相机抉择地制定政策。凯恩斯政策的特点是根据经济变化情况进行"逆风向调节"，即当经济衰退时采用扩张性货币政策，当经济繁荣时采用紧缩性货币政策。例如，1953—1954年、1957—1958年以及1960—1961年，美国经历了经济衰退，美联储通过降低贴现率以及购进公债的方式刺激经济。1955—1957年，美国经济高涨，美联储采用紧缩性货币政策来控制通货膨胀。20世纪60年代后，美联储采用宽松的货币政策来支持经济发展。货币供应量的不断增加，导致美国通货膨胀率不断上升。面对通货膨胀的压力，美联储采取紧缩性的货币政策，提高贴现率。货币政策的紧缩过度引起了信贷紧张。从理论来看，由于相机抉择的货币政策存在政策时间不一致性问题（Kydland and Prescott，1977），在缺乏预先承诺机制的情况下，持续的相机抉择将导致次优的结果。从实践来看，利率政策的调整存在滞后，调整的幅度和节奏与实际需要可能存在差距，以熨平经济周期为目的的货币政策往往却是顺周期的（Mishkin，2011）。因此，以传统凯恩斯主义为指导的相机抉择货币政策实践逐渐失灵，并导致20世纪70年代的滞胀，高通胀、高失业率和经济停滞并存。

二、沃克尔时代：以货币供应量为中介目标

随着滞胀的出现，美联储的政策主张逐渐由凯恩斯主义转向现代货币主义学派，并逐渐采用货币数量目标制。1975年，美联储向公众宣布了货币供应目标，但货币供应目标范围过于宽松且经常变化。直到1979年沃克尔成为美联储主席后，美联储正式宣布不再以联邦基金利率稳定作为目标，并将狭义货币供应量（M1）作为货币政策最主要的中介目标。与此同时，美联储增加货币政策的透明度，每半年向国会报告一次货币政策情况。

但是随着金融创新的迅速发展，货币供应量的可测性和可控性都变得更困难（Podolski，1992）。与此同时，经济全球化带来的资本流动也使货币供应量与经济之间的稳定关系越来越弱。1979—1982年，美联储都未能达到M1增长目标。因此，美联储多次修改货币统计口径并调整货币层次，并从1987年10月以后将货币政策目标由M1转向广义货币供应量（M2）。

沃克尔时代货币政策目标也发生了重要的变化，从兼顾经济增长和通胀，变为偏重于抑制通货膨胀。Mishkin（2009）认为，控制货币供应量不是沃克尔货币政策的真正目的，他更关心利用利率手段来消除通货膨胀。1979年接管美联储时，沃克尔面对的是两位数的通货膨胀率、高企的失业率以及衰退的经济（见图3-1）。沃克尔表示将动用一切手段开始"杀死通胀"。1979年以来，沃克尔多次上调联邦基金目标利率，目标利率区间中值在1979年从10.57%上升到14.77%，1980年又进一步上升到22%的历史高位，1981年和1982年逐步降低到10%的水平，1983年和1984年维持在10%的水平（见图3-2）。在高利率及削减赤字等政策的作用下，美国通货膨胀率从1980年的13.5%降至1983年的3.2%，失业率也从1983年开始下降。沃尔克强硬的抑制通货膨胀的货币政策使美国摆脱了恶性通货膨胀，迎来了新一轮的经济繁荣时代，此后通货膨胀率始终维持在5.5%以下。

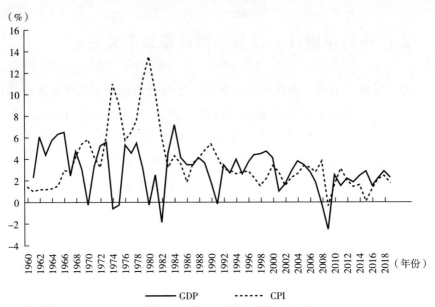

图 3-1　美国产出和通胀发展情况

资料来源：世界银行 WDI 数据库。

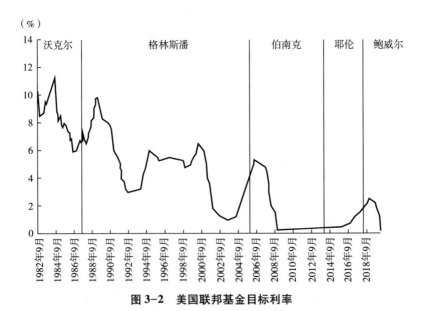

图 3-2　美国联邦基金目标利率

注：图中给出的是目标区间的上限。

资料来源：Wind。

三、格林斯潘的"中性"货币政策与泰勒规则

1. 货币政策操作目标转向利率

20 世纪 80 年代末，随着金融脱媒的加剧，货币供应量与经济增速等目标的关系越来越弱。在这一挑战下，美联储放弃设定 M2 目标。1993 年 7 月 22 日，美联储主席格林斯潘在参议院做证时宣布美联储不再以任何货币总量作为货币政策实施的目标，而将利率作为重要的操作目标。在最终目标的选择上，与沃克尔关注通货膨胀不同，格林斯潘既关注通胀稳定也关注适度经济增长，并注重二者的平衡，且更看重经济增长。

美联储最重要的政策工具是联邦基金利率（Federal Funds Rate），即美国同业拆借市场的利率（主要的是隔夜拆借利率）。由于联邦基金利率能够敏感地反映银行之间的资金情况，因此成为美国的基准利率。联邦公开市场委员会（以下简称公开市场委员会或 FOMC）是美联储的货币政策决策机构，公开市场委员会定期召开议息会议对联邦基金利率调整做出决定。在公开市场委员会确定利率目标之后，美联储通过公开市场操作等工具改变市场上货币的发行量，改变联邦基金利率，从而实现预先设定的目标。联邦基金利率这一短期利率改变后，根据预期理论以及流动性偏好理论，长期利率随之改变，联邦基金利率的变化引导了中长期利率的走势，从而实现货币政策最终目标（见图 3-3）。

联邦基金目标利率 ⇨ 短期利率（联邦基金利率） ⇨ 市场利率（长期利率） ⇨ 产出、就业、通货膨胀

图 3-3　美联储货币政策的利率渠道

资料来源：美联储网站。

2. 泰勒规则的理论

1994 年 2 月 22 日，格林斯潘在参议院做证时指出将采用"中性"的货

币政策。这里的"中性"表示利率将使经济增速维持在潜在产出增速水平，标志着泰勒规则逐渐成为美联储利率决策的重要方式。

泰勒规则由 Taylor（1993）提出，可以表示为：

$$i_t = r_t^* + \pi^* + a_1 (\pi_t - \pi^*) + a_2 (y_t - y_t^*)$$

其中，i_t 为名义利率，r_t^* 为均衡实际利率，π_t 为通货膨胀率，π^* 为通货膨胀率目标，y_t 为产出，y_t^* 为潜在产出，$y_t - y_t^*$ 为产出缺口。a_1 和 a_2 分别为通胀和产出的反应系数。Taylor（1993）根据美国历史数据计算得到的均衡实际利率 r_t^* 为 2%，通胀目标为 2%，系数 a_1 为 1.5、a_2 为 0.5。

与传统相机抉择的货币政策操作相比，遵循泰勒规则的"中性化"调控政策克服了时间不一致性问题，可以更有效地稳定经济运行。Taylor（1999）认为，在泰勒规则的利率调控下，a_1 和 a_2 对经济稳定具有重要作用。只有当名义利率上升的幅度大于通货膨胀上升的幅度，实际利率才能上升，中央银行才能够有效控制通货膨胀，否则将加剧通货膨胀。

3. 泰勒规则的实践

根据 Taylor（1993）的测算，1987—1992 年美国 FOMC 的决策和标准的泰勒规则一致。当通货膨胀率高于目标 1 个百分点时，则政策利率需提高 0.5 个百分点；当产出高于潜在产出 1 个百分点时，则政策利率需提高 0.5 个百分点。1993 年后，美国联邦基金利率也基本与标准泰勒规则相符。

在泰勒规则的指导下，全球进入长达二十余年的经济稳健增长且较低通胀的"大缓和"时代（Great Moderation）。大量研究表明，虽然"大缓和"的原因很多，但遵循一定规则的货币政策，尤其是泰勒规则（Taylor，1993），无疑是非常重要的因素（Gambetti and Gali，2009；Gaballo，2013）。

总的来看，1994—2006 年，美联储不断根据经济增速和通货膨胀率水平的变化调整利率水平。当经济增速较低时，通过下调利率刺激经济增长；当通胀水平较高时，通过上调利率抑制通胀。这一阶段美国货币政策经历了 1995—1999 年、2001—2004 年两次宽松周期，以及 1999—2000 年、2004—2006 年两次紧缩周期，通过灵活的利率调控稳定经济水平。例如，

从 2000 年第四季度开始，美国经济进入低增长阶段，美联储在 2001 年连续
11 次将联邦基金利率从 6.5% 下调至 1.75%，在连续降息政策的刺激下，美
国经济逐步恢复。

四、金融危机后伯南克时代的非常规货币政策

2006 年，新凯恩斯主义学派经济学家伯南克担任美联储主席。与格林
斯潘不同，在货币政策框架上，伯南克主张 "灵活的通货膨胀目标制"，在
维持长期价格稳定的同时灵活地应对美国经济形势的变化，并促进美联储
与公众之间的政策沟通，提高货币政策的透明度，实施前瞻性指引政策，
从而加强市场沟通、引导市场预期。

2007 年金融危机爆发，为刺激美国经济、维护价格稳定、促进就业复苏，
美联储采取了大规模的非常规货币政策（Unconventional Monetary Policy）。

1. 非常规货币政策实践

非常规货币政策是在常规货币政策之外，通过调整其资产负债表规模
和结构等方式调整市场流动性或金融结构的调控政策。非常规货币政策的
操作期限、规模、频率和方式有别于常规货币政策措施，而且中央银行的
操作对象从金融企业扩大至非金融企业甚至个人。在金融危机的影响下，
美联储先后实行了零利率政策、量化宽松货币政策和前瞻性指引等非常规
货币政策。

首先，利率手段一直是美联储重要的货币调控手段。金融危机后，美
联储为刺激经济发展不断降低联邦基金目标利率。2007 年 9 月 18 日首次降
息，将联邦基金目标利率从 5.25% 降至 4.75%，10 月 31 日再次降至
4.25%，2008 年 7 次降低联邦基金目标利率，到 2008 年底目标区间达到
0%~0.25%，是有史以来的最低值，也是美国第一次实施零利率政策（见
图 3-2）。在目标利率的引导下，联邦基金利率不断下行，从 2008 年初的
3.22% 下降到 2008 年底的 0.14%，此后一直在零利率下限附近波动。在联
邦基金利率的引导下，2008 年后美国一年期国债收益率迅速下行，从 2008

年初的 2.11% 下降到 2013 年底的 0.13%。除低利率政策外，美国实行扭曲操作来控制收益率曲线。扭曲操作是指卖出短期国债并买入长期国债，从而降低长期国债收益率。低利率政策使金融市场流动性短缺现象逐渐缓解，修复了金融市场运行机制，有效遏制了经济衰退，促进了美国经济复苏。

其次，美联储为应对经济危机采取了四轮量化宽松货币（QE）政策。2008 年 11 月 25 日，美联储开始实行第一轮量化宽松货币政策即 QE1，购买大量机构抵押支持债券（MBS）及机构债券。QE1 在一定程度上收到了积极的效果，为进一步促进经济复苏，美国于 2010 年 8 月宣布实施第二轮量化宽松货币政策即 QE2，从 2010 年 11 月至 2011 年 6 月，美联储每月购买 750 亿美元国债。第三轮量化宽松货币政策即 QE3 从 2012 年 9 月 13 日开启，包括每月新增购买 400 亿美元联邦房贷机构抵押债券。2012 年 12 月 12日，美联储宣布从 2013 年 1 月起每月再购买 450 亿美元国债，这也称为 QE4（见表 3-1）。

表 3-1　美国四轮量化宽松货币政策

	建立周期	总体数量
QE1	2008 年 11 月至 2010 年 6 月	2008 年 11 月 25 日购买机构债券和抵押支持债券，2009 年 3 月 18 日购买 7500 亿美元机构抵押支持债券及 1000 亿美元机构债券，2009 年 11 月 4 日购买 1.25 万亿美元机构抵押贷款支持证券和 1750 亿美元机构债券
QE2	2010 年 11 月至 2011 年 6 月	每月购买 750 亿美元国债，总规模达到 6000 亿美元
QE3	2012 年 9 月至 2014 年 10 月	不设期限，每月购买 400 亿美元联邦房贷机构抵押债券
QE4	2013 年 1 月至 2014 年 11 月	每月购买 450 亿美元国债

资料来源：笔者根据美联储网站资料整理。

另外，美联储采取前瞻性指引政策来引导市场预期。前瞻性指引包括定量指引和定性指引，其中，定量指引又包括日历指引、状态指引、利率预测等，定性指引主要包括中央银行官员讲话等。研究认为，前瞻性指引政策主要是通过加强与市场的沟通，有效实现预期管理目标，提高非常规货币政策的有效性，促进经济稳定。2009年3月美联储宣布了延长超低利率的期限。2012年末，为更好地管理预期和稳定市场，美联储宣布经济目标，即如果失业率高6.5%，则未来1~2年的通货膨胀率不高于2.5%。2013年下半年，美联储提出：在通胀预期继续处于美联储2%的长期目标的情况下，将联邦基金利率保持在当前区间。

2. 非常规货币政策的效果

根据金融加速器理论，在金融危机时期，金融体系将对实体经济产生负向加速器效应，形成金融体系恶化与实体经济衰退的螺旋式下降，因此，货币政策要实现经济增长的首要前提是维护金融市场稳定。Mishkin（2009）指出应对金融危机的主要货币政策操作是发挥中央银行最后贷款人的职能，以避免市场由于流动性紧张而陷入恐慌，这就是所谓的白芝浩原则（Bagehot's Principle）。金融危机后，美联储遵循白芝浩原则，采用量化宽松货币政策为市场注入了资金，同时低利率政策的实施降低了企业的贷款利率，使金融市场流动性短缺现象得到逐渐缓解，修复了金融市场运行机制。

在联邦基金利率降低等宽松货币政策的作用下，美国经济短期内得到了强势复苏。首先，经济稳步回升。受金融危机的影响，2008年美国第一、第三和第四季度以及2009年上半年GDP增长率下降到负值，其中2008年第四季度GDP增长率大幅下降8.2%。在宽松货币政策的作用下，2009年美国第三季度GDP增长率回正，并保持平稳增长，说明美国经济复苏势头稳定。其次，失业率不断下降。金融危机带来了失业，从2008年开始，失业率从5%上升至2010年接近10%的水平。失业率逐年升高不仅是受到经济下行压力的影响，也是由于产能利用率低、结构性失业严重等造成的。2011年以来，受到经济企稳回升、企业效益提高的影响，美国就业率逐步提升，2014年底达到5.6%，基本回到危机前水平。最后，物价回归稳定。在宽松货币政策的作用下，通货膨胀率不断提高，2014年大致稳定在1%~2%的水平内。

此外，需要看到非常规货币政策也面临挑战。首先，低利率和量化宽松货币政策降低了金融市场的稳定性。量化宽松货币政策在一定程度上促进了房地产市场的繁荣，同时也推高了房价。房价的高速上涨进一步促进了房地产需求，进一步推高房价，引发了房地产泡沫。同时，非常规货币政策实施后美国股市指数不断攀升。在金融危机的影响下，美国纳斯达克综合指数从 2008 年 1 月的 2389.86 点下跌到了 2009 年 2 月的 1377.84 点，2010 年 9 月回到危机前水平，此后继续上升，2016 年 9 月达到 5312 点，是危机前的 2 倍多。这表明股市脱离实体经济快速上涨，虚拟经济在具有很高的流动性的同时，也具有很高的不稳定性，增加了市场的风险。其次，非常规货币政策的政策溢出效应明显。低利率和量化宽松货币政策释放的大量流动性货币流入其他国家以寻求高收益，大量热钱流入新兴市场，这严重加剧了全球货币金融的不稳定性。

3. 改良的泰勒规则

伯南克（2015）对标准泰勒规则进行了两点修正。首先，采用核心 PCE（个人消费支出平减指数）衡量通货膨胀率。在标准泰勒规则中将 GDP 平减指数作为通胀指标，但是在实际决策中，GDP 并不能很好地衡量物价变化情况。FOMC 通常将消费者价格作为通胀参考，其中 PCE 以及核心 PCE 都是衡量通货膨胀的主要指标。其次，调整规则系数。在标准泰勒规则中，利率对通胀和产出的系数为 0.5。伯南克希望提高这一系数，例如将系数调整为 1。根据伯南克（2015）的测算，这一修正的泰勒规则与美国联邦基金利率高度一致。伯南克（2015）同时指出，由于产出缺口和均衡实际利率的估算都较为复杂，泰勒规则中的反应系数也存在争论，因此，美联储并不能完全按照泰勒规则的简单公式来进行利率决策，而需要参考多方面的复杂因素进行系统性的判断。

泰勒认为，危机爆发后，泰勒规则的理论利率为负，此时美联储的低利率政策基本符合泰勒规则。但是，根据泰勒规则计算得到的规则利率水平在 2011 年初转为正，因此，泰勒认为美联储 2011 年应考虑加息。他指出，伯南克对泰勒规则的随意修正缺乏理论支持，无异于相机抉择（Taylor，2013），并批评伯南克一味地采取宽松的货币政策。Taylor 和 Wieland（2016）发现，2001 年以来（尤其是 2009 年之后），全球及新兴市场国家的政策利率普遍低于泰勒规则的利率水平。

五、耶伦时代与货币政策正常化的进程与挑战

2014 年 2 月耶伦接替伯南克就任美联储主席，美联储继续实行宽松的货币政策。耶伦更关注劳动力市场的情况，并主张在泰勒规则中用失业率缺口替代产出缺口。从理论和历史经验来看，由于非常规货币政策存在风险，待经济复苏之后，货币政策回归正常化是必然趋势。2011 年 6 月，FO-MC 讨论了宽松货币政策的退出框架，认为退出的路径是：首先，美联储将缩减资产购买计划，此后不断提高联邦基金利率的目标值；其次，逐步出售美联储所持有的资产来缩减资产负债表。

随着美国经济状况的好转，失业率和通货膨胀率逐渐恢复到正常水平，货币政策也逐步向正常化发展。2013 年 12 月，美联储宣布减少长期国债购买规模，2014 年，美联储又多次宣布减少资产购买规模，并自 10 月起结束资产购买，正式退出了量化宽松货币政策。按照美联储提出的量化宽松货币政策退出框架，加息问题也引起了广泛的讨论（Yellen，2015）。

自 2014 年退出量化宽松货币政策后，美联储不断推进货币政策的正常化。随着美国经济的企稳，失业率进一步下降，通胀上升，美联储加息的条件日益成熟。在这一背景下，美联储在 2015 年 12 月 17 日正式加息 25 个基点，这标志着美联储开启了货币政策正常化。此后，2016 年 12 月，2017 年 3 月、6 月、12 月，2018 年 3 月、6 月、9 月和 12 月，美联储多次加息，联邦利率达到了 2.25%～2.50%。

除加息之外，美联储逐步探索缩减资产负债表规模。在量化宽松货币政策实行后，美联储资产负债表规模从 2008 年 9 月至 2013 年 9 月扩大了 4 倍，收缩资产负债表是提升货币政策空间的必然要求。2017 年 10 月，美联储启动了资产负债表正常化计划。在收缩资产负债表的作用下，美联储资

产负债表在 2019 年 9 月缩减为 2017 年 10 月的 85%（见图 3-4）。

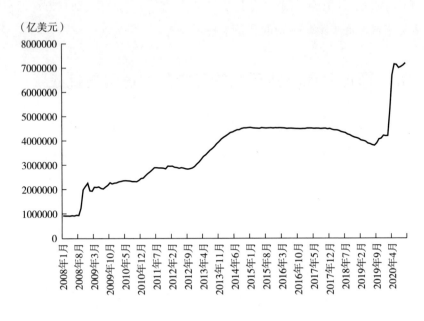

图 3-4 美联储资产规模

资料来源：Wind。

　　美联储货币政策正常化的进程仍需保持谨慎，全球经济增长不稳定成为美联储加息决策的重要担忧。随着全球经济一体化程度加深，货币政策溢出效应越来越明显。美联储加息将提升美元资产的回报率，大量的资金将流入美国，资金会从新兴经济体抽逃，导致新兴经济体货币贬值，加剧其通胀压力，影响经济稳定。由此可见，美联储加息将对新兴市场国家产生显著的外溢效应。2015 年 6 月和 7 月 FOMC 在纪要中指出需要对金融市场的传染性保持警惕，防范全球金融危机。2015 年 9 月耶伦表示，尽管现在美国国内状况已经满足加息条件，但国外增长的不确定性使 FOMC 延迟加息决策。从美国国内来看，美国经济复苏仍存在不确定性。尽管美国经济从 2015 年开始持续上行，但全球经济仍存在不确定性因素。其中，欧洲、日本经济复苏态势相对缓慢。欧元区经济增长放缓，2016 年第一、第二、第三季度 GDP 增长率分别为 2.0%、1.2%、1.2%，均低于 2015 年同期水平。日本经济增长乏力，2016 年第一、第二季度实际 GDP 环比折年率分别为 2.1%、0.7%，CPI 同比增长率自 2016 年 3 月起由正转负，通缩压力不减。全球经济复苏缓慢也加大了美国经济的不确定性。一些研究指出（Summers，2014），在人口因素和技术进步因素的影响下，未来全球经济可能陷入"长期停滞"的状态。在国际经济环境低迷的情况下，外部风险以及加息溢出效应会影响美联储的加息决策。与此同时，美国通货膨胀率走势也存在不确定性。2020 年，美国通货膨胀率整体低于美联储 2% 的目标，这在一定程度上受国际大宗商品价格持续下跌的影响，同时反映了美国经济复苏进程仍较脆弱。如果经济持续低迷，通货膨胀率可能进一步下降并形成通缩风险。研究认为（Nakata，2013），货币政策利率保持在接近零的较低水平，将减小货币政策受到零利率下限的制约，减少通货膨胀率下行时形成通缩的风险。因此，通胀水平较低也是美联储推迟加息的一个原因。

六、鲍威尔时代与疫情以来美国货币政策

新型冠状病毒肺炎疫情对美国经济带来了前所未有的冲击。为了应对疫情对经济和金融市场的影响，美联储于 2020 年 3 月 3 日和 3 月 15 日将联邦基金利率分别下调 50 个基点和 100 个基点，目标区间由 1.50%~1.75% 降至 0~0.25%，与全球金融危机时期相比，此次降息速度更快、幅度更大。与此同时，美联储 3 月 23 日宣布不限量购买债券（无限 QE），量化宽松货币政策规模明显超过全球金融危机时期。从 2008 年 9 月底到 2018 年 9 月底的 10 年时间，美联储资产负债表扩张了 3.4 倍。为应对此次疫情，各国中央银行在近一两个月内出台了大量政策。从 2020 年 3 月初到 4 月末的短短两个月时间，美联储的资产负债表扩张了 1.59 倍。与金融危机时期相比，美联储提供流动性的方式更加直接，包括重启 CPFF（商业票据融资便利）、PDCF（一级交易商信贷便利）、TALF（定期资产支持证券贷款设施），设立 MMLF（货币市场共同基金流动性便利），宣布额外提供最多 2.3 万亿美

元的纾困贷款，并扩大美元互换范围等，由"最后贷款人"成为"第一贷款人"（Bordo，2014）。

疫情的冲击使非常规货币政策日趋常态化。在疫情的冲击下，2020年美国第一季度和第二季度GDP增长率分别为-5%和-34.1%，创2008年金融危机引发经济衰退以来最大降幅。相比于2008年全球金融危机主要冲击的是金融市场，此次疫情主要冲击的是实体经济，再加上全球金融危机后全球技术进步放缓、劳动参与率下降、投资风险偏好上升等因素，各国潜在产出增速和自然利率很可能长期徘徊在较低水平。特别是，未来疫情可能出现反复，对经济的冲击仍存在诸多不确定性，长期性停滞或将是各国共同面临的现象，非常规货币政策可能常态化。

疫情以来的刺激政策改善了市场的流动性水平，但常态化的非常规货币政策从长期来看不利于经济发展。非常规货币政策掩盖了经济结构性矛盾，在一定程度上延缓了各国经济复苏的步伐。美联储扩大了对信贷市场和企业借款人的支持，这可能使政府完成保持市场运转并帮助企业获取信贷的道德义务，借款企业得到政府支持而过于依赖政府，这在一定程度上掩盖了经济结构性矛盾，导致非常规货币政策的边际作用下降。

七、对我国的启示

当前，我国货币政策正处于由数量调控为主向价格调控为主转型的关键时期，中央银行面临的约束条件异常复杂。特别是，近年来国内外经济环境不确定性增加，疫情冲击挑战艰巨，这对科学开展货币决策、更好地促进经济金融高质量发展，提出了更高的要求。由美国货币政策框架演变过程可见，美联储货币政策也是根据经济金融发展的需要，持续评估货币政策效果，改进货币决策方式，调整货币政策框架，这对完善与建设现代中央银行制度相适应的货币政策框架具有重要的启示性意义。

在最终目标上，应优化以通胀为主要目标的多目标体系。从沃克尔时代起，美联储从兼顾经济增长和通胀变为偏重于通货膨胀目标，并在抑制通胀方面取得了巨大成功。与沃克尔不同，格林斯潘关注通胀稳定和经济增长的平衡，且更看重经济增长。金融危机后，伯南克更关注美国经济复苏，而耶伦更关注劳动力市场的情况。2020年8月美联储货币政策框架进行调整，其最终目标由此前物价、产出同等重要的"双目标制"转向就业优先的灵活"平均通胀目标制"。由此可见，随着经济形势的变化，美联储货币政策的最终目标也会不断被调整。长期以来，我国货币政策目标采取的是多目标制。由于经济处于转型时期，货币政策目标较多，但追求多个目标可能顾此失彼，反而不利于货币政策的有效调控。从国际经验和我国的实践看，物价稳定是货币政策的重要目标和首要任务。随着中国经济加快转型，在经济潜在增速呈现趋势性下降、就业市场总体稳定、国际收支渐趋平衡的大环境下，货币政策应以通胀为主要目标并优化最终目标体系。在此基础上，可参考美联储前瞻性指引的经验，加强市场沟通，提高货币政策透明度。

在调控方式上，应加快利率市场化改革，推进价格型调控方式转型。20世纪70年代末的沃克尔时代，美联储宣布以货币供应量作为中介目标。随着金融创新的迅速发展，货币供应量的可测性和可控性都变得更困难，因此美联储难以实现货币增速目标，并且被迫多次修改货币统计口径，并在90年代放弃货币总量目标，将利率作为重要的操作目标。虽然在金融危机后美联储实施了量化宽松货币政策等大规模非常规货币政策，但利率始终发挥了重要的作用。1998年以来，我国采取以货币供应量作为货币政策中介目标的数量型调控模式。随着金融创新和金融脱媒的迅猛发展，数量型货币政策调控的政策效果不断下降。近年来，我国利率市场化改革深入推进，但仍存在利率双轨制问题。2019年8月17日，中央银行宣布完善LPR形成机制，这是我国利率并轨的重要举措。今后，要进一步以改革完善LPR形成机制为出发点，加强贷款利率并轨，并在此基础上推进存款利率市场化，健全基准利率和市场化利率体系。可参考美联储经验选择隔夜货币市场利率，并建立利率走廊机制，引导操作目标利率与基准政策利率水平相符，从而完善货币政策调控和传导机制，推进货币政策向价格调控方式转型。

在决策方式上，探索中国型泰勒规则并以此为基准开展利率决策。20世纪50—70年代，美联储凯恩斯主义相机决策操作根据经济变化情况进行"逆风向调节"，由于相机抉择的货币政策存在政策时间不一致性问题，而且利率政策的调整存在滞后，以熨平经济周期为目的的货币政策往往却是顺周期的。因此，相机抉择的货币政策效果不佳，并导致了20世纪70年代美国高通胀与经济停滞并存的滞胀后果。此后，美联储逐渐探索规则型货币政策决策模式，并逐渐遵循泰勒规则。在泰勒规则的指导下，美国经济进入"大缓和"时代。在格林斯潘之后，伯南克和耶伦都对泰勒规则进行了修正，但美联储仍然以泰勒规则作为货币政策决策和评价的重要参考。泰勒规则在很大程度上提高了美联储货币政策的有效性和透明度。在我国货币政策框架转型和利率市场化推进的过程中，利率调控也应遵循一定的规则进行决策，从而更好地实现货币政策最终目标。泰勒规则认为名义利率等于通货膨胀率加上均衡实际利率，并根据通货膨胀率缺口和产出缺口进行调整。在明确基准利率的基础上，应加强对中国均衡实际利率和潜在产出的测算，并以自然利率为锚，根据产出和缺口的情况，逐步探索符合中国实际的泰勒型利率规则，从而逐步使操作目标接近于与稳态经济增长路径相符的均衡水平，在提高货币政策有效性的同时，实现"稳增长"和"防风险"的动态平衡。

在国际背景下，应在保持稳健货币政策的同时关注发达经济体货币政策溢出效应。从美联储的经验看，尽管非常规货币政策对经济发展具有刺激作用，但不利于长期经济发展。低利率和量化宽松的货币政策降低了金融市场的稳定性，推动了资产价格上涨，增加了市场风险。同时非常规货币政策的政策溢出效应明显，可能造成新兴经济体金融市场的大幅波动。货币政策正常化面临挑战，美联储的加息和缩表进程缓慢而且在新冠肺炎疫情后已终止。借鉴美国的经验，一方面，我国应坚持稳健取向，保持在正常货币政策区间，这不仅有利于经济社会的可持续发展，也有利于完善市场化调控方式，发挥市场在资源配置中的决定性作用。根据经济周期运行实际情况，灵活调整货币政策态势，加强货币政策逆周期调节，灵活运用总量和结构性政策，保持流动性合理充裕，更好地支持实体经济发展。另一方面，我国应密切关注主要经济体高度宽松的非常规货币政策的效果和溢出效应，密切监测我国国际收支和跨境资金流动情况，加强金融市场风险的准确识别、及时处置和有效防范。

第二节　欧元区货币政策框架及负利率政策的实践

1993 年欧洲联盟（以下简称欧盟）正式成立，1999 年 1 月 1 日，欧元正式被推出。随后欧洲中央银行作为欧洲统一货币政策的制定和执行机构开始对区内的宏观经济运行进行管理，这标志着欧盟一体化进程的巨大飞跃。从此，欧元区国家建立单一货币区，并开始实行统一的货币政策。二十年来，欧元区取得巨大成就的背后也历经了波澜和曲折，欧洲中央银行在经济一体化的过程中发挥了重要的作用。在面对内外部冲击时，欧洲中央银行在坚守货币政策目标的同时，不断对其货币政策工具进行调整和创新，以适应存在区域性差异的欧元区国家的发展。

本节对欧元推出前德国和法国的货币政策、欧元推出后第一个十年宏观经济稳定的"大缓和"时期、第二个十年金融危机的"大萧条"时期以及全面宽松时期欧元区的货币政策进行详细讨论。

一、欧元推出前德国和法国的货币政策

1. 德国货币政策

在经历了两次世界大战导致的恶性通货膨胀和金融危机之后，联邦德国于 1948 年进行了币制改革，并开始着手建立现代中央银行体制。首先通过了《德意志联邦银行法》，明确了联邦银行（即德国中央银行）的职责和

权限。《德意志联邦银行法》规定，货币政策的目标是保持币值稳定（王小奕、蒋万进，1997）。

在中介目标方面，德意志联邦银行是世界上最早制定货币政策中介目标的中央银行。1974 年 11 月，德意志联邦银行首次宣布了其货币政策中介目标是未来一年中央银行货币存量（Central Bank Money，包括流通中的纸钞和硬币、活期存款、期限少于 4 年的定期存款、期限少于 4 年的储蓄存款）（杨林，1996）。此后德意志联邦银行每年都根据经济增长和物价变动等因素来确定货币供应量的增长目标。考虑到数据的不确定性，从 1979 年开始将货币供应量增长目标由以前的单一数值式改为区间式。1979—1985 年，德国中央银行货币的实际增长率都在其目标范围之内。在中央银行货币增长率于 1986 年和 1987 年连续两年超出目标范围之后，德意志联邦银行开始将注意力转向广义货币 M3，并于 1988 年正式宣布将货币政策中介目标改为 M3（流通中的纸钞和硬币；德国居民在本国银行的活期存款；德国居民在本国银行期限少于 4 年的定期存款；德国居民在本国银行通知期少于 3 个月的储蓄存款）。

在工具方面，联邦银行的货币政策工具主要包括存款准备金制度、再融资政策和公开市场业务，同时也包括存款政策、通过外汇市场调整流动性政策以及对国际货币与资本交易的控制等其他工具（何广文、刘波，1995）。

二战前，德国的银行法就规定了最低准备金制度，从而确保了银行资金的流动性。二战后，这一制度成为央行的调控工具。20 世纪 80 年代之前，联邦银行按照存款种类和存款额度大小实行了 12 种不同的最低存款准备金率且要求较高，例如，超过 1 亿马克的即期存款的准备金率曾高达 15.75%。20 世纪 80 年代之后，为加强国内信用机构和德国作为国际金融中心的竞争力，联邦银行大幅度降低了存款的法定准备金率。1994 年 3 月 1 日，对即期存款（1 个月以内）实行 5% 的准备金率，其他存款（包括居民和非居民、异地和非异地）的法定准备金率为 2%。这同近年西方各国大幅降低准备金率的趋势是一致的。降低存款准备金率具有两大效应：第一，准备金率的调整可以有效调整联邦银行向银行系统长期供给的中央银行货币余额，从而有效管理流动性，同时可以冲销因外汇资金流动而引起的国内流动性波动。第二，准备金制度加强了各银行对中央银行货币余额的需要，增强了中央银行最后贷款人功能，从而提高了货币政策的有效性。20世纪90年代法定存款准备政策的作用逐步弱化。

再融资政策包括再贴现政策和伦巴德政策，再融资政策的目的在于影响货币流通总量和银行贷款规模。其中，再贴现政策是指联邦银行按其确定的贴现率向银行买卖贸易票据、联邦和州政府的国债券、联邦特别基金券等。伦巴德贷款指联邦银行向信用机构发放的贷款，债期最长为3个月。根据证券的不同，贷款额与抵押品价值之比设定不同：可用作再贴现的票据（包括国库券），贷款额为票据面值的9/10，其他证券则为3/4。1994年以后，贷款额等于抵押品价值。伦巴德贷款的利率高于贴现率，一般用于紧急融资或流动性紧张时期。再贴现和伦巴德贷款在20世纪70年代中期前曾起过重要的作用，但90年代以后其作用已明显弱化。

联邦银行在公开市场买卖证券的范围很丰富。其中，回购协议业务是公开市场业务中的重要部分。1979年联邦银行引进回购协议操作，并在1985年后开展大量回购协议操作，从而加强对银行日拆利率的弹性管理，有以下两种具体招标方式：一是固定利率招标，即联邦银行确定回购利率后，汇总金融机构投标量按比例分配资金；二是浮动利率招标，根据成交价格按竞争方式或公布最低的回购招标利率，按投标情况进行分配。回购协议逐渐替代了再贴现和伦巴德贷款，成为联邦银行向信用机构融资的首要方式，逐渐形成了以伦巴德利率为目标利率上限、以回购协议利率为目标利率下限的利率体系。

2. 法国货币政策

法兰西银行作为法国的中央银行成立于1800年。在200多年的历程中，随着法国经济情况的变化，法国货币政策也不断调整。法兰西银行货币政策的最终目标为物价稳定，其中介目标是货币供应量（M2）。法兰西银行货币政策的工具以前主要有法定准备金、利率和限额贷款制、公开市场操作。

20 世纪 90 年代以来，法兰西银行逐渐废除了信贷限制等直接信用管制措施，基本工具是利率和法定准备金（谢太峰，1994；于学军，1998）。

法兰西银行的法定准备金制度是 1967 年开始实行的。最初，法国货币当局只将其运用于存款，1971 年 2 月 23 日的法令将其扩展到为一般银行提供的贷款上，这和其他国家只要求对存款缴纳准备金的做法有所不同。从 1972 年开始，贷款准备金机制也被用作信贷限制措施运转的技术基础。1987 年的货币政策改革废除了对银行资产提取准备金的做法，作为补偿，对存款提取的准备金率则有所提高。

限额贷款制即直接控制银行体系对私人发放的贷款总额，从而直接控制货币发行量。法兰西银行在 20 世纪 70—80 年代大规模实施限额贷款制。具体实施时，法兰西银行在年底分别为各银行建立贷款指数，并规定这一指数的逐月增长率。如某一银行的贷款指数实际增长率超过了规定的增长率，该银行就必须按一定的比例对超额部分缴纳法定储备。限额贷款制在 1987 年被取消。

法兰西银行的公开市场操作包括回购协议、快速回购协议、直接买卖有价证券等。其中，回购协议是法兰西银行公开市场业务的主要方式，其官定利率形成货币市场利率的下限。快速回购协议、直接买卖有价证券，包括 7 年期以内的国债、商业票据和大额存单等（王关荣，1995）。

总的来看，德国和法国在 20 世纪 90 年代之前的货币政策都是以货币供应量为中介目标的数量型调控，货币政策的最终目标都是物价的稳定。随着经济形势的不断变化，其货币政策工具也不断调整，对物价稳定和经济增长起到了重要的作用。

二、"大缓和"时期欧元区的货币政策

欧洲中央银行最主要的目标是维持价格稳定。在实践中，欧洲中央银行用欧元区消费物价协调指数（HICP）来衡量通货膨胀水平，并规定一年之内 HICP 的上升幅度不超过 2%。其货币政策工具主要包括公开市场操作、

定期融资工具和最低存款准备金等。

公开市场操作在欧元区货币政策框架中发挥了重要的作用，主要包括主要再融资操作、长期再融资操作、微调操作和结构性操作。主要再融资操作（Main Refinancing Operation）通过逆回购向金融市场提供流动性支持，一般是短期贷款，频率大多为一周一次，在公开市场操作中的使用频率和重要性都较高，其利率称为主要再融资利率（The Interest Rate on the Main Refinancing Operation）。长期再融资操作（Longer Term Refinancing Operation）一般是指期限在 3 个月以上的资金融通，频率为每月一次，进而为市场中不同的金融机构提供资金支持。微调操作（Fine-tuning Operation）和结构性操作（Structural Operation）是欧洲中央银行的两种不定期操作，主要作用是稳定市场利率、保持市场稳定。

定期融资工具为其交易对手即信贷机构提供隔夜融资服务，又分为隔夜贷款和隔夜存款两类工具。隔夜贷款是金融机构通过抵押的方式从欧洲中央银行获取贷款的方式，而隔夜存款是金融机构在欧洲中央银行的存款。两者的利率分别是隔夜贷款利率（即贷款便利利率，The Rate on the Marginal Lending Facility）和隔夜存款利率（即存款便利利率，The Rate on the Deposit Facility）。一般隔夜贷款利率高于市场利率水平，而隔夜存款利率低于市场利率水平。隔夜贷款利率可以作为隔夜货币市场利率的上限，而隔夜存款利率可以作为隔夜货币市场利率的下限。因此，隔夜存、贷款利率形成了隔夜货币市场利率的"利率走廊"，这是欧元区利率调控的重要方式（见图 3-5）。

1999 年 1 月，欧洲中央银行出台了存款准备金制度，明确了欧元区金融机构须缴纳的最低存款准备金的范围、交存比例、监管权力和处罚措施等。存款准备金政策的实施不仅可以帮助金融机构有效应对流动性冲击，也可以缓解银行体系流动性和结构性短缺问题，保持货币市场利率的稳定。欧洲中央银行存款准备金的交存对象主要为信贷类金融机构，交存基数包含存款和金融机构发行的债券，不包括非银行业金融机构同业负债。欧洲中央银行对存款准备金实施平均法考核，即要求金融机构的准备金账户在交

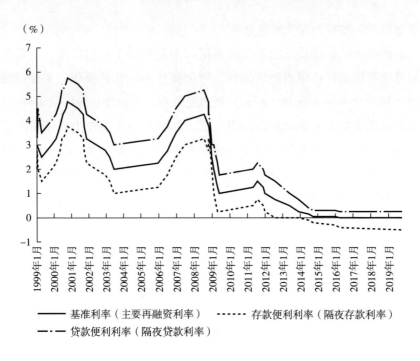

图 3-5　欧元区利率走廊

资料来源：Wind。

存期内平均日终余额不少于最低准备金要求。交存期一般按月考核，开始日期是欧洲中央银行理事会会后的主要再融资操作结算日。对不满足最低准备金要求的金融机构，欧洲中央银行的惩罚措施主要是罚息。1999—2011年，欧洲中央银行的准备金率要求为：两年以内到期的存款、债券等负债的存款准备金率为 2%，两年期以上的负债的存款准备金率为 0%。欧洲中央银行对金融机构交存的准备金支付利息，其利率水平盯住欧洲中央银行政策利率。

1999—2002 年，欧元区经济面临下行压力，GDP 增长率分别为 3.0%、3.9%、2.2%、0.9%[1]，经济增速放缓。在这一背景下，从 2001 年 5 月起欧洲中央银行连续降息，将货币政策基准利率从 4.75% 下调至 2003 年 6 月

---

① 数据来源于世界银行 WDI 数据库。

的2%，达到历史低点。在这一时期欧洲中央银行以 M3 增长率作为中介目标，运用单一的利率手段平抑价格波动。

从 2003 年起，欧元区经济不断向好，GDP 增长率保持较高增速，2003—2007 年 GDP 增长率分别为0.7%、2.3%、1.7%、3.2%、3.0%。由于通货膨胀率有所上升，欧洲中央银行在 2005 年 12 月至 2008 年 7 月将主要再融资利率从2%上调至 4.25%。在经济全球化的背景下和宽松的全球金融环境下，欧元区资本从核心区国家流向外围区国家，欧元区内的经常账户失衡不断加剧，为欧债危机埋下了隐患（见图3-6）。

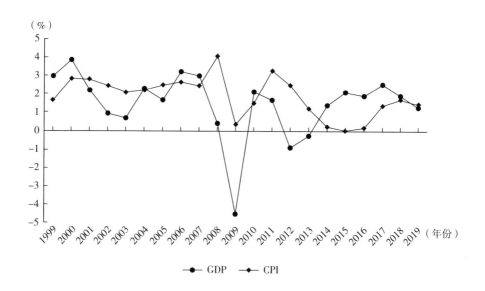

图 3-6　欧元区经济增速和通货膨胀率

资料来源：世界银行 WDI 数据库。

三、"大萧条"时期欧元区的货币政策

2008 年美国金融危机爆发，对欧元区经济产生了巨大冲击。随着欧债危机的爆发，传统货币政策的效果逐渐降低，欧洲中央银行开始采用非常

规货币政策，主要包括长期再融资操作、证券市场计划以及降低利率至负利率等。

长期再融资操作（Longer-Term Refinancing Operations，LTROs）：非常规长期再融资操作是在传统的长期再融资操作的基础上延长期限、扩大抵押品范围，从而满足市场需求，为银行体系提供长期流动性支持。欧洲中央银行对长期再融资计划原有的 3 个月操作期限延长至 6 个月、12 个月，甚至最长达 3 年，从而向金融机构提供长期流动性。长期再融资计划采取固定利率全额分配的招标方式，满足金融机构的流动性需求；通过与金融机构签订货币互换协议，满足其对美元等外币的需求。欧洲中央银行于 2011 年 12 月 21 日和 2012 年 2 月 29 日开展三年期的长期再融资操作。同时，欧洲中央银行在 2011 年 12 月 8 日、2012 年 6 月 22 日和 2012 年 9 月 6 日不断放宽对再融资操作中合格抵押品的要求，增加了抵押品中国债和资产支持证券的种类。2012 年 9 月 6 日，欧洲中央银行推出货币直接交易，将不受限制地从二级市场购买符合条件的国家的政府债券。研究认为，欧洲中央银行的长期再融资操作增加了商业银行体系的贷款总量，为银行体系注入了流动性，有效地缓解了金融市场的波动。

2010 年，以希腊主权债务危机为开端的欧洲主权债务危机不断升级，政府债券市场不断恶化。2010 年 5 月 10 日，欧洲中央银行推出证券市场计划（SMP），直接购买主权债存在危机国家的政府债券。从 2012 年起，证券市场计划升级为直接货币交易（OMT）计划，可以在二级市场上无限量地购买成员国主权债券，对于欧元区债券市场稳定起到了重要作用。

金融危机严重危害了货币市场的正常运作，银行融资面临严重困难，欧元区成员国间的资金流动性下降。欧洲中央银行开启利率下行通道为市场提供流动性。2008 年 10 月、11 月、12 月，欧洲中央银行分别将利率下调 50 个、50 个、75 个基点，2009 年 1 月、3 月、4 月和 5 月，欧洲中央银行再次分别将利率下调 50 个、50 个、25 个和 25 个基点。经过多次下调，主要再融资利率从 4.25% 下降至 1% 的历史最低水平。在 2011 年两次加息和两次降息的微调之后，2012 年 6 月、2013 年 5 月和 2013 年 11 月欧洲中央银行继续降息，主要再融资利率降至 0.25%。存款便利利率和边际贷款便利利率也下降到 0% 和 0.75% 的历史低点。同时，欧洲中央银行 2012 年 1 月 18 日将金融机构两年以内负债的存款准备金率由 2% 调低至 1%。

四、全面宽松时期欧元区的货币政策

1. 政策背景

欧元区的非常规货币政策从 2014 年 6 月起实施，实施的背景有以下两个方面：一是通货膨胀率低于目标水平。欧洲中央银行的政策目标是保持通货膨胀率稳定在 2% 的水平。2012 年以来，欧元区通货膨胀率不断下跌，到 2013 年低于 2% 的通胀目标，通货膨胀率下跌的幅度远远超过预期。国际油价大幅下跌，压低了整体的价格水平，抑制了通货膨胀率的上涨。在这一背景下，欧元区采取了非常规货币政策来促进通货膨胀率回归目标水平。2014 年 6 月之后通货膨胀率有所提高。二是传统货币政策工具刺激作用有限。金融危机以来，欧洲中央银行采取了传统的货币政策工具来刺激经济发展。但在一系列政策措施施行后，欧元区经济仍未好转，2012 年、2013 年的 GDP 增长率分别为 -0.9%、-0.3%，这表明货币政策未能有效刺激经济复苏。与此同时，欧元区政策利率已降至"零利率"附近。隔夜市场利率是欧元区公开市场操作的主要工具，它在存款便利利率和贷款便利利率形成的利率走廊之间波动。2012 年以来，整个利率走廊不断下行，相应的欧元区隔夜市场利率不断下行，这显示出传统货币政策逐渐趋于宽松。但是货币政策宽松并未有效传导到经济下游。从银行对非金融企业的贷款利率来看，欧元区的贷款利率仍维持在较高水平，这说明虽然银行在公开市场上的存款、贷款和隔夜利率较低，但并没有通过银行传导给实体经济，企业的贷款利率并没有降低。这表明传统的货币政策工具对经济的刺激作用有限。

2. 货币政策实践

从 2014 年起，欧元区全面启动量化宽松货币政策，主要包括负利率政策、资产购买计划和定向长期再融资。

负利率政策。虽然利率水平较低，但由于银行惜贷现象依然严重，低利率的刺激作用有限。为应对通缩、提振经济，2014 年 6 月，欧洲中央银行将主要再融资利率下调至 0.15%，存款便利利率下调至 -0.1%，边际贷款便利利率下降到 0.4%。这标志着欧元区进入负利率时代，商业银行持有的超额准备金利率为 -0.1%。2014 年 9 月，主要再融资利率降至 0.05%，存款便利利率和边际贷款便利利率也分别下降到 -0.2% 和 0.3%。2016 年 3 月，主要再融资利率降至 0%，存款便利利率和边际贷款便利利率分别降至 -0.4% 和 0.25%。2019 年 9 月，存款便利利率再次下降到 -0.5%。

资产购买计划。为应对欧元区持续的通货紧缩的压力，2015 年 1 月起欧洲中央银行量化宽松货币政策正式启动，开始大规模资产购买计划（APP）。欧洲中央银行购买的资产包括资产支持债券（ABS）、担保债券（CB）、政府和私人债券等超过 1 万亿欧元。2015 年 6 月起每月购买 600 亿欧元资产；2015 年 12 月将资产购买计划延长至 2017 年 3 月底并对购债计划中已经到期的债券本金进行再投资；2016 年 3 月将资产购买扩大到 800 亿欧元；2016 年 12 月决定延长资产购买计划至 2017 年 12 月，在此期间每月购买 600 亿欧元资产，将公共部门购买计划中购债的剩余期限从 2 年下调至 1 年，必要时可以在资产购买计划中购入收益率低于欧洲中央银行存款利率的资产。在疫情冲击下，欧元区于 2020 年 3 月 12 日宣布额外的资产购买，3 月 19 日宣布 7500 亿欧元应对疫情的紧急资产购买计划（PEPP），购买计划覆盖私人和公共部门的证券，并修改自我施加的购债限制，同时对德国宪法法院试图限制其购买政府债券权力的裁决予以回击。

定向长期再融资。2014 年 6 月，欧洲中央银行推出定向长期再融资（TLTROs）。定向长期再融资为信贷机构提供最长达四年的融资，利率固定在 0.15%。商业银行的可借资金量以及利率与它们向非金融公司和家庭的贷款有关，银行向非金融公司和家庭发放的贷款越多（除房贷），其定向长期再融资的利率就越低。定向长期再融资通过为商业银行提供长期资金支持，从而向实体企业及居民提供流动性，刺激投资和消费。这一长期再融资操作非常复杂，需要有一套相关机制确定哪些银行有条件获得贷款。2016年3月，欧洲中央银行再次启动定向长期再融资操作。

3. 政策评述

欧洲中央银行的非常规货币政策具有积极作用。一方面，负利率和量化宽松货币政策有效缓解了欧元区金融市场的流动性紧张，使银行的短期融资成本降低，尤其是长期流动性支持显著增强了银行的融资动力，提高了市场活力。负利率政策降低了利率预期，压低了远期曲线，使利率预期的分布更多集中于零附近。另一方面，资产购买计划为市场提供了流动性，通过降低期限溢价和扩大投资，进一步降低了利率预期，与负利率相互作用，从而使利率远期曲线进一步平坦。

但是非常规货币政策对经济的刺激作用不明显。从物价水平来看，负利率政策执行以来，2015—2016年通胀率为0.2%，并没有扭转低通胀的局面。2017—2019年，欧元区的通货膨胀率有所上升，增速分别为1.4%、1.7%、1.4%[1]，仍低于2%的通胀目标。在量化宽松货币政策和负利率政策的刺激下，2014年GDP增速转正，达到1.4%。2015—2019年GDP增长率分别为2.1%、1.9%、2.5%、1.9%、1.3%。经济虽保持正增长，但增速较为缓慢，经济复苏的动力仍然不足。具体来看，非常规货币政策能够进一步促进人们的现时消费，提高消费的积极性，对于带动经济的发展有着一定的促进作用，但效果不明显，难以解决终端需求疲软的问题。非常规货币政策在一定程度上降低了贷款利率，但由于经济持续低迷，企业与银行对经济和金融市场的预期较为悲观，资本回报率很低，企业信贷需求不强烈，商业银行的借贷意愿和能力都较弱。同时，银行对企业贷款仍要求较高的风险补偿，风险溢价较高，银行惜贷现象严重，因此，贷款利率仍然维持在较高水平。银行没有将过剩的流动性完全投放市场，有效刺激信贷扩张，银行信贷增长率并未大幅提高。非常规货币政策使货币市场利率下降，资金倾向于外流到高利率国家，这将促使本币贬值，从而促进出口增加。但是由于全球经济低迷以及国内市场萎靡，非常规货币政策对净出口

---

[1]　数据来源于世界银行WDI数据库。

促进作用有限。

五、对我国的启示

欧元区的经验表明，非常规货币政策对经济的促进作用并不明显，而且还产生了一些消极的影响。参考欧元区的经验，我国应坚持稳健的货币政策，加强跨周期政策设计和逆周期政策调节，运用总量和结构性政策保持流动性合理充裕，支持实体经济发展。一方面，货币政策要把握总量，兼顾经济增长、物价稳定的同时防范金融风险，为高质量发展营造适宜的货币金融环境。另一方面，需充分发挥货币信贷政策的结构引导作用，运用定向降准、再贷款、再贴现等结构性货币政策工具支持推进供给侧结构性改革。与此同时，应加强政策协调，采用多种政策搭配。例如，充分发挥财政政策作用，加大减税降负，实施合理的收入分配政策、促进就业政策、改善民生政策、完善社会保障政策等，做好各项宏观政策协调，从而深化供给侧结构性改革，增强内生增长动力，推动经济高质量发展。

第三节　日本货币政策的基本框架及
非常规货币政策实践

2020年3月，为应对疫情的冲击，美联储和英国中央银行迅速将政策利率降至超低零利率水平。同时，各国中央银行借鉴金融危机时期的非常规货币政策工具陆续实施量化宽松货币政策（QE），扩张速度快于金融危机时期，这使非常规货币政策再次引起了广泛的关注。

作为亚洲主要的经济体，日本是较早采用非常规货币政策的国家。日本在二战后迅速崛起，经济高速发展，迅速成为世界经济强国。但是，

"广场协议"签订后日元大幅升值，加上国内经济长期存在的结构性问题，导致日本经济在 20 世纪 90 年代陷入长期萧条。为了刺激经济发展，日本中央银行在 1999 年 2 月首次采用零利率政策，并在 2001 年首次采用量化宽松货币政策。金融危机后，日本经济受到了巨大的冲击，经济增速下滑并且出现通货紧缩，日本中央银行在 2008 年 10 月再次采用零利率政策，并从 2008 年 12 月起实施第二轮量化宽松货币政策。2013 年以来，作为"安倍经济学"的重要部分，日本中央银行实施量化质化宽松的货币政策。2016 年加强量化质化宽松，推出"负利率政策"并提出收益率曲线控制。

纵观日本货币政策实践，其政策框架不断完善、目标不断调整、工具不断丰富、运行方式不断优化，对经济复苏起到了重要的促进作用，但其中的问题也不容忽视。本节将详细梳理日本中央银行货币政策演进，尤其是非常规货币政策的发展，分析各阶段政策的背景，讨论各阶段的政策框架并考察政策效果。

一、日本货币政策的基本框架

20 世纪 70 年代，随着世界性金融自由化浪潮的全面掀起，日本也逐渐开启了金融自由化的进程，货币政策中介目标逐渐由数量型调整为价格型。一方面，金融自由化进程导致货币总量的可测性和可控性均有所下降，尽管不断调整统计口径，货币总量仍然难以完全测度；另一方面，随着日本金融市场产品的不断丰富，货币数量与实体经济的相关性也显著下降。在这一背景下，日本在 20 世纪 90 年代实现利率市场化，货币政策框架成功向价格型转型，以市场利率作为中介目标，采用公开市场操作和政策利率作为工具调控市场利率。

日本中央银行的政策利率也不断完善。20 世纪 90 年代之前，日本中央银行将贴现率作为政策利率，通过调整贴现率来改变商业银行资金成本。利率市场化后，日本中央银行的中介目标转为盯住银行间无担保隔夜拆借利率，通过公开市场操作影响市场流动性，从而调控目标利率。在发达的金融市场下，同业拆借利率通过跨期限、跨市场的传导影响信贷市场利率、债券市场利率和资本市场收益，从而影响微观主体的经济行为，实现经济增长、物价稳定、汇率稳定等最终目标。2001年，日本中央银行将货币政策的操作目标从银行间无担保隔夜拆借利率转向商业银行在中央银行的存款准备金余额。2013年，日本中央银行又将货币政策操作目标定为基础货币。2016年1月，日本中央银行将存款准备金利率加入操作目标，9月将长期国债利率列入货币政策框架的操作目标（蔡喜洋，2017）。

从目标规则的角度来看，日本的货币政策调控方式是一种隐含的通胀目标制（Implicit Price Stability Anchor）（Carare and Stone，2003；Fukuda and Soma，2019）。实际上为应对通缩和零利率问题，许多经济学家建议日本采用通胀目标制（Eggertsson and Woodford，2004；Ito and Mishkin，2004），但是，日本中央银行没有采用完全通胀目标制（龚思铭、张帆，2018）。这主要是因为在通缩的情况下，设定一个明确符合经济情况的通胀目标值比较困难，而且通胀目标的确定可能提高长期利率。考虑到日本的经济现状，完全通胀目标难以改变居民的通胀预期，而且通货膨胀率的调控较为困难，但是日本量化宽松货币政策框架内隐含实施了价格稳定目标。日本中央银行副行长岩田一政指出，1999年2月至2000年8月的"零利率政策"未能取得成功的部分原因是对政策期限的承诺不力。因此，日本中央银行在2003年10月明确提出了量化宽松货币政策终止的条件，即年度核心通胀率保持在零以上。该政策期限的承诺向市场发出了明确的信号，它可以作为一个价格稳定的锚。当利率达到零利率下限时，货币供给对物价水平的影响更小，中央银行对货币供给和通货膨胀率的控制会更困难。而且零利率下界扰乱了金融市场中的市场机制，在一定程度上扭曲了市场上的资金分配。因此，中央银行的价格稳定锚更加重要，可以有效避免通缩的风险。这一政策也称为"动态价格稳定目标政策"（Dynamic Price Stability Target Policy）。

二、"失去的十年"与首次零利率政策

20 世纪 90 年代，日本经济增速下滑并陷入长期衰退。一方面，20 世纪 80 年代以来，日本的资产价格明显脱离实体经济，尤其是房地产价格和股票价格大幅上升，泡沫经济不断发展。另一方面，"广场协议"签订后日元大幅升值，1985 年第四季度日元升值幅度就达到了 20%。日元升值不仅给日本出口带来了极大的冲击，也加剧了泡沫经济的迅速膨胀。

1990 年，随着房地产市场和股市泡沫的破裂，金融业受到大幅冲击，银行破产风险凸显，个人资产的大幅缩水使很多中小企业破产，日本经济陷入长期衰退。根据世界银行的统计，在 20 世纪 90 年代"失去的十年"期间，日本 GDP 增长率持续低迷，从 1990 年的 4.9% 下降为 1998 年的 -0.3%。同时，日本通货膨胀率持续下降并陷入通货紧缩，从 1990 年的 3% 下降为 1999 年的 -0.3%（见图 3-7）。

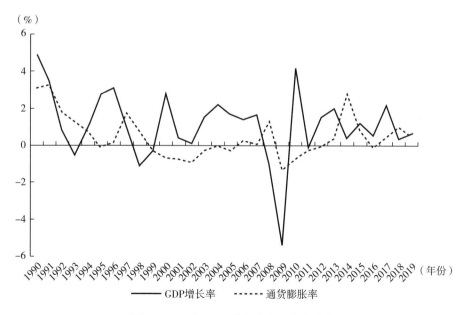

图 3-7　日本 GDP 增长率和通货膨胀率

资料来源：世界银行 WDI 数据库。

这一阶段为刺激经济发展，日本中央银行大量采用宽松的货币政策，不断下调政策利率水平（见图 3-8）。在资产泡沫破灭后，日本金融机构不良债权问题显著，银行的惜贷现象越来越严重，因此低利率对经济的刺激作用有限。日本中央银行于 1999 年 3 月将银行间无担保隔夜拆借利率的目标值下调至 0.04%。如果扣除其中的中间费用，政策利率已经降至零利率水平，日本开创性地进入了零利率时代。

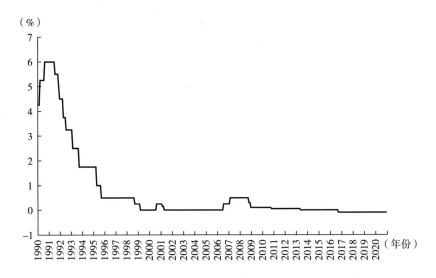

图 3-8　日本政策利率

资料来源：BIS 数据库。

日本中央银行实施的零利率政策，对于刺激经济尽快恢复具有非常重要的作用。零利率政策降低了市场利率水平，增加了资本市场的流动性，缓解了企业和金融机构的资金短缺和流动性紧张，对日本经济走出低谷起到了积极作用。2000 年日本走出经济衰退，GDP 增长率提高。但是零利率政策的实施导致大量热钱流入金融市场，增加了金融市场风险，同时大量国际资本和国内资本的流出不利于国内经济复苏。低利率未能有效促进消费，由于风险偏好的改变使居民储蓄率居高不下。零利率政策导致银行间拆借市场规模下降、长期利率下降，不利于经济结构的转轨与经济的长期发展。鉴于此，随着经济的逐步恢复，2000 年 8 月 11 日，日本中央银行宣布终止零利率政策，并从 2000 年 8 月 12 日起将政策利率目标定为 0.25%，宣告了一年半的零利率政策的结束。

三、首次量化宽松货币政策

尽管日本经济 2000 年逐步复苏，但是在美国 IT 泡沫破灭和全球经济衰退的冲击下，2001 年日本经济增速仅为 0.4%，再次陷入萧条。同时，需求减少导致物价持续下跌，通货紧缩严重。20 世纪 90 年代日本国债规模迅速扩大，财政赤字急剧上升，财政政策空间有限。由于不良贷款的持续增加，银行惜贷现象严重，低利率政策的边际效果减弱；由于通货紧缩较为严重，低名义利率下实际利率却维持高位，陷入"流动性陷阱"，传统货币政策无法有效刺激经济发展。

面对低迷的经济形势，日本中央银行在 2001 年 3 月 19 日将无担保隔夜拆借利率目标值降至 0%，同时推出进一步宽松的货币政策，这标志着日本量化宽松货币政策的正式推出，其主要包括明确通胀承诺、改变政策目标和为市场提供流动性三个方面。

首先，明确通胀承诺，即承诺在核心 CPI 转正之前不会退出量化宽松货币政策。这一承诺有利于市场产生积极的通胀预期，刺激经济走出通缩的困境。

其次，改变政策目标，即将货币政策的操作目标从银行间无担保隔夜拆借利率和再贴现率转向商业银行在中央银行的准备金账户余额。起初日本中央银行对商业银行准备金余额的要求是 5 万亿日元，2001 年 8 月之后这一操作目标不断上调，到 2004 年目标已经达到 35 万亿日元。

最后，为市场提供流动性，即日本中央银行通过购买长期国债为金融机构提供充足流动性。购买的长期国债为商业银行提供了充足的资金支持，提高了商业银行的准备金账户余额，从而引发隔夜拆借利率下降，刺激经济发展。另外，日本中央银行还购买了金融机构的股票以及其他有担保证券等来缓解金融机构的不良债权问题。

零利率及量化宽松货币政策的实施具有一定的积极作用。一方面，零利率及量化宽松货币政策的实施有效地维护了金融市场的稳定。政策实施后，股票和房地产价格逐步回升，金融市场逐步稳定。零利率及量化宽松货币政策为市场提供了大量的流动性。随着不良贷款的处置，从 2005 年起银行惜贷现象有所改善，流动性逐步释放到实体经济，贷款量逐步提高。另一方面，零利率及量化宽松货币政策刺激了经济的发展。量化宽松货币政策增加了货币供给，对日元汇率的稳定起到了积极作用，促进了出口的增加，同时扩大了投资规模，从而刺激了经济增长。

与此同时，零利率及量化宽松货币政策的实施带来的消极作用也不容忽视。零利率政策不仅使日本跌入了"流动性陷阱"，导致传统货币政策工具效果有限，陷入被动，同时零利率扭曲了利率反映资金正常供求的作用，不利于资源的优化配置。由于悲观预期居民更倾向于储蓄，投资意愿较低，储蓄的利率弹性非常小，即使零利率政策也难以有效刺激经济发展。但零利率政策使企业的贷款意愿增加，贷款可能被用于风险较高的投资，从而增加不良贷款率。量化宽松货币政策对经济的刺激有限，国内市场需求萎缩、投资意愿较低、贷款需求减少，同时由于不良贷款率较高，银行仍存在惜贷现象，因此，经济低迷的现象未得到有效缓解。一些产能过剩的夕阳产业和经营不善面临破产的企业在量化宽松货币政策的扶持下苟延残喘，不利于经济结构的转型升级（Okina and Shiratsuka，2004）。

2005 年 11 月，日本的核心 CPI 开始转正。日本中央银行于 2006 年 3 月结束零利率政策，并于 2006 年 7 月结束量化宽松货币政策，将银行间无担保隔夜拆借利率的目标值从 0 上调为 0.25%，同时将再贴现率由 0.1% 上调至 0.4%。货币政策的目标也重新调整为银行间无担保隔夜拆借利率。

四、金融危机后日本银行非常规货币政策实践

由于日本经济的结构失衡等问题长期没有得到解决，日本经济持续低

迷，增长动力不足。2008 年金融危机对日本经济造成了巨大冲击，使日本消费疲软，财政状况进一步恶化。2009 年日本经济再次萎缩，金融危机引发的严重的通缩使居民消费低迷，企业投资意愿不强，利润率下降。

2008 年 10 月 31 日，为了防止经济继续下滑，日本中央银行将银行同业间隔夜拆借利率从 0.5% 下调到 0.3%，12 月 19 日再度降低隔夜拆借利率至 0.1%。2010 年 10 月，日本中央银行将银行同业间隔夜拆借利率下调至 0~0.1%，再次重启零利率政策。

与此同时，日本中央银行开始重启资产购买计划，此次购买国债的规模大幅提高，2010—2013 年共购买国债超过 100 万亿日元。同时，日本中央银行增加了购买的金融市场工具种类，包括公司债、上市交易基金和日本房地产信托投资基金等。

非常规货币政策为日本经济复苏起到了积极的作用。2010 年，日本逐步走出了金融危机的影响，经济增速有所提高。但短期刺激无法有效提振经济，日本经济再次陷入衰退。2011—2012 年，日本 GDP 增长率分别为 -0.1%、1.5%，CPI 增长率分别为 -0.3%、-0.1%，经济复苏乏力与通缩问题仍未得到有效缓解。

五、安倍经济学

2012 年 12 月 26 日安倍晋三当选日本首相。为解决日本经济长期存在的增长乏力和通胀低迷两大问题，他推出了一系列推动经济发展的经济政策，称为"安倍经济学"。安倍经济学的主要内容包括宽松的货币政策、扩张的财政政策和深入的结构性改革（苏乃芳，2013）。

宽松的货币政策也称为量化质化宽松货币政策（Quantitative and Qualitative Monetary Easing，QQE），通过调整货币政策框架、提出通胀目标和量化质化宽松货币政策等方法增强政策的力度。

一是调整货币政策框架。日本将货币政策的操作目标由无担保隔夜拆借利率转变为基础货币。与首次量化宽松货币政策类似，日本中央银行将货币政策操作目标由价格型转变为数量型，并直接定为基础货币。扩大基础货币的发行数量是实施通货膨胀目标制的主要手段。通过提升基础货币数量的增长速度，以达到释放货币流动性的目的，从而提高通货膨胀率。日本中央银行从 2013 年 4 月起每年发行基础货币 60 万~70 万亿日元，2014 年 10 月扩大基础货币发行量，将发行速度调整为每年 80 万亿日元。

二是提出通胀目标。日本政府与日本中央银行在 2013 年 1 月宣布将以"无限购买资产方式"实现通货膨胀 2% 的目标。在此后的低（负）利率及量化质化宽松货币政策中也不断强调 2% 的通胀目标。日本的政策承诺对于管理居民通胀预期起到了重要作用，通过影响公众预期提高居民消费信心，与此同时，政策的有效性也得到了提高。

三是量化宽松货币政策。与第一次量化宽松货币政策相比，日本中央银行此次实施量化宽松货币政策的规模更大，操作工具更加多元化。首先是加大了对于国债购买的规模，每月达到 7.5 万亿日元；其次是增加了每年对交易型开放式指数基金（ETF）和日本房地产投资信托基金（J-REIT）的购买规模。2014 年 10 月，日本中央银行将 ETF 的购买金额由 1 万亿日元扩大到 3 万亿日元，将 J-REIT 的购买数量由 300 亿日元提高到 900 亿日元。这两种基金本身与股票价格有很强的联动作用，对投资者可能产生"跟风作用"，从而释放货币流动性，提高资产价格。同时，日本中央银行扩大对商业票据和公司债券的购买数量，以每年 2.2 万亿日元的速度购买商业票据，以每年 3.2 万亿日元的速度购买公司债券。量化宽松货币政策对于解决企业资金的流动性不足问题具有重要的意义，解决了日本的部分"流动性陷阱"问题。

四是质化宽松货币政策，即对国债的购买数量和持有年限等方面进行调整，从而控制中长期收益率曲线。日本中央银行加强对长期国债的购买，自 2014 年 10 月由 50 兆日元提升至 80 兆日元，从而为市场释放充足的流动性。2013 年 4 月，日本中央银行将长期国债的平均剩余年限由 3 年延长至 7 年，2014 年 10 月延长至 7~10 年，从而起到了引导市场未来预期的作用。

"安倍经济学"对基本经济复苏起到了一定的积极作用。量化质化宽松货币政策使日本中央银行资产负债表大幅扩张，为市场提供了大量的流动性，促进了经济增长和物价水平稳定。2014年以来，日本摆脱了通货紧缩的压力，核心CPI维持在3%以上。日本经济在汇率、股票市场、国内需求等方面表现出经济反弹的迹象，实现了久违的经济高增长。

但是，低利率和量化质化宽松货币政策的负面影响也不容忽视。首先，低利率和量化质化宽松货币政策大幅压缩了日本货币政策空间。从国债购买来看，日本中央银行的货币发行数量远超欧洲和美国。日本政府的债务余额达到国内生产总值（GDP）的2倍以上，超过了陷入债务危机的希腊。而且国债市场持续低迷，交易额与发行余额的比例不断下降，日本中央银行对于国债的购买已经达到极限。从低利率来看，日本利率水平不断下降，达到零利率下限，陷入了"流动性陷阱"。因此，日本货币当局不得不为非常规货币政策的实施寻找新的空间。其次，低利率和量化质化宽松货币政策对经济的刺激作用有限。低利率在一定程度上阻碍了国际热钱流入，起到了稳定日元汇率的作用。由于世界经济疲软，日元贬值未能有效促进日本出口，而且低利率未能有效促进居民消费，日本储蓄率不断增加，低利率通过刺激消费对经济增长的作用被大大削弱。因此，低利率和量化质化宽松货币政策并没有解决日本自身的体制问题。许多学者指出，作为"安倍经济学"第三支箭的深化结构改革的成长战略是改革的关键。

六、量化质化宽松货币政策和负利率政策

低利率和量化质化宽松货币政策对经济的刺激作用有限，日本经济增长乏力。同时，日本在2016年受到原油价格下跌、英国脱欧公投等外部因素冲击的影响，日元大幅升值，日本经济再次陷入衰退，通货紧缩严重，难以实现2%的通胀目标。

在这一背景下，日本中央银行加大了量化质化宽松货币政策的力度，同时提出了负利率政策。对货币政策的框架、目标、特征和运行方式等都进行了一定的调整，从量、质和利率三个角度刺激经济发展。

一是负利率政策。2016 年 1 月 29 日，日本中央银行将经常账户利率加入操作目标，并引入负利率政策。效仿丹麦与瑞士，日本中央银行对金融机构存放的准备金实行三级利率体系，即将金融机构在其开设的准备金账户细分为三类，其中第三类适用于 -0.1% 的利率。通过 -0.1% 的补充性存款便利利率引导其无抵押隔夜拆借利率的操作目标为负。

二是加强质化宽松货币政策。2016 年 1 月，日本中央银行将长期国债的平均剩余年限由 7~10 年延长至 7~12 年，并在 2016 年 9 月废除关于长期国债剩余平均年限的规定。2016 年 9 月，日本中央银行宣布将 10 年期国债的收益率向零利率水平推进，并将长期国债利率列入货币政策框架的操作目标，这也被称为"扭曲操作"（Operation Twist）或"控制收益率曲线"（Yield Curve Control）。同时，日本中央银行将短期存款利率的年利率维持在 0~0.1% 的水平。与增加基础货币数量为操作目标的政策相比，以长期国债利率为操作目标的政策可以避免货币超发，同时通过加强国债收益率与实际利率的利差来释放流动性，可以有效促进经济增长，实现通胀目标。

三是加强量化宽松货币政策力度。考虑到收益率曲线可能会大幅影响基础货币量，日本中央银行在 2016 年 3 月将交易型开放式指数基金（ETF）的购买规模由 3 万亿日元扩大到 3.3 万亿日元；2016 年 7 月扩大到 6 万亿日元；对日本房地产投资信托基金（J-REIT）的购买维持在 900 亿日元。

疫情后，日本中央银行继续保持宽松的货币政策（Amamiya，2020），2020 年 3 月，日本中央银行宣布通过灵活开展购买日本国债（JGBs）和美元资金供应业务等操作来进一步丰富资金供应，同时增加对交易型开放式指数基金（ETF）、日本房地产投资信托基金（J-REIT）以及商业票据和公司债券购买额度，其中 ETF 购买目标从 6 万亿日元增加至 12 万亿日元，J-REIT 购买目标提升至 1800 亿日元。通过量化宽松货币政策进一步扩张资产负债表规模，不断为市场提供流动性用于支持企业资金周转。2020 年 4 月，日本中央银行决定取消此前设定的国债购买上限，并提高持有商业票据和公司债券的上限和延长持有年限。与此同时，日本中央银行扩大用于抗击疫情贷款计划的担保资产种类，从而配合政府的财政政策以增加对市场资金投放、支援企业资金周转。2020年5月，日本中央银行推出规模约为30万亿日元的小企业贷款计划，向金融机构提供零息贷款从而鼓励金融机构向企业放款。

许多学者认为，负利率及量化质化宽松货币政策无法有效刺激经济发展（徐忠，2018）。从外部环境来看，全球经济低迷、负利率及量化质化宽松货币政策无法有效促进日元贬值，日元仍面临升值压力，对出口的刺激作用有限。从内部经济结构来看，日本面临的劳动力不足、贫富分化等结构性问题严重，经济下行压力较大。此外，非常规货币政策带来的风险不容忽视。"负利率政策"使贷款利率降低，压缩了银行的利润。同时，压低长期收益率水平的质化宽松货币政策导致很多领域的投资回报率较低，不利于经济长期发展。

七、对我国的启示

日本近年来根据经济形势变化对货币政策框架、操作目标和运行方式等都不断地进行灵活调整，保持政策的弹性。日本货币政策虽然经历多次调整，但始终保持价格型货币政策调控框架。利率作为中介目标对日本货币政策实施起到了重要的作用。参考日本的经验，我国应针对经济运行情况灵活调整货币政策，不断完善货币政策框架；应加快推进利率市场化进程，继续发挥利率的杠杆作用；进一步完善公开市场操作机制和SLF、MLF等创新流动性管理工具的作用，切实提高对市场利率的调控和引导能力，积极推进向以利率为主的货币政策转型，只有这样才能够真正促进中国经济金融的高质量发展。

金融危机后，日本和欧美等各国大规模实施非常规货币政策。研究表明，非常规货币政策具有很强的溢出效应。在经济金融全球化的背景下，发达国家的非常规货币政策可能通过金融、贸易等渠道影响我国经济运行。因此，我国应密切关注主要经济体高度宽松的非常规货币政策的效果和溢出效应；密切监测我国国际收支和跨境资金流动情况，防止国内资产价格因溢出效应产生泡沫；加强风险监测，防范金融市场异常波动风险，果断防控金融风险，精准有效处置重点领域风险。与此同时，日本非常规货币政策虽然对经济发展有一定的刺激作用，但由于长期结构性问题没有得到解决，日本经济增长的动力仍然不足。因此，我国须深化供给侧结构性改革，坚持创新驱动，逐步增强内生增长动力，推动经济高质量发展。同时，我国还应深化金融供给侧结构性改革，切实发挥好金融市场在稳增长、调结构、促改革和防风险方面的作用。

第四章 通胀目标制的理论与实践

2020 年 8 月 27 日，美联储主席鲍威尔在杰克逊霍尔（Jackson Hole）全球央行年会上表示，美联储将采取就业优先的灵活"平均通胀目标制"，即一段时期内通胀"平均"达到 2%，允许通胀率"一定时段高于 2%"，这是美国货币政策范式的重大调整。

美国货币政策框架的调整使通胀目标制再次引起了广泛的讨论。本章将对通胀目标制的理论和实践进行深入的讨论。

第一节 通胀目标制的理论基础：
规则还是相机抉择

通胀目标制（Inflation Targeting，IT）产生于 20 世纪 90 年代。新西兰是第一个明确引入通胀目标制的国家。1989 年 12 月通过的《新西兰储备银行法案》，明确规定了中央银行的首要职能是"保持总体物价水平稳定"，并于 1990 年 3 月正式公布通货膨胀的政策目标协定。目前已有超过 25 个国家采用通胀目标制。在政策实践不断发展的同时，通胀目标制的理论也逐步完善。Svensson（1997）最早从理论上对通胀目标制进行了系统的阐述，此后许多研究从不同角度对通胀目标制进行了全面的刻画。

一、通胀目标制理论溯源

通胀目标制的基本思想可以追溯到货币中性论以及维克塞尔的自然利

率理论。维克塞尔认为，货币对经济的影响是通过自然利率与货币利率之间的关系实现的。只有当货币利率与自然利率相等时，货币才不会影响物价稳定；当货币利率与自然利率不一致时，利率将对经济产生影响并形成累积过程。例如，当自然利率高于货币利率时，企业倾向于扩大生产，这将导致物价的全面上涨。

在传统凯恩斯理论提出的价格刚性对总需求影响的基础上，菲利普斯提出"菲利普斯曲线"（Phillips，1958）揭示了通胀率与失业率之间的关系，但其中忽略了通胀预期这一重要因素，需要通过适应性预期和理性预期（Lucas，1976）进行修正。理性预期学派认为人们可以充分利用已有的信息进行决策。此后，新凯恩斯主义（New Keynesian，NK）从微观的角度对工资刚性和价格黏性进行了阐述。新凯恩斯主义模型为通胀目标制的理论分析奠定了基础。

二、作为目标规则的通胀目标制

通胀目标制自提出后就引起了学者的广泛关注，Svensson（1997）对通胀目标制进行了系统的阐述，认为通胀目标制是一种目标规则。从操作角度来讲，通胀目标制实际上是中央银行根据通胀的变化进行货币决策，通胀预期就成为货币政策的中介目标。从实践角度来看，Svensson（1999）认为通胀目标制的特征包括三个方面：一是宣布明确的数字目标；二是通胀的预测是重要的操作目标；三是政策高度透明并存在问责机制。一般来说，通过调整政策利率等货币政策操作对目标变量影响存在滞后性，通胀目标制则保证了预测通胀符合通胀目标，是一种重要的承诺机制。而且通胀预测在货币政策中发挥了重要作用，因此，通胀目标制本质上是以通胀预测作为操作目标的规则。

研究认为（Giannoni and Woodford，2004；Woodford，2003），可以采用线性理性预期模型（LRE）描述经济系统结构，而通胀目标制可以看作是实现中央银行效用损失函数最小化的目标规则。其中，经济系统结构的一般均衡模型（例如新凯恩斯模型）可以转化为线性理性预期模型（LRE）：

$$\begin{pmatrix} x_{t+1} \\ E_t y_{t+1} \end{pmatrix} = A \begin{pmatrix} x_t \\ y_t \end{pmatrix} + Bu_t + \begin{pmatrix} \epsilon_{t+1} \\ 0 \end{pmatrix}$$

其中，x_t 为前定变量（Predetermined Variables），其一阶预测误差是外生的，即 $x_t - E_t x_{t+1}$ 是外生变量，x_0 是给定的。y_t 为前瞻变量（Forward-looking Variables），即 $y_{t+1} - E_t y_{t+1}$ 是内生的。u_t 是工具变量（如利率）。ϵ_{t+1} 为 x_t 的冲击项，$\epsilon_t \sim N$（0，Σ）。各变量都表示经济变量与稳态之间的偏离程度，因此变量的均值为零。

定义 z_t 表示目标变量。目标变量可选为通胀水平。但在实践中，通胀目标制一般不是严格的而是灵活的，即中央银行在稳定通货膨胀率的同时也会关注其他经济变量，例如产出缺口。灵活通胀目标制下的目标变量包括通胀和产出缺口。与此同时，Woodford（2003）等指出，实践中利率的调整与理论一般存在差别，而差异过大将导致利率的过度偏离，因此建议目标变量也包括利率水平。

假设目标变量 z_t 衡量了经济变量与目标之间的差距（假设政策目标为 Z_t，目标为 Z^*，则 $z_t = Z_t - Z^*$），目标 z_t 可以表示为前定变量、前瞻变量和工具变量的线性组合，即：

$$z_t = D \begin{pmatrix} x_t \\ y_t \\ u_t \end{pmatrix} = D_x x_t + D_y y_t + D_u u_t$$

中央银行效用损失函数一般表示为目标变量的二次型，即：

$$L = E_0 \sum_{t=0}^{\infty} \beta^t L_t, \quad L_t = z_t^T Q z_t$$

Q 为对称的半正定系数矩阵，表示目标变量的权重。

可以证明（Gali，2008）这一形式的中央银行效用损失函数是社会福利函数的二阶近似。

例如：

$$L_t = (\pi_t - \pi^*)^2 + \lambda (y_t - y_t^n)^2$$

其中，π_t 为通货膨胀率，π^* 为通胀目标。y_t 为产出增速，y_t^n 为潜在产出，$y_t - y_t^n$ 为产出缺口。λ 为灵活通胀目标制的产出权重。此时：

$$z_t = \begin{pmatrix} \pi_t - \pi^* \\ y_t - y_t^n \end{pmatrix}, \quad Q = \begin{pmatrix} 1 & 0 \\ 0 & \lambda \end{pmatrix}$$

在线性理性预期模型的约束下对中央银行效用损失函数进行优化，得到一系列一阶条件，即：

$$\begin{pmatrix} x_{t+1} \\ p_{t+1} \end{pmatrix} = M \begin{pmatrix} x_t \\ p_t \end{pmatrix} + \begin{pmatrix} \epsilon_{t+1} \\ 0 \end{pmatrix}$$

$$\begin{pmatrix} y_t \\ u_t \end{pmatrix} = F \begin{pmatrix} x_t \\ p_t \end{pmatrix} = \begin{pmatrix} F_x \\ F_u \end{pmatrix} \begin{pmatrix} x_t \\ p_t \end{pmatrix}, \quad 即\ u_t = F_u \begin{pmatrix} x_t \\ p_t \end{pmatrix}$$

$$z_t = D \begin{pmatrix} I & 0 \\ F \end{pmatrix} \begin{pmatrix} x_t \\ p_t \end{pmatrix}$$

其中，矩阵 F 和 M 依赖于 A，B，Q 和 β。p_t 表示拉格朗日乘子。

在中央银行的实践中，一般采用变量的预期来替代期望，考虑预期变量情形的优化过程如下：

令 $v^t = \{v_{t+\tau,t}\}_{\tau=0}^{\infty}$ 表示 t 时期对变量 v_t 的预测集会，其中 $v_{t+\tau,t}$ 表示 t 时期对变量 v 在 $t+\tau$ 时刻的预测。注意到 $E_t v_t$ 是对前定变量基于 t 时刻起始信息的估计，满足起始条件：

$$E_t v_t = v_{t,t}$$

此时冲击为零。考虑预测的模型可以表示为：

$$\begin{pmatrix} x_{t+\tau+1,t} \\ y_{t+\tau+1,t} \end{pmatrix} = A \begin{pmatrix} x_{t+\tau,t} \\ y_{t+\tau,t} \end{pmatrix} + B u_{t+\tau,t}$$

目标表示为：

$$z_{t+\tau,t} = D \begin{pmatrix} x_{t+\tau,t} \\ y_{t+\tau,t} \\ u_{t+\tau,t} \end{pmatrix}$$

中央银行效用损失函数表示为：

$$L(z^t) = E_0 \sum_{\tau=0}^{\infty} \beta^\tau L_{t+\tau,t}, \quad L_{t+\tau,t} = z_{t+\tau,t}^T Q z_{t+\tau,t}$$

例如：

$$L_{t+\tau,t} = (\pi_{t+\tau,t} - \pi^*)^2 + \lambda (y_{t+\tau,t} - y_{t+\tau,t}^n)^2$$

其中，$\pi_{t+\tau,t}$ 和 $y_{t+\tau,t} - y_{t+\tau,t}^n$ 表示 t 时刻对 $t+\tau$ 时刻通胀和产出缺口的预测。

这里的优化涉及偏好排序（Preference Ordering）问题，可以采用修正的中央银行效用损失函数，即增加一项：

$$L(z^t) + \frac{1}{\beta}p_t H(y_{t,\,t} - y_{t,\,t-1}) = \sum_{\tau=0}^{\infty} z_{t+\tau,\,t}^{\mathrm{T}} Q z_{t+\tau,\,t} + \frac{1}{\beta}p_t H(y_{t,\,t} - y_{t,\,t-1})$$

其中，$y_{t,t}$ 是 t 时刻对前瞻性变量 y_t 的预测，$y_{t,t-1}$ 是 t−1 时刻对前瞻性变量 y_t 的预测，加入这一项是为了保证 $y_{t,t}$ 与 $y_{t,t-1}$ 的预测一致。这样得到的优化是无限期视角承诺下的最优政策（Svensson and Woodford，2004）。

优化得到最优政策为：

$$\begin{pmatrix} x_{t+\tau+1,t} \\ p_{t+\tau+1,t} \end{pmatrix} = M \begin{pmatrix} x_{t+\tau,t} \\ p_{t+\tau,t} \end{pmatrix}$$

$$\begin{pmatrix} y_{t+\tau,t} \\ u_{t+\tau,t} \end{pmatrix} = F \begin{pmatrix} x_{t+\tau,t} \\ p_{t+\tau,t} \end{pmatrix} = \begin{pmatrix} F_x \\ F_u \end{pmatrix} \begin{pmatrix} x_{t+\tau,t} \\ p_{t+\tau,t} \end{pmatrix}, \quad 即 \ u_{t+\tau,t} = F_u \begin{pmatrix} x_{t+\tau,t} \\ p_{t+\tau,t} \end{pmatrix}$$

在理性预期条件下，目标规则实际上设定了一个条件；在最优政策下，中央银行的目标变量的预期与预测相符。Svensson（1999）认为，目标规则的效果优于工具规则，因而中央银行应采用目标规则。目标规则所设定的任一时期的工具值是通过货币政策对经济和中央银行目标函数的优化条件来确定的，从这个角度看，目标规则的货币政策效果要明显优于简单工具规则。

三、作为工具规则的通胀目标制

通胀目标制的目标规则虽然给出了货币政策工具的确定原则，但通常并没有确定具体的政策工具形式，但货币政策实际上需要具体工具实施，因而目标规则实际上相当于隐性的工具规则（Implicit Instument Rules）（Svensson，1997，1999）。如果明确工具变量，那么目标规则相当于显性的工具规则（Explicit Instument Rules），也就是所谓的货币政策反应函数（Policy Reaction Function）（Svensson，1997，1999）。

货币工具一般是短期利率。根据 Svensson（1999）的推导，通胀目标制的优化可以转化为对工具的约束方程，从而得到相应的利率规则。Giannoni 和 Woodford（2004）认为，通胀目标制作为目标规则和利率工具规则是等价的，工具规则是通胀目标制的操作规则，保证了通胀目标制的实施。

根据优化可见，工具规则可以表示为：

$$u_t = F_u \begin{pmatrix} x_t \\ p_t \end{pmatrix} \text{ 或 } u_{t+\tau,t} = F_u \begin{pmatrix} x_{t+\tau,t} \\ p_{t+\tau,t} \end{pmatrix}$$

但是这一工具规则将取决于预先确定的变量而且形式较为复杂，因此，中央银行一般通过一个简单规则来近似这一最优工具规则，即：

$$u_t = fx_t \text{ 或 } u_{t+\tau,t} = fx_{t+\tau,t}$$

研究发现，简单规则可以很好地近似最优规则。中央银行一般给定工具规则 f，通过发布工具规则，引导市场预期。私人部门根据中央银行的承诺，遵循经济系统的结构（即新凯恩斯模型）作出决策，从而实现通胀预期与通胀目标的一致。

Woodford（2001）等指出，通胀目标制的简单规则可以选择泰勒规则的形式。从这个角度来看，泰勒规则和通胀目标制具有一定的等价性。

四、作为相机抉择的通胀目标制

通胀目标制的目标规则相当于对中央银行政策目标和规则的可置信承诺，中央银行可以采取任何必要的政策工具，以免在经济出现大的波动和困难时既定工具规则限制中央银行的手脚（如零利率下界），这也是目标规则的优势（Svensson and Woodford，2004；Svensson，2005）。因而，通货膨胀目标制相当于允许中央银行采取"受约束的相机抉择"（Constrained Discretion）决策方式。

从理论上看，虽然通胀目标制具有明显的规则属性，但在实践中通胀目标制不仅是目标规则，也是一种制度安排。中央银行在实施通胀目标制的过程中遵循详细的货币政策框架。在这一框架中，中央银行利用已有信息通过模型对通货膨胀进行预测，在预测的基础上对货币政策工具进行调整。在实际的货币政策操作中，中央银行一般不会按照一个简单的规则公式来制定货币政策，而是会考虑多方面的信息进行决策。在决策时，中央银行不仅考虑通胀的预测，而且还要考虑当前的经济形势、未来经济走势、公众的通胀预期等特征。因此，不同于传统的货币政策规则，通胀目标制具有很强的"相机抉择"特点，不仅包括中央银行货币决策的方式，也包括央行治理结构、信息披露方式、问责机制等相关制度安排。

实际上一些学者认为不能将通胀目标制看作货币政策规则。Bernanke 和 Mishkin（1997）等认为，通胀目标制不是规则，而是一种货币政策框架。这一框架的特点是中央银行向公众宣布一个明确的通胀目标或区间，并将稳定的通胀作为货币政策的重要目标，从而强化货币政策沟通，为货币政策制定提供责任性。Mishkin（2000）认为通胀目标制的货币政策框架包含四个基本要素：一是在制度上以价格稳定作为货币政策最终目标；二是基于已有信息采用一定的方法预测未来通胀并制定目标；三是向公众公布通胀目标，提高货币政策的透明度和可信度；四是中央银行在实现通货膨胀目标的过程中不断提高责任性。根据这一观点，通胀目标制是一种非常灵活的货币政策框架，它要求中央银行根据相关信息决定货币政策决策的方向从而实现通胀目标。由于货币政策框架具有高度透明和灵活的特点，在相机决策下可以很好地实现通胀目标。金融危机后，经济环境日趋复杂，在货币政策实践中，中央银行需要运用大量的信息并对货币政策框架进行不断调整，因此，通胀目标制具有显著的相机抉择特征。

第二节　通胀目标制的实践

一、通胀目标制的政策框架

Svensson（2010）认为，通胀目标制政策框架的特征在于宣布通胀目标、通胀预测在货币政策操作中发挥了重要作用以及提高了货币政策的透明度和问责制。在实践中，通胀目标制的货币框架包括最终目标、目标测量、目标值设定、目标期限、通胀预测、央行沟通、问责机制等方面。不同国家可以基于自身的宏观经济环境采用不同的设定方式。

1. 中央银行目标设定

通货膨胀目标制包括严格通货膨胀目标制（Strict Inflation Targeting）和灵活通货膨胀目标制（Flexible Inflation Targeting）。在灵活通货膨胀目标制下，除考虑价格稳定目标外，还考虑充分就业、经济增长等目标。大多数通胀目标制国家在中央银行法中规定中央银行以物价稳定作为货币政策的主要目标。在很多情况下，中央银行也考虑其他最终目标。例如，澳大利亚采用双重目标制，在盯住通胀的同时还关注就业，而加拿大的最终目标是促进经济和金融市场稳定。在金融危机之后，包括英格兰中央银行在内的许多中央银行将金融稳定加入最终目标。

在大多数通胀目标制国家中，通胀目标由政府和中央银行共同决定，也有些国家由中央银行单独决定或由政府决定。例如，新西兰的货币政策目标是由财政部和中央银行共同决定的，二者需达成一致，也称为政策目标协定（Policy Targets Agreement）。

从具体的通胀目标水平来看，根据新凯恩斯模型，最优通胀目标应设定为零。而根据弗里德曼法则，最优通胀目标为负。但是实践中，通胀目标一般为正（Hammond，2011）。首先，从统计角度来看，通货膨胀的测量一般存在 0.5 个百分点的高估，所以目标超过零可以补偿这种高估效应。其次，正的通货膨胀目标降低了名义利率达到零利率下界的概率。另外，因为通货紧缩的成本高于通货膨胀，所以正的通货膨胀目标可以避免对货币政策过紧的误解和对通货紧缩的担忧。最后，正的通胀目标可以消除名义工资的下行阻力。因此，中央银行一般设定一个正的通货膨胀目标，使公众不必担心通货膨胀和通货紧缩。目前的共识是当通胀超过 3%~4% 的临界值时，通货膨胀会增加福利成本，而且过高的通胀目标可能会削弱中央银行的可信度。因此，发达国家的通胀目标一般在 1%~3%。新兴市场经济国家的通胀目标则较为分散，例如秘鲁的通胀目标为 2%，智利、匈牙利和墨西哥的通胀目标是 3%，哥伦比亚的通胀目标是 2%~4%，加纳的通胀目标是 8.5%。

通胀目标分为点目标和区间目标。例如，挪威采用单一点目标。捷克、瑞典等国家采用附带区间的点目标，即设定中心目标和容忍的区间，一般是加减 1~2 个百分点作为区间上限和下限，且区间一般是对称的从而有利于中央银行沟通。澳大利亚、新西兰等国家采用区间目标，即通胀目标在一个范围内。在实践中，点目标和区间目标并没有本质的区别，因为中央银行一般盯住区间中点，所以区间的边界并不十分重要。

实现通胀目标的预期时限往往取决于通胀是否稳定在价格稳定的范围内以及货币政策传导机制。大多数国家的通胀目标时限往往是中期（例如两年），中期目标可以稳定通货膨胀预期，并根据经济冲击进行灵活调整。当通货膨胀率较高需要抑制通胀时，通胀目标时限一般是一年。总的来看，新兴市场国家的时限较短。

大部分国家采用消费者价格指数（CPI）来衡量通货膨胀率并作为操作目标，而且主要使用总体 CPI（Headline CPI）。部分国家（如韩国在 2000~2006 年）采用核心 CPI（Core CPI），即剔除食品和能源价格的 CPI。尽管核心 CPI 的波动性较小，但其对货币政策更加敏感，与公众沟通存在困难。而且核心 CPI 不包括食品，由于一些发展中国家食品占通货膨胀率指数篮子的 40% 左右，因此，核心 CPI 可能缺乏可信性。韩国在 2006 年后将通胀目标转向总体 CPI。在将总体 CPI 作为操作目标的同时，澳大利亚、加拿大等中央银行也将核心 CPI 作为观测指标。

2. 通货膨胀预测

中央银行一般采用模型对经济系统进行分析，从而了解通胀和产出的传导机制，并对通胀和产出进行预测，这为中央银行货币政策的制定提供了重要的参考。大部分中央银行采用统计方法或 DSGE 模型等结构化方法，选择适合自身经济特征的模型。其中一些模型具有理论基础，一些完全是数据驱动的，一些注重短期分析，一些注重长期预测。

各国采用的模型主要包括三种类型：一是简单统计分析，即表格预测（Spreadsheet Forecasts），例如简单平均和滑动平均等，通常用于对 6 个月以内的 CPI 进行月度预测。简单统计分析可以整合不同方面的信息或者专家对 CPI 各个组成部分的判断。二是计量经济学模型，如向量自回归（VAR）模型和误差修正模型（ECM）。计量方法通过分析宏观经济数据对未来经济发展情况进行预测，往往用于预测未来 6~12 个月的经济变量。这些模型的有效性一般取决于数据的质量。当经济发生快速转型时，经济系统结构发生转变，历史经验难以指导未来的操作，计量模型将失效。三是结构化模型，如动态随机一般均衡（DSGE）模型。结构化模型具有理论支撑和完善的微观基础，而且其中含有前瞻性的通胀预期变量，因此对通胀的预测和解释都较为全面。近年来，许多中央银行采用 DSGE 模型，但是 DSGE 模型较为复杂且参数的稳健性较差，因此，中央银行一般同时参考多种类型的模型。

中央银行一般每个季度公布一次通胀预测结果。一些中央银行还同时公布产出或产出缺口的预测。

近年来，在通胀预测的过程中讨论较多的是对于政策利率路径的适当假设。传统上，以通胀为目标的中央银行在预测通胀时假定利率不变，因此通胀超过（低于）目标时可以提高（减少）利率（Jansson and Vredin，2003）。但是，越来越多的中央银行已经意识到在假定固定利率方面存在许多严重的问题。固定利率一般是不现实的，可以导致对货币政策传导机制的误判，因此产生不一致以及难以解释的预测（Woodford，2005）。一些中央银行采用时变的利率预测作为假设，这一时变的利率可以基于主观判断、模型预测或通过市场收益率曲线进行估算等方法得到。新西兰储备银行、挪威银行、瑞典中央银行（Riksbank）和捷克中央银行（Czech National Bank）分别在 1997 年、2005 年、2007 年和 2008 年公布政策利率的预期路径。但是，对于中央银行应在多大程度上披露政策利率预测仍存在争议。虽然中央银行公布利率预测可以提高货币政策透明度，有助于稳定通胀预期、有利于市场更有效地为资产定价，但利率预测在实践中存在困难，市场和公众对利率预测的理解可能存在偏差。公布政策利率预测可能会使市场过度关注利率路径，偏离中央银行希望传达的关于实现通胀目标的核心信息。

3. 透明度与问责制

通货膨胀目标制的重要特征是高度透明。央行沟通是通胀目标制的重要组成部分。一些学者认为通胀目标制是最透明的货币政策框架（Svensson，2010）。中央银行会公布货币政策框架和目标，包括对经济状况的分析，对产出和通货膨胀的预测，货币政策决定的路径和原因等。

沟通的主要渠道包括两个方面：一是通货膨胀报告。通胀目标制国家一般每个季度发布一份通货膨胀报告，其中包括中央银行对经济状况的评估和其对通货膨胀前景的预测，以及对于近期货币政策决定的原理。二是货币政策会议纪要。中央银行货币政策决议后一般召开新闻发布会或记者招待会，解释货币政策决策。大部分中央银行在发布会的 2~4 周内公布会议纪要，智利、捷克、匈牙利、波兰、瑞典和英国在纪要中公布投票等细节信息。

高度的问责制（Accountability）是通货膨胀目标制的另一个重要特征。明确的目标和货币政策报告的透明度有助于增强公众对货币政策的审查，问责制可以加强中央银行实现目标的激励。例如，英国财政部长要求英国中央银行（Bank of England）对于任何偏离目标幅度超过 1 个百分点的情况进行公开解释，并明确应对偏离的货币政策操作。在新西兰、挪威和加拿大等国家，中央银行行长和官员需在公开听证会上接受议会和独立专家对货币政策的审查。

二、新西兰通胀目标制的基本框架

新西兰是第一个明确引入通胀目标制的国家。新西兰在 20 世纪 80 年代出现了严重的通货膨胀，在这一背景下，1989 年 12 月通过了《新西兰储备银行法案》（The Reserve Bank of New Zealand Act）。该法案明确规定了中央银行的首要职能是"保持总体物价水平稳定"，并提出财政部长和中央银行行长应对物价目标达成一致，也称为《政策目标协定》（Policy Targets Agreement）。1990 年 3 月 2 日，新西兰财政部和中央银行第一次共同签署政策目标协定，并通过一系列货币政策方式来保障通胀目标的实现。1990 年 3 月也被认为是"通胀目标制"的开端。

在新西兰通货膨胀目标制的框架中，通胀的测量采用总体通胀率，目标为区间目标。这一目标由财政部长和中央银行行长达成一致，并要求中央银行在可能的情况下满足其他目标从而避免利率和产出的不必要波动。新西兰储备银行的政策利率是官方现金利率（Official Cash Rate，OCR），即隔夜货币市场利率，通过利率的调整实现通胀目标。

中央银行对于通胀的预测采用一系列模型，包括校准缺口形式模型、DSGE 和统计模型（如利用附加因子的向量自回归模型 FAVAR），在每个季度发表通货膨胀报告，对产出、通货膨胀和利率进行预测。

在货币政策的决策过程中，中央银行行长是唯一决策者。官方现金利率咨询小组（OCRAG）向中央银行行长提供建议。利率决策会议委员会的成员由财政部任命，一般包括两个外部顾问。每年召开 8 次决策会议，会议后立即召开新闻发布会宣布利率决议。与此同时，新西兰通胀目标制具有完备的问责机制。每个季度，中央银行行长和高级官员都要出席议会的"财务及开支专责委员会"讨论货币政策。

三、各国通胀目标制的实践

通胀目标制在新西兰取得了较好的效果，得到各国货币当局的密切关注。之后，许多发达国家和发展中国家纷纷采用了通胀目标制。

西方各国实行通货膨胀目标制的背景有两种：一是存在严重的通货膨胀。例如，1990 年首次实行通货膨胀目标制的新西兰。二是固定汇率制失效。例如，英国在 1990 年加入欧洲货币体系后，1992 年 9 月受英镑危机的影响被迫放弃固定汇率制，并宣布 1992 年 10 月实行通货膨胀目标制。由于汇率冲击，墨西哥和南非也分别在 2000 年底和 2001 年初被迫放弃固定汇率制而采用通货膨胀目标制（见表 4-1）。

表 4-1 使用通胀目标制的国家

国家	使用通胀目标制的时间（年）	通胀目标（%）	国家	使用通胀目标制的时间（年）	通胀目标（%）
新西兰	1990	1~3	菲律宾	2002	4±1
加拿大	1991	2±1	危地马拉	2005	5±1
英国	1992	2	印度尼西亚	2005	5±1
瑞典	1993	2	罗马尼亚	2005	3±1
澳大利亚	1993	2~3	亚美尼亚	2006	4.5±1.5
以色列	1997	2±1	土耳其	2006	5.5±2
捷克	1997	3±1	加纳	2007	8.5±2
波兰	1998	2.5±1	塞尔维亚	2006	4~8
韩国	1998	3±1	乌拉圭	2007	3~7
巴西	1999	4.5±2	阿尔巴尼亚	2009	3±1
智利	1999	3±1	格鲁吉亚	2009	3
哥伦比亚	1999	2~4	巴拉圭	2011	4.5
南非	2000	3~6	乌干达	2011	5
泰国	2000	0.5~3	多米尼加	2012	3~5
墨西哥	2001	3±1	摩尔多瓦	2013	3.5~6.5
冰岛	2001	2.5±1.5	印度	2013	2~6
挪威	2001	2.5	哈萨克斯坦	2015	4
匈牙利	2001	3±1	俄罗斯	2015	4
秘鲁	2002	2±1			

资料来源：Hammond（2011）、Roger（2010）。

虽然许多新兴经济体采取了通胀目标制，但其中有一些国家的通胀往往偏离目标水平，可信度相对较低。Carare 和 Stone（2003）称其为低通胀目标制或准通胀目标制（Inflation Targeting Lite，ITL）。这些国家虽然宣布了通胀目标，但缺乏完备的法律制度和完善的货币政策框架来保障通胀目标的实施，无法将通货膨胀维持为首要政策目标，目标和操作较为多样化，在面对重大经济冲击和金融不稳定性时其货币政策较为脆弱，因此其通胀目标制的透明度和可信度都较低。Svensson（2010）也认为，新兴市场国家向通胀目标的转变是一个渐进的过程。因此，准通胀目标制可以看作一种过渡。

除此之外，美国、欧元区和日本虽然没有采用明确的通货膨胀目标制，但它们的货币政策具备一定的通胀目标制特点，在实践上与明确的通胀目标制具有很高的相似性。正如 Walsh（2009）所指出的，即使没有其他中央银行采取通胀目标制，或者一些国家放弃通胀目标制，通胀目标制对中央银行的行事方式的影响也是持久的；即使在那些不认为自己是通胀目标制的中央银行中，他们许多决策的方式与通胀目标制密切相关，最显著的就是提高政策透明度。

Carare 和 Stone（2003）将美国、欧元区、日本、新加坡和瑞士的货币政策定义为隐含的通胀目标制（Implicit Price Stability Anchor，IPSA），也称为兼容的通胀目标制（Eclectic Inflation Targeting）。这些国家的货币政策可信度都较高，虽然没有明确的通胀披露方式和问责机制，但仍然能够维持较低且稳定的通货膨胀水平。此外，这些国家的政策弹性较大，在盯住通胀的同时也考虑把产出、金融稳定等其他经济变量作为最终目标。

第三节　通胀目标制的评价

一、通胀目标制的成功之处

自 20 世纪 90 年代初以来，通胀目标制在保持通货膨胀和实体经济稳定方面取得了显著的效果。实践表明，通胀目标制比汇率目标制、货币增长目标制更为成功。Svenssen（2010）认为，通胀目标制已被证明是一种最灵活、最具弹性的货币政策机制，并能成功应对金融危机。

大量研究表明，明确的通胀数字目标可以稳定通胀预期。Gürkaynak 等

（2007）比较英国和瑞典以及美国的每日债券收益率数据，利用远期名义利率和通胀指数债券远期利率之差来衡量长期通胀风险补偿。经分析发现，对于美国来说，长期通胀风险补偿与经济新闻有显著的相关性；对于英国和瑞典来说，长期通胀风险补偿对经济新闻并不敏感。由此可见，透明且可信的通胀目标将有助于稳定市场的长期通胀预期。在这一作用下，通胀目标制可以有效稳定通胀水平。在发达国家中，采用通胀目标制的国家通胀水平和波动性都显著降低（Goncalves et al.，2008）。

实证研究也证实，通胀目标制可以有效地应对高通胀，提高中央银行可信度。Leideman 和 Svensson（1995）通过 VAR 模型对新西兰、加拿大和英国进行分析，发现实施通胀目标制后通胀率显著降低。Mishkin 和 Schmidt-Hebbel（2006）针对 34 个发达国家的跨国面板数据分析发现，与未采用通胀目标制的国家相比，采用通胀目标制的国家的通胀率更低而且更加稳定。实行通胀目标制的经验表明，在通胀目标制下，中央银行货币政策的透明度和可信度均有所提高，可以有效应对和处理外部冲击、稳定市场预期。

虽然一些研究认为通胀目标制可能过于重视通货膨胀预期的稳定，这将导致实体经济的不稳定，甚至可能导致经济增长放缓，但在实践中通胀目标制一般是灵活的。比较发现，通胀目标制对于经济增长和经济稳定性没有负面影响。Goncalves 等（2009）表明，经济合作与发展组织 OECD 国家中，通胀目标制国家在反通胀期间做出的牺牲更小。根据估算，通胀率每下降 1 个百分点，通胀目标制可以挽救大约 7 个百分点的产出损失。

二、通胀目标制面临的挑战

通货膨胀目标制自实施以来政策框架不断演变。尤其是全球金融危机之后，全球经济体系的结构面临重大调整，通胀目标的设定和实施面临着前所未有的新挑战。

第一，通胀目标制下如何保证金融稳定。金融危机后，金融市场稳定成为政策制定者广泛关注的问题。在通胀目标制下，低而稳定的通胀水平并不能保证金融稳定，因此如何将金融稳定纳入通胀目标制框架成为对中央银行的挑战。近年来，金融稳定目标在中央银行政策框架中得到了加强。英格兰银行等中央银行引入了宏观审慎政策框架以在通胀目标框架的基础上加强金融稳定。

第二，通胀目标制下如何保证资产价格稳定。通胀目标制有效保证了低而稳定的消费价格，但资产价格的波动反而更大。在这种背景下，中央银行面临的关键问题，即是否应该以及如何在货币政策中考虑资产价格（Borio and White，2004），以及是否需要关注较长时间的资产泡沫风险。澳大利亚、波兰等国家的中央银行在政策框架中逐步考虑资产价格。

第三，通胀目标制下如何有效度量通胀水平。除是否将资产价格纳入通胀度量的讨论外，是否需考虑国外输入性通胀，是否应综合考虑短期通胀和长期平均通胀，采用通货膨胀率还是价格水平等都是通胀目标制需要讨论的问题。通货膨胀的概念与度量是通胀目标制面临的重要问题，尤其是否包含资产价格、如何度量劳动付出、如何提高可比性等，都是传统的通胀度量中面临的挑战。

第四，全球低通胀环境下如何实现通胀目标。近年来全球通胀水平持续下降，这在很大程度上是受到经济增速下降带来的悲观预期的影响。2019年底，美联储主席鲍威尔指出，美国经济面临低增长、低通胀和低利率的长期挑战，这也成为后危机时代全球经济的新常态。低通胀环境下通胀目标的实现面临挑战，这也是美国宣布采用平均通胀目标制的重要背景。

三、通胀目标制存在的问题

一是通胀目标制属于复杂形式的目标规则，具有显著的相机抉择特征。从规则的角度来讲，通胀目标制相当于根据特定目标（如通货膨胀）和中央银行效用损失函数，通过一定约束的经济行为和政策工具，实现特定政策目标的政策规则，也就是满足目标函数最优化条件并给出货币政策工具调整原则的目标规则。与之相应的泰勒规则，则是兼顾通胀和产出缺口，进行利率调整的简单工具规则（Svensson，2005）。在不确定性较高的经济环境下，由于最优货币政策目标规则的复杂性使其难以被严格遵守，这导致严重的相机抉择倾向（Kahn and Palmer，2016）。与之相比，尽管简单工具规则并未考虑优化经济的所有因素，但在政策效果上近似于最优货币政策规则是非常稳健的。由于货币政策工具对通胀的影响存在一定时滞性，政策调整对通胀的当期影响较小而滞后影响较大，因此这不仅为市场的通胀预期带来了不确定性，也提高了金融中介的成本，阻碍了货币政策传导效果。

二是通胀目标制的假设前提条件过于严格，政策实践较为困难。通胀目标制在理论上和实践上都依赖于各国的经济结构和政策背景，因此其受影响因素较多，前提条件过于严格，这在很大程度上制约了目标规则的稳健性和适用性（McCallum and Nelson，2005）。例如，经济转轨国家的物价水平受通胀惯性和市场流动性的影响较大，中央银行在采用通胀目标制的同时还必须辅以其他政策工具进行管理。这也是很多发展中国家采用通胀目标制但未能有效控制通胀的原因。与此同时，目前低利率、低通胀的全球经济新常态可能不利于长期通胀稳定。现代宏观经济学主流的新凯恩斯主义认为，最优货币政策应是与产出缺口为零相对应、实际利率缺口和通胀为零的利率政策（Woodford，2003）。各国中央银行之所以强调2%的通胀目标，主要是为了在低通胀条件下，尽可能避免最优货币政策可能的零利率下限（Zero Louer Bond，ZLB）问题。因此，通胀目标制的政策含义应是确保通胀率不超过2%，这也是20世纪90年代通胀目标制最初的主要做法。名义利率的持续走低影响了通胀及其预期的下降，通胀实现目标值的难度加大。而且在全球金融危机之后，各国通胀率虽未明显超过2%，但未发生通缩，而是物价上升幅度放缓或通胀减速（Disflation），这与20世纪90年代末期通胀得到有效遏制的情形类似。因此，很多经济学家都指出，在金融市场恐慌得到有效遏制、劳动力市场紧张的情况下，货币政策应提前考虑退出非常规政策手段，及时开启加息和货币政策正常化进程（Taylor，

2015）。

三是通胀目标制下中央银行政策沟通存在难度，这可能损害中央银行政策信誉。很多研究表明，通胀目标制对货币政策绩效的改进，主要是通过增强政策透明度取得的，而稳定产出的政策效果往往以一定的产出损失为代价，这也是美联储长期坚持双目标制的重要理论原因。与 Taylor 规则相比，通胀目标制的框架较为复杂，对货币决策和操作都提出了更高的要求，这不利于与公众沟通，可能损害中央银行信誉。事实上，由于在政策透明度和政策评价上仍存在一定问题，因此英国、瑞典等通胀目标制国家的中央银行也隐含地遵循泰勒规则进行利率决策（Svensson，2012）。

四、美国采取平均通胀目标制面临的挑战

2020 年 8 月 27 日，美联储主席鲍威尔在杰克逊霍尔全球央行年会上宣布，美联储将寻求一段时期内通胀率"平均"达到 2%，并允许通胀率"一定时段高于 2%"。与此同时，联邦公开市场委员会（FOMC）宣布，调整其 2% 的长期通胀目标策略，即要实现平均通胀率为 2% 的长期目标，转向一种灵活的"平均通胀目标制"。美联储在声明中还强调，最大就业是一个具有广泛基础和包容性的目标，决策将根据由"对最大水平的偏离程度"（即就业缺口）转向"对最大水平就业不足的评估"。这表明，美联储货币政策最终目标由此前物价、产出同等重要的"双目标制"转向就业优先的灵活"平均通胀目标制"。这是美国货币政策范式的重大调整。本次货币政策调整的重要背景是美联储通胀水平持续低迷。2012 年 1 月，美联储首次明确将 2% 的个人消费支出价格（PCE）作为长期通胀目标，同时仍采用物价稳定、充分就业双目标制，这不是严格意义上的通胀目标制。全球金融危机后，由于老龄化、技术进步放缓和风险偏好下降等因素，美国潜在产出增速明显下降，利率长期维持在较低水平。在 2018 年 11 月开始的新一轮货币政策框架评估中，美联储对合理的通胀目标水平和货币政策框架广泛地征询了各方意见，进行了大量研究。尽管在新型冠状病毒肺炎疫情暴发前美

国取得了持续时间最长的经济扩张，就业市场表现强劲，但美国的通胀压力并不明显，核心 PCE 始终与 2% 的政策目标存在一定差距，这制约了美联储的政策空间。

作为全球中央银行的首次实践，美联储的新货币政策框架仍面临诸多现实挑战。首先，美联储更加关注劳动力市场和就业状况，增加了决策的难度。全球金融危机后，菲利普斯曲线呈扁平化趋势，就业或产出缺口与通胀的关系明显降低，这主要是受到市场风险偏好、年龄结构变化导致的消费偏好改变，新技术引发的厂商边际成本变化以及贫富差距扩大等因素的影响（Hooper et al.，2019）。美联储在追求通胀目标的同时关注就业，不仅增加了决策的难度，而且可能偏离社会福利最优的货币决策。其次，美联储并未明确平均通胀的时间范围、加息时限等技术细节，为市场带来了较大不确定性。目前，市场普遍预测美联储将较长时间保持接近零的利率水平，这不仅延缓了美国货币政策正常化进程，更加大了金融市场的不确定性，不利于经济的长期发展（Taylor，2007）。最后，美联储未来可能要经历较长时期的高通胀，这将不利于实体经济健康复苏。考虑到近年来美国通胀持续低迷，未来中央银行和公众可能需要经历较长时间的高通胀水平，才能实现平均通胀目标。平均通胀目标制带来的市场通胀预期上升，可能导致的高通胀将不受中央银行的控制而加速提高。

第四节　对我国的启示

中国经济正处于转型升级的关键阶段，货币政策调控框架也正由传统数量为主向利率为主的价格调控方式转型。在内外环境明显变化的当下，对通胀目标制的理论、国际经验和实施效果进行全面的梳理和讨论，对中国具有重要的启示意义。

一是优化货币政策目标体系，探索符合中国实际的货币政策规则。作为全球最大的转轨和发展中经济体，中国货币政策的约束条件异常复杂，多目标货币政策具有一定合理性，外部目标应服从内部目标。由于就业与经济增长相关性很强，在人口结构变化和基础数据欠缺的情况下，货币政策只能高度关注就业情况，而且物价稳定也就意味着产出缺口为零的经济均衡，因此中国的货币外部价值（汇率）应服从内部价值（通胀），并以此更好地实现经济增长的法定目标。同时还要加强潜在产出、自然利率等变量的估算，从而以此为基础探索我国的货币规则，更好地开展货币决策。

二是坚持以物价稳定作为中国货币政策的最终目标之一，高度警惕物价过快上涨的风险。新型冠状病毒肺炎疫情暴发以来，许多国家中央银行的政策应对更为坚决，资产负债表扩张速度更快，政策创新更灵活。一旦新型冠状病毒肺炎疫情稳定，如果刺激政策对需求的影响超过供给恢复的程度，高通胀风险将明显上升，可能导致通胀风险增加。在防范输入性通胀风险的同时，我国更应高度关注刺激政策的"后遗症"，倍加珍惜正常的货币政策空间，提前考虑相关货币政策工具的适时退出。

三是完善有效的货币政策沟通机制。通胀目标制的重要特征是具有高度的透明度和可信度，这也是通胀目标制能够稳定通胀预期、有效地应对高通胀的关键。因此，需提高货币政策的透明度，逐步实现市场沟通的常规化、制度化，提高中央银行的政策权威性和市场信誉。

第五章　低（负）利率政策的理论与实践

金融危机以来，低利率、低增长和低通胀成为全球经济的新常态。本章对各国低利率政策的作用机制及其影响进行了系统性阐述。从作用机制来看，主要经济体的中央银行大规模开展了低利率政策实践，在流动性效应、预期效应和期限结构理论的基础上，通过利率走廊机制和多种渠道传导到实体经济。从政策效果来看，低利率政策短期来看对于提振市场信心、缓解金融市场波动具有积极的作用，但其边际效用呈现递减趋势，政策传导效果不佳，不利于长期经济增长。而且低利率可能增加系统性金融风险。在 2020 年新型冠状病毒肺炎疫情后，低利率（零利率，甚至是负利率）的政策环境进一步扩大，虽然起到了稳定金融市场的作用但进一步限制了中央银行的政策空间。本章的分析对于我国健全与现代中央银行制度相匹配的货币政策框架具有重要启示。在全球低利率的背景下，我国应坚持稳健的货币政策，保持正常的货币政策区间。这对于增强我国内生发展动力，提高消费市场潜力，推动金融高水平对外开放，加快形成双循环新发展格局并进一步促进我国经济高质量发展都具有重要意义。

第一节　全球经济进入低利率新常态

20 世纪 80 年代全球利率进入下行轨道，尤其是 2008 年全球金融危机后，各国的经济金融体系受到了严重的系统性冲击。为了稳定金融体系、刺激经济复苏，美联储等主要发达经济体的中央银行不断降低政策利率水平，欧元区和日本等经济体还实施了负利率政策。在发达国家利率下行的推动下，韩国、泰国、澳大利亚等新兴市场国家也纷纷被迫降低利率。全球利率水平进一步下降。2019年下半年以来，由于经济复苏缓慢，美联储再次降低利率水平，这标志着全球再次进入低利率通道。特别是2020年新型冠状病毒肺炎疫情对世界经济带来了前所未有的冲击，从而进一步推动了利率的下降。目前主要发达国家货币政策全部进入零利率和负利率区间，低利率成为世界各国广泛关注的问题。

在低利率的同时，全球经济低增长和低通胀的现象也不容忽视。金融危机后，受人口老龄化、企业产能过剩、社会需求不足等一系列因素的影响，全球经济进入下行轨道。国际货币基金组织（IMF）数据显示，2010年以来全球经济增速持续下滑，2019年全球经济增速仅为2.8%，大幅低于2007年危机前5.5%的增速水平，2020年受新型冠状病毒肺炎疫情的影响全球经济增速为−3.1%。与此同时，在经济增速下降带来的悲观预期以及大宗商品价格下跌等因素的影响下，菲利普斯曲线呈现明显的扁平化趋势，全球陷入持续性的低通胀状态。菲利普斯曲线的扁平化使通胀对劳动力市场的敏感性下降。美联储主席鲍威尔（Powell，2020）指出美国经济面临低增长、低通胀和低利率的长期挑战，这也成为"后危机时代"全球经济的新常态。

低利率与低增长和低通胀密切相关。一方面，低利率是低通胀和低增长的产物。在经济增长疲软的背景下，中央银行不断通过降低利率来刺激经济复苏。正是由于传统货币政策工具对经济产生的作用效果有限，因此低利率、零利率到负利率的政策不断出现。潜在产出增速持续下降的长期结构性因素是造成实际均衡利率持续低迷的主要原因，同时长期通胀水平和预期波动的降低也导致名义利率下降幅度明显大于实际利率。另一方面，低利率也可能强化低通胀和低增长。低利率带来的资本回报率下降使经济主体投资和储蓄的意愿不强，同时使大量资本进入资本市场并推动资产价格的上涨从而加剧金融市场波动，这不仅为经济带来下行压力，也进一步强化低通胀预期。

未来全球仍将持续低利率水平。近年来全球经济增速进入下行通道，尤其是 2020 年新型冠状病毒肺炎疫情的影响使世界经济陷入百年未有之大变局。Summers（2014）认为长期性停滞是"我们这个时代的主题"。因此，低利率、低增长和低通胀的"新常态"仍将持续。在这样的背景下，中央银行货币政策会面临很大挑战。一方面，持续低迷的经济增速和通胀使中央银行仍需维持低利率政策。Powell（2020）指出，"我们不会过早撤回我们认为经济需要的支持"。Brainard（2020）表示，通胀持续低迷以及均衡实际利率的持续下降使低利率政策将持续较长时间。另一方面，低利率压缩了中央银行的货币政策空间。研究表明（Mishkin，2014），加息将加大中央银行风险暴露，增加决策难度，并可能引起各国金融市场动荡，因此利率易降难升，低利率政策退出困难。美联储从 2015 年底开启的货币政策正常化进程也进展缓慢，并在 2019 年底中断。未来相当长的一段时间，全球都将维持在很低的利率区间。

第二节　低利率政策的理论基础

流动性效应是中央银行利率操作的理论基础。凯恩斯在流动性偏好理论中认为，流动性与市场利率存在显著的负相关关系，这也被称为"流动性效应"（Keynes，1930）。利率衡量了人们为获得流动性需求所愿意支付的代价，低利率将降低居民持有货币的意愿，中央银行可以通过调整利率水平影响市场流动性，从而影响消费和投资水平，并进一步实现物价稳定和经济增长的最终目标。由此可见，利率在货币政策中发挥着非常重要的作用。凯恩斯也指出，当经济社会处在一个较低利率水平的环境时，受零利率下限（ZLB）的约束，人们预期未来利率将增加，仍将选择储蓄而不愿投资和消费（Keynes，1930）。因此，中央银行的通过降低利率的扩张型货币政策来刺激经济增长将无法奏效，这也称为"流动性陷阱"。克鲁格曼

（Krugman，1998）从市场预期的角度提出了"广义流动性陷阱"，认为虽然市场利率处于较低水平，但由于经济主体对未来经济形势较为悲观，比起投资和消费人们更倾向于储蓄，因此社会总需求持续下降，导致企业价格降低、产出下降。从国际经验来看，2015 年初以来，尽管欧元区和日本采用了大规模的量化宽松货币政策，但经济持续低迷，通胀持续低于预期，陷入"流动性陷阱"，这也是欧元区和日本采用负利率政策的原因。一些研究认为，负利率政策打破零利率下限，有效消除"流动性陷阱"（Buiter and Panigirtzoglou，2003），同时也有研究认为，负利率政策无法有效刺激经济。过快的降息可能导致利率与通胀的同步下降、实际利率不变，这也被称为"新费雪效应"（Neo-Fisherian Effect）。这将加剧"流动性陷阱"并弱化货币政策有效性（Glover，2019）。

预期效应在利率传导中的作用越来越重要。20 世纪 70 年代卢卡斯提出的理性预期理论使中央银行逐渐认识到市场预期的重要性，并通过加强与公众的沟通、提高货币政策的透明度和加大信息披露的力度，从而有效引导市场预期。在预期效应的作用下，中央银行不需要进行过多的流动性干预就可以更有效地实现利率目标。Carpenter 和 Demiralp（2006）研究认为，预期效应在市场利率中的作用越来越明显，并已成为中央银行利率引导的重要机制。Brainard（2020）也指出，在低利率条件下，更需要加强市场预期引导才能实现最优的货币政策，因此在低利率政策下预期在政策中的作用非常重要。

期限结构理论解释了利率政策对长期利率的作用。中央银行一般以短端利率作为政策目标利率。利率期限结构理论认为，短期利率与长期利率存在长期协整关系。中央银行对短期利率的调整可以通过市场预期有效传导至中长期利率，从而实现中长期利率的平滑调整（孙国峰、段志明，2016），进而影响实体经济和通货膨胀，实现货币政策最终目标。收益率曲线的形状主要是反映了市场对未来通胀和增长的预期。低利率政策加强了经济主体对于未来低利率的预期，从而在降低短期利率的同时也降低了中长期的收益率曲线。Gertler 和 Karadi（2013）认为，人们对短期利率过低的预期持续时间越长，低利率政策对降低中长期利率的效果就越显著。也有学者认为，金融危机后，期限溢价的变化改变了利率期限结构，短期利率到长期利率的操作效果可能被弱化。

第三节　低（负）利率政策的实践

在具体的政策实践中，中央银行通过调整政策利率水平来影响货币市场利率，从而影响存贷款利率和金融市场利率并传导到实体经济。从政策利率到货币市场利率的传导一般通过"利率走廊"来实现。利率走廊（Interest Rate Corridor）是市场化的发达经济体中央银行广泛使用的市场利率调控机制。一般情况下，利率走廊的上限是中央银行对商业银行发放贷款的利率，下限是商业银行在中央银行存款的利率，中间为中央银行的利率操作目标，即银行间市场利率。银行间市场利率将在利率走廊的上下限范围内波动。因此，中央银行可以通过降低政策利率，带动整个利率走廊下行，从而传导至银行间市场利率。货币市场利率进一步通过利率渠道、资产价格渠道、信贷渠道等多种渠道传到实体经济，从而作用于产出、物价等货币政策最终目标，实现低利率政策的传导过程。

一、负利率的基本含义

负利率指商业银行在中央银行的部分存款利率为负。负利率政策是一种非常规的货币政策工具，即将名义目标利率设定为负值。一般来说，负利率所指的"名义利率"是专指中央银行对商业银行存放于中央银行的部分存款收取利息，以迫使商业银行减少在中央银行的存款，将资金用于增加商业贷款。商业银行存放于中央银行账户的资金包括法定存款准备金和超额存款准备金。负利率政策调控的存款范围一般是所有超额准备金或者部分超额准备金，负利率的种类包括隔夜存款利率或者七天存款利率等。负利率意味着对货币征税，或以廉价的新货币（例如电子货币）取代流通中的货币。需要注意的是，负利率政策一般只涉及中央银行与商业银行，而不是指商业银行对普通储户收取利息费用。

从政策背景来看，负利率政策的实施主要出于两方面的考虑：一方面，负利率可以提振通胀水平。对于瑞典、欧元区和日本来说，通胀持续低迷，实现2%的通胀目标困难，因此需要通过负利率政策刺激通胀，拉动经济复苏。另一方面，负利率可以稳定汇率水平。丹麦、瑞士采取负利率主要是迫于本币的升值压力，需要通过负利率的方式稳定汇率。匈牙利的负利率政策既是出于本币升值压力，也是考虑到经济的持续低迷。

从作用机制来看，由于不同国家的具体情况不同，负利率政策的货币政策工具及实施的方式与程度均有所不同，但其作用机制都是通过降低政策利率引导利率走廊下行，从而降低货币市场利率。

二、负利率的实践

目前有6个经济体施行负利率政策。具体来看，负利率政策主要有两种实施方式：一是作为利率走廊下限的存款便利利率为负；二是作为利率走廊中枢的政策操作目标或基准利率为负（周莉萍，2017）。

1. 利率走廊下限模式

对于欧元区、丹麦、匈牙利等经济体，负利率政策调整的是利率走廊的下限，通过降低商业银行在中央银行存款的利率从而直接拉低市场利率。

丹麦中央银行为金融机构在其开设的活期存款账户设定了存款上限。当金融机构的隔夜存款账户的余额超过上限，则超出部分将被视作期限为一周的定期存款，适用于七天存款利率，作为利率走廊下限。丹麦中央银行在2012年6月至2014年4月将七天存款利率下调至-0.2%。在恢复了一段时间的正利率后，2014年9月丹麦中央银行再度将七天存款利率下调到-0.75%，2016年1月6日又上调至-0.65%并维持这一水平。

欧洲中央银行三大政策利率分别为对银行的隔夜存款利率、主要再融资利率（为银行常规性向欧洲中央银行借钱支付的利率）和隔夜贷款利率。其中隔夜存款利率和隔夜贷款利率分别作为利率走廊的上限和下限。欧洲中央银行自 2014 年 6 月开始实行负利率，将再融资利率由 0.25% 下调至 0.15%，隔夜存款利率由 0% 下调至 -0.1%。2016 年 3 月 10 日，欧洲中央银行再次全面下调三大政策利率，其中隔夜存款利率下调至 -0.4%。

　　与欧洲中央银行模式类似，匈牙利中央银行也将隔夜存款利率和隔夜贷款利率分别作为利率走廊的上限和下限。2016 年 3 月匈牙利中央银行将隔夜存款利率下调 15 个基点至 -0.05%；隔夜融资利率从 2.1% 降至 1.45%。同时也将关键利率下调 15 个基点至 1.2%。

　　2. 利率走廊中枢模式

　　对于瑞士、瑞典、日本来说，这些国家的负利率政策不仅使利率走廊的下限为负，而且作为利率走廊中枢的政策操作目标或基准利率也是负的。

　　瑞士中央银行的利率操作目标是 3 个月瑞士法郎 LIBOR 利率。通过"利率走廊"引导该利率在一个目标区间内运行。其中利率走廊的下限为活期存款利率。瑞士中央银行将超过一定额度的活期存款利率设置为负利率，对于额度的设定分为两类：第一类是对于有最低准备金要求的金融机构（主要是瑞士国内的银行），瑞士中央银行设置的额度为其最近报告期内最低准备金数额的 20 倍减去同时期内的现金增量。第二类是对于没有最低准备金要求的金融机构（主要是在瑞士的国外银行、证券交易商、清算组织、保险公司等），瑞士中央银行设置 1000 万瑞士法郎的固定值。其中超过存款上限的部分，将适用于活期存款利率；对额度内的活期存款利率设置为零。2014 年 12 月，瑞士中央银行将超过一定额度的活期存款利率设为 -0.25%，3 月期 Libor 利率目标区间设为 -0.75% ~ -0.25%。2015 年 1 月，瑞士中央银行又进一步下调活期存款利率至 -0.75%，利率区间为 [-1.25%，-0.75%]。

　　瑞典中央银行将七天回购利率作为政策利率，以此为基准，隔夜存款利率通常比其低 0.75 个百分点，而隔夜贷款利率通常比其高 0.75 个百分点。瑞典在 2009 年 7 月至 2010 年 9 月将隔夜存款利率设为-0.25%，此后重新调回正值。由于通胀持续低迷，2015 年 2 月，瑞典中央银行首次将其政策利率，即七天回购利率（银行可向瑞典中央银行拆放资金的利率）下调为-0.1%，并在此后持续保持下行趋势。2019 年 1 月，瑞典中央银行回购利率从-0.5%回升至-0.25%，2020 年 1 月，由于通胀预期向好及对负利率政策负面影响的担心，瑞典中央银行的基准利率上调25 个基点至 0%的水平，标志着瑞典中央银行正式结束施行了近五年的负利率政策。

2016 年 1 月 29 日，日本中央银行引入负利率，通过负的补充性存款便利利率引导其无抵押隔夜拆借利率的操作目标为负。参考丹麦与瑞士、日本中央银行对金融机构存放的准备金实行三级利率体系。日本中央银行将金融机构在其开设的准备金账户细分为三类：第一类为上年 12 个月存款准备金余额均值减去现有法定存款准备金的部分，继续适用原先 0.1%的利率；第二类为金融机构的法定准备金及日本中央银行提供给金融机构的贷款支持计划带来的准备金的增加，适用于零利率；第三类为上述两类之外的其他准备金（约占准备金总规模的 3.8%），适用于-0.1%的利率。具体如表5-1 所示。

表 5-1　六大经济体负利率政策实施情况

经济体	引入日期	政策背景	利率走廊下限	基准利率	利率走廊上限
瑞典	2009 年 7 月	通胀持续低迷	**隔夜存款利率**	**七天回购利率**	隔夜贷款利率
丹麦	2012 年 7 月	抑制丹麦克朗升值	**七天存款利率**	经常账户存款利率	七天贷款利率
欧洲中央银行	2014 年 6 月	通货膨胀率长期处于低位	**隔夜存款利率**	主要再融资利率	隔夜贷款利率
瑞士	2014 年 12 月	防止瑞士法郎升值	**3 个月 Libor 目标区间下限**	**3 个月 Libor 目标**	**3 个月 Libor 目标区间上限**
日本	2016 年 1 月	通胀持续低于 2% 的目标水平	**补充性存款便利利率**	**无抵押隔夜拆借利率目标**	无抵押隔夜贷款利率
匈牙利	2016 年 3 月	经济低迷，本币升值	**隔夜存款利率**	关键利率	隔夜贷款利率

注：表中黑色字迹表示利率进入负利率区间。目前瑞典七天回购利率已回到零水平。

资料来源：笔者根据各国中央银行网站资料整理而成。

三、低利率政策实践

从各国和地区政策利率来看，笔者从 BIS 数据库①中筛选了 29 个国家和地区（见表 5-2）。各国和地区政策利率选择有所不同，但大多采用货币市场隔夜目标利率或超额准备金利率作为政策利率，并采用利率走廊的方式进行利率调控。以塞尔维亚为例，其关键利率是中央银行在证券回购交易中卖出证券的最高利率或买入证券的最低利率。利率走廊是在关键利率的基础上形成。利率走廊的上限为贷款便利（隔夜贷款）利率，利率走廊的下限为存款便利（隔夜存款）利率。目前塞尔维亚关键利率水平为 1.25%，其存款便利利率设定为 0.25%（关键利率减 1 个百分点），贷款便利利率为 2.25%（关键利率加 1 个百分点）。

表 5-2 各国和地区政策利率选择

国家/地区	政策利率
澳大利亚	货币市场现金利率（金融机构隔夜拆借利率）
巴西	隔夜货币市场目标利率
加拿大	隔夜利率目标
瑞士	七天回购利率
智利	银行间交易目标利率
哥伦比亚	隔夜货币市场利率
捷克	两周回购利率
丹麦	七天存款利率
英国	基准利率（对自愿协议储备支付的利率）
中国香港	基准利率（回购贴现率）
克罗地亚	货币市场同业存款利率
匈牙利	基准利率（超额准备金利率）
以色列	基准利率（超额准备金利率）
印度	隔夜回购利率

① 数据为月度数据，截至 2020 年 12 月。

续表

国家/地区	政策利率
冰岛	中央银行定期存款利率
日本	无抵押隔夜拆借利率目标
韩国	基准利率（同业市场无担保隔夜拆借利率目标）
墨西哥	隔夜货币市场利率
马来西亚	隔夜政策利率（银行间市场借入资金的最低利率）
挪威	存款便利利率
新西兰	隔夜货币市场利率
菲律宾	隔夜回购利率
波兰	七天央票收益率
塞尔维亚	关键利率（回购利率）
俄罗斯	一周回购利率
瑞典	回购利率
美国	联邦基金目标利率（区间中值）
欧元区	主要再融资目标利率
南非	官方回购利率

资料来源：BIS 数据库及各国中央银行网站。

从各国最新的利率水平来看，俄罗斯、墨西哥、印度、南非、菲律宾、巴西、马来西亚、哥伦比亚、塞尔维亚等发展中国家的利率水平基本在 1% 以上，尤其是"金砖五国"的利率均维持在较高水平。而发达经济体的利率基本维持在低位，其中欧元区、瑞典和挪威达到零利率，日本、丹麦和瑞士则达到负利率。由此可见，主要发达国家货币政策几乎全部进入接近零利率和负利率区间，低利率成为新常态。

比较发现，与 2008 年 1 月相比，2020 年 10 月的利率水平大幅降低，平均来看大约是 2008 年初的 1/10 水平。按国家来看，发达国家利率的降低更为明显，例如美国、英国等国家的利率降低到 2008 年初的 5% 左右，而欧元区、日本等进入零利率和负利率。预计未来低利率的下行趋势仍将持续。Powell（2020）和 Brainard（2020）表示，在低增长和低通胀的背景下，"我们不会过早撤回我们认为经济需要的支持"，未来低利率政策将持续较长时间。具体如图 5-1 所示。

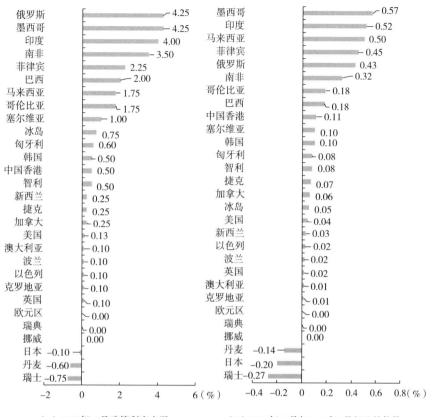

（a）2020年12月政策利率水平　　　（b）2020年12月与2008年1月相比的倍数

图 5-1　各国和地区政策利率水平

资料来源：BIS 数据库。

第四节　低利率政策的影响

一、低利率政策对经济的影响

短期来看，低利率政策对经济有一定的刺激作用。首先，低利率政策提振了市场信心。金融危机后，由于经济主体对经济形势和金融市场存在悲观情绪，市场信心脆弱，金融形势不容乐观。在这一背景下，低利率政策有效地增强了经济主体对金融市场的信心，避免了由于悲观情绪导致的金融风险蔓延和加剧。研究表明（Christensen，2019），负利率政策带来的宽松的金融条件使期限利差降低，收益率曲线在下移的同时也趋于扁平化，从而有效提振了市场预期。与此同时，低利率政策降低了市场的融资成本，从而缓解了金融市场的流动性，有利于经济的复苏。

长期来看，低利率政策的作用有限，且具有负面影响。研究认为，从经济增长和物价稳定的货币政策最终目标来看，低利率政策效果不但不及预期，而且可能带来潜在的风险。首先，低利率政策扭曲了利率作为价格信号的有效性，可能导致资金大量流向僵尸企业（Borio and Hofmann，2017），加剧企业部门的债务攀升和产能过剩问题，阻碍技术创新和产业升级转型，而且在一定程度上掩盖了经济结构性矛盾，不利于经济的长期发展。其次，低利率可能导致经济过度膨胀并推高杠杆。投资者的风险偏好提高，金融机构的冒险行为加强，这使大量金融资源被配置到高风险资产当中（Borio and Zhu，2008），导致金融市场更为敏感。而且低利率使股市、债市和房市等领域流入大量低成本的资金，导致经济"脱实向虚"，从而提高了资产价格，可能引起系统性金融风险（Borio et al.，2015）。例如，丹麦、瑞士与欧元区国家在实行负利率后，房地产与股票价格均出现了明显的上升。同时，低利率政策将危机救助成本转嫁给民众并且加剧了资产泡沫，进一步加大了贫富差距，增加系统性金融风险。最后，低利率政策的外溢效应对全球经济带来不确定性。在经济金融一体化的背景下，货币政策的溢出、溢回效应也越来越明显。一方面，低利率可能导致各国的竞争性贬值，可能加剧贸易保护主义和单边主义，对各国经济增长带来下行压力，导致全球经济陷入停滞。另一方面，低利率下国际资本可能流向利率较高的新兴经济体。新兴经济体的金融市场较为脆弱，低利率政策将导致新兴经济体的跨境资本流动和外汇市场风险上升，金融市场价格和汇率波动加大，加剧其系统性金融风险。

二、低利率政策对货币政策传导影响

目前国际上关于低利率对货币政策传导的影响进行了广泛的讨论。归纳来看，低利率对货币政策传导的影响包括利率渠道、资产价格渠道、银行信贷渠道和资产负债表渠道。

利率渠道下，虽然降低利率可以使融资成本降低从而增加企业投资和总产出增加，但是当利率较低并接近零利率下限（ZLB）时将陷入"流动性陷阱"。Borio 和 Hofmann（2017）将其解释为不确定性的影响，即低利率可能对市场主体的预期和信心带来不确定性，导致其悲观情绪。由此可见，低利率导致的悲观预期阻碍了利率渠道的传导效果。因此，伯南克（Bernanke and Reinhart，2004）很早就指出，在低利率下中央银行需要稳定市场预期，Powell（2020）和 Brainard（2020）也多次强调低利率下中央银行前瞻性指引（Forward Guidance）的重要性，这也是近年来各国中央银行重视市场沟通并提高货币政策透明度的原因。

资产价格渠道的主要作用机制是财富效应，即利率的下降导致金融资产需求的增加，从而增加的财富、消费和产出。但研究发现，低利率弱化了货币政策的财富效应。低利率降低了居民的利息收入，也导致其养老金收入的降低，这种低收益将使居民倾向于储蓄而减少消费。ING（2016）通过对欧洲、美国和澳大利亚的 13000 个消费者的调查指出，只有 38% 的消费者在低利率下选择减少储蓄，而 17% 的消费者选择更多的储蓄。Hofmann 和 Kohlscheen（2017）的估计表明，消费和产出对利率的弹性具有非线性关系，当利率降低时这种弹性也降低。因此在低利率下 IS 曲线呈现扁平化特征。

银行信贷渠道认为，降低利率将增加银行可贷资金，从而增加企业投资和产出。但是大量研究指出，低利率会损害银行的盈利能力，从而阻碍银行信贷渠道的传导效果（Genay and Podjasek，2014）。利率对存款利率和贷款利率的影响具有非线性关系，当利率降低时，存款利率与市场利率的

利差收窄，因此低利率对银行的净利息收入有负面影响。Brunnermeier 和
Koby（2018）表明，这种负面影响会导致"逆转效应"，即降低利率反而产
生紧缩效果。Borio 等（2015）的跨国银行实证分析表明，随着利率水平的
降低，银行收益也降低，但其对于利率的弹性增加。

资产负债表渠道的理论基础是金融加速器效应，即降低利率将增加企
业净值，从而降低企业融资溢价，使企业投资增加。但是研究发现（Cabal-
lero et al.，2008），低利率降低了金融资源向高生产率部门再分配的效果。
低利率降低了银行清理资产负债表的需求，使银行更倾向于展期而不是冲
销不良贷款，削弱了银行的中介能力，提高了健康借款人的融资成本，从
而助长了经济的"僵尸化"（Zombification）。Borio 等（2015）发现，低利
率下贷款损失准备金的利率敏感性增加。Acharya 等（2019）分析发现，欧
元区扩张的货币政策使银行增加了贷款规模，但主要针对原有的非高质量
企业，因此对经济发展所起到的正面效果不大。该报告进一步证明，在
"僵尸企业"盛行的行业中，信誉高的企业严重受到信贷分配不当的影响，
这减缓了经济复苏。

三、新型冠状病毒肺炎疫情后低利率政策的实践及效果

2020 年的新型冠状病毒肺炎疫情对全球造成了前所未有的冲击，世界
经济陷入二战以来最困难的局面。为了应对新型冠状病毒肺炎疫情对经济
和金融市场的影响，主要经济体迅速降息。美联储于 2020 年 3 月 3 日和 3
月 15 日将联邦基金利率分别下调 50 个基点和 100 个基点，目标区间再次降
至-0.25%~0%的水平。与金融危机时期相比，降息速度明显加快，降息幅
度明显提高。英国中央银行追随美联储的步伐，于 2020 年 3 月 11 日和 3 月
19 日两次降息，将基准利率降至 0.1%，达到历史最低点。美联储主席
Powell（2020）指出，美联储将在较长时间内维持低利率政策从而降低借贷
成本，直到经济情况好转并实现最大就业和物价稳定的目标。

低利率政策有效稳定了国际金融市场。低利率政策降低了企业的融资

成本，在很大程度上起到了鼓励金融机构借贷的作用，因此有效地安抚了市场的流动性。2020 年 4 月以来，美、欧、日主要股市摆脱了 3 月的大幅下跌，出现较大反弹，国际金融市场基本趋于稳定。美国担保隔夜融资利率（Secured Overnight Financing Rate，SOFR）在 3 月中旬小幅上升之后基本低于基金利率目标，明显好于 2019 年 9 月以来的情况。

低利率对经济的刺激作用有限。低（负）利率损害银行的盈利能力，降低银行的放贷动机，限制低利率到贷款利率的传导，并可能造成资源错配，提高债务率水平，不利于金融稳定。因此，新型冠状病毒肺炎疫情后的低利率政策负面效应也逐步显现。

低利率限制了中央银行的政策空间。Holston 等（2017）的最新估计表明，美国 2020 年以来均衡实际利率下降到接近零的水平。美联储副主席 Brainard（2020）指出，由于目前长期均衡利率处于历史地位，通过降低政策利率来缓冲经济受到 COVID-19 和其他冲击影响的空间更小。政策利率频繁地达到零利率边界可能降低预期通胀和实际通胀，从而进一步压缩名义利率下调的空间。

第五节　对我国的启示

2020 年以来，主要发达国家货币政策全部进入接近零利率和负利率区间。全球经济进入低利率、低通胀和低增长的新常态。分析发现，主要经济体中央银行大规模开展了低利率政策实践，在流动性效应、预期效应和期限结构理论的基础上，通过利率走廊机制和多种渠道传到实体经济。从政策效果来看，低利率政策短期来看对经济发展具有一定的积极作用，但其边际效用递减，退出难度递增，不利于长期经济增长。因此，低利率政策可能弱化货币政策的有效性。

本章的分析对于我国健全与现代中央银行制度相匹配的货币政策框架

具有重要启示。在全球经济进入低利率、低通胀和低增长的同时，站在新时代的历史方位，我国经济已由高速增长阶段转向高质量发展阶段。从国际经验来看，我国货币政策应坚持稳健取向，这不仅是适应经济高质量发展的需要，也是我国国内国际双循环新发展格局的需要。我国未来货币政策需把握好稳增长和防风险的平衡，保持货币供应量和社会融资规模合理增长；保持货币供应与反映潜在产出的名义国内生产总值增速基本匹配。

坚持稳健的货币政策有助于加快形成国内国际双循环新发展格局。一方面，从国内循环来看，货币政策保持在正常货币政策区间有利于激励经济主体提升资源利用效率（易纲，2020），提升研发能力和创新水平，增强内生发展动力，从而促进经济发展。与此同时，稳健的货币政策有助于促进居民储蓄和收入的合理增长，发挥我国超大规模市场优势和旺盛市场需求，提高消费市场潜力。另一方面，坚持稳健货币政策有助于优化国际循环。在发达经济体保持低利率的同时，我国实施正常的货币政策，与主要经济体比较而产生的较高"息差"极大地增强了人民币资产的全球吸引力，这为我国金融高水平对外开放和深化改革提供了重要的机遇窗口期，也有助于人民币汇率在合理均衡水平上保持基本稳定，从而增强经济应对外部冲击的能力。在此基础上，通过高水平的对外开放，使国内市场和国际市场更好地联通，更好地利用国际和国内两个市场、两种资源，实现更加强劲可持续的发展，并使国内循环和国际循环相互促进，从而进一步促进我国经济高质量发展。

第三篇

转型时期我国货币政策的基本特征和货币政策规则的探索

　　探索符合我国实际的货币政策规则，是健全与现代中央银行制度相匹配的货币政策框架的重要内容。本篇分析我国货币政策从数量型调控向价格型调控转型中存在的金融脱媒和利率双轨制问题。在此基础上，本篇构建符合我国实际的最优货币政策框架，对中国自然利率水平进行了估算，并提出了数量与价格混合型货币政策规则。这为建立符合我国特征的货币政策规则提供了可靠的理论和实证研究支撑。

第六章　金融创新及其对我国数量型货币政策的挑战

近年来，随着利率市场化改革的加快推进和基本完成，以银行理财和互联网金融为代表的金融创新和金融脱媒迅猛发展，传统以货币供应量为中介目标的数量型货币调控效果日益下降。本章从信用货币创造理论出发，构建了考虑金融脱媒情形的货币供给和货币乘数模型，并利用我国数据进行了实证分析检验，对金融创新背景下我国数量型货币政策的有效性进行分析，从而为我国货币政策转型提供理论支持。

第一节　数量型货币政策的理论与实践

长期以来，中国采取了数量为主的货币调控模式，以货币供应量作为货币政策最主要中介目标，通过准备金率和公开市场操作等手段调节市场流动性和基础货币，从而实现物价、产出等货币政策最终目标（张晓慧，2015）。但是，从各国实践来看，20世纪70年代以货币数量为中介目标的货币主义实践效果并不理想，即使是沃尔克时代也未能有效控制货币供应量。德国和瑞士这两个被公认为实行货币供应量中介目标最成功的国家，货币供应量经常与其目标值不符。Svensson和Woodford（2004）指出，货币供应量对价格仍然具有重要的影响，仍是货币决策非常重要的监测变量。在利率市场化的大背景下，以规避利率上限为目标的金融创新迅猛发展，金融产品替代性大大提高，交易账户和投资账户间、广义货币与狭义货币间的界限越来越模糊，货币供给与物价、产出的关系越来越不稳定。为此，各国不得不频繁修订货币统计口径和政策目标，并最终放弃货币数量调控方式（Bernanke and Mishkin，1992）。在 1998 年取消信贷规模管理制度并开展间接货币调控后，我国也一直存在着有关数量调控和价格调控的争论。周小川（2004）指出，受金融体系发育程度、货币传导机制和计划经济思维等因素的影响，数量型货币调控有其合理性；但夏斌和廖强（2001）很早就指出，货币供应量已不适宜作为我国货币政策的中介目标；还有学者从货币政策效率的角度论述了开展价格型货币调控的必要性和可行性（项卫星、李宏瑾，2012）。

货币数量调控实际上隐含着外生货币假设并与货币数量论密切相关。以 Friedman 为代表的货币主义认为，基础货币对存款准备金率和存款通货比率有着决定性影响，货币乘数和货币流通速度是稳定的，中央银行可以通过调整存款准备金率控制货币供应数量，从而影响物价和经济增长（Friedman and Schwartz，1963）。虽然货币供给模型愈加完善和更加复杂，很多货币主义经济学家也承认货币供给是由中央银行和商业银行等金融主体共同决定的（即货币供应存在内生性），但货币主义经济学家总体上仍认为，如果充分考虑经济主体行为并进一步完善货币乘数，中央银行仍可以有效控制基础货币和货币供给（Cagan，1982）。然而，随着金融创新和技术的发展，货币外生论和货币乘数理论面临巨大的挑战。各国的实践表明，货币往往具有内生性质，并逐渐被理论界所认同（Walsh，2010）。Poole（1970）最早对货币调控方式的选择进行了理论分析。在标准的 IS-LM 框架下的分析表明，根据货币政策最终目标的不同及经济所受冲击性质的差异，Poole（1970）认为货币数量调控和价格调控各具优势：当经济不确定性（随机冲击）主要来自商品市场，货币政策以货币数量作为中介目标较为合适；当经济不确定性来自金融市场，则应选择利率价格目标。Poole（1970）很好地解释了当时各国金融创新浪潮以及由此引发的货币政策的变化趋势，即随着金融创新和金融深化，货币需求稳定性的下降迫使各国不得不由货币数量调控转向利率价格调控。

近年来，我国利率市场化进程骤然加快，以银行理财和互联网金融为代表的金融创新迅猛发展，以货币供应量为中介目标的数量型货币调控效果日益下降，这也是 2011 年中国人民银行公布社会融资规模并修订广义货币统计口径的重要背景。国内有学者（任杰、尚友芳，2013）根据 Poole（1970）模型对中国的实证分析表明，随着利率市场化改革的推进、金融创新和金融市场的发展，我国以货币数量作为中介目标的效率日趋下降并应逐渐向利率价格型调控转变。不过，这些实证分析对金融创新的衡量和结果的稳健性仍存在疑问。更主要的是，Poole（1970）模型的中央银行目标函数仅考虑了产出波动，并未包含通胀波动，这与实际情况不符。而且 Poole（1970）主要是从货币需求面临冲击的性质进行分析，并未说明金融创新对货币供给和货币传导机制的具体影响。

　　在金融创新浪潮下，各国普遍出现了金融脱媒现象，这对货币传导机制和货币调控产生了重要影响。所谓"金融脱媒"，最初是指 20 世纪 60 年代以来美国存款利率管制时期，当市场利率水平高于存款机构可支付的存款利率水平时，存款机构的存款资金流向收益更高的证券，从而限制了银行可贷资金的现象（Mishkin，2009）。正是由于金融创新和金融脱媒的发展，货币政策传导利率渠道的有效性大大加强，信贷渠道作用则有所下降（Bernanke and Gertler，1995），我国的实证分析也支持了这一点。但是，有关金融创新和脱媒的研究大多侧重于分析其对货币传导机制或货币需求的影响，并未分析货币供给机制的具体变化。

　　货币数量调控的前提是中央银行能够有效控制货币供给。在信用货币条件下，即使中央银行完全有能力控制基础货币数量，货币乘数是否稳定对货币控制也至关重要。虽然完备的统计技术能够更好地预测货币乘数并改善货币数量决策，但正如 Moore（1988）指出，如果货币乘数由于受经济的影响而不稳定，同时基础货币又是内生的，那么根据历史数据得到的货币乘数就不能用来预测货币供给。毕竟，在信用货币创造理论下，货币乘数有着严格的定义。遗憾的是，货币主义经济学家大多忽视了从信用货币创造的角度来讨论货币乘数，而是出于分析简便的考虑侧重于讨论货币乘数的具体形式或基础货币的范围，但这其实与信用货币创造本身无关，简化处理方式也是导致货币乘数理论内在矛盾的原因之一（吴忠群，2006）。与国外学者类似，国内研究大多也采取了简化的处理方式分析金融创新对货币乘数的具体影响，或仅是从银行贷款会计分录或商业银行资产负债变化分析信用货币创造及金融业务的多样化对货币创造的影响。因此，有必要从最基本的信用货币创造模型出发，分析金融创新和金融脱媒对货币乘数及货币供给的具体影响，从而说明即使是基础货币具有外生性（即中央银行能够控制基础货币），数量型货币调控的效率也将随着利率市场化下的金融创新和金融脱媒的迅猛发展而下降。

第二节　金融创新下的信用货币创造模型

一、信用货币创造与金融脱媒

传统的货币创造理论中，货币供给过程有三个参与者：中央银行、银行（即存款机构）及公众（包括个人和非存款机构）。中央银行发行基础货币，公众保留一部分现金并将剩余资金存入银行，银行出于法律规定及清算要求保留一部分准备金后，将剩余存款作为贷款发放，贷款又重新存放在银行体系中，由此派生出一笔新的存款。如此往复，整个银行体系将产生数倍于原始存款的派生存款，实现货币的多倍扩张。即使银行不是完全发放贷款，而是投向资金市场（如买入债券或同业借出），那么债券发行者或资金吸收方最终仍会通过投资将这部分资金以存款的形式存入银行，其过程与银行发放贷款是一致的。因此，在信用货币体系下，货币就是指银行的存款、负债及公众保留的现金。在这一货币创造的扩张中，货币乘数的定义就是指货币供给量与基础货币的比值，反映了银行体系信用派生的能力。传统的货币乘数为：

$$m = \frac{C+D}{C+R} = \frac{c+1}{c+r}$$

其中，C 为流通中的现金，D 为银行存款，R 为准备金，c 为现金比率，r 为准备金率。

在信用货币的创造过程中，最关键的是公众资金仅存入银行。如果公众资金不存入银行，而是投向其他金融产品，那么这部分资金将不体现为银行的存款和负债，这将对信用货币创造过程产生重要影响。因此，从传统信用货币创造的角度出发，金融脱媒所指的"媒"仅指银行（或存款性金融机构），金融脱媒是指在利率管制下为追求更高收益而通过金融创新使资金不流向银行体系。随着金融市场的发展，金融脱媒进一步泛指不通过银行中介机构进行的金融交易，并由金融负债方扩展至资产方。但利率市场化是金融创新和金融脱媒的重要背景，随着利率管制的取消，狭义金融脱媒现象也将随之消失。因此，从货币创造角度仅分析负债方的狭义金融脱媒的情形是合理的。而且，考虑商业银行的债券投资情形，更符合资产方的广义金融脱媒含义（即融资不通过银行等金融机构而由资金盈余和短缺者以直接融资的方式进行）。近年来迅猛发展的银行理财和互联网金融就是非常重要的金融脱媒形式之一。银行理财产品是银行的表外业务，并不体现在其资产负债表中。互联网金融背后的金融产品主要是货币基金。因此，通过考察资金流向银行中介"媒"的变化，就可分析金融创新和金融脱媒对信用货币创造的影响。

二、考虑金融脱媒情形下的信用货币创造模型

本章将结合传统信用货币创造理论框架，对银行体系的信用扩张过程进行分析。假设中央银行获得新增储备资产（如外汇、债券），并以现金发行方式发行基础货币 B，公众将其中 λ_1 倍的现金存入银行，λ_2 倍的现金购买互联网金融理财产品，保留 $1-\lambda_1-\lambda_2$ 倍的现金（即存款比例为 λ_1，金融脱媒比例为 λ_2）。

货币基金得到 $\lambda_1 B$ 资金后，将其中 α 倍份额以协议存款方式存放同业，剩余 $1-\alpha$ 倍投向资金市场（如进行债券投资）。此时货币基金的资产负债表如表 6-1 所示：

表 6-1　新增基础货币后货币基金资产负债表

资产	负债
同业协议存款 $\alpha\lambda_2 B$ 债券投资 $(1-\alpha)\lambda_2 B$	基金权益份额 $\lambda_2 B$

资料来源：笔者根据模型推导得到。

银行吸收到存款 $\lambda_1 B$ 后（即通常所说的一般性存款），按照法定准备金率 γ 向中央银行上缴存款准备金，为满足清算体系需求保留 e 倍的超额准备金，同时为应对临时提取存款需求和出于审慎经营考虑，保留 β 倍的现金准备，根据流动性和收益需求将 θ 倍投资于资金市场（如债券投资），之后银行将剩余 $1-\gamma-e-\beta-\theta$ 倍资金发放贷款。同时，银行吸收同业存款 $\alpha\lambda_2 B$ 后，虽然不需要上缴法定准备金，但仍保留倍的超额准备资金用于同业清算，θ 倍投资于资金市场，将剩余的 $1-e-\theta$ 倍的资金用于贷款。此时商业银行资产负债如表 6-2 所示：

表 6-2　新增基础货币后银行资产负债表

资产	负债
法定准备金 $\gamma\lambda_1 B$ 超额准备金 $e\lambda_1 B+e\alpha\lambda_2 B$ 现金准备 $\beta\lambda_1 B$ 债券投资 $\theta\lambda_1 B+\theta\alpha\lambda_2 B$ 贷款 $(1-\gamma-e-\beta-\theta)\lambda_1 B+(1-e-\theta)\alpha\lambda_2 B$	一般性存款 $\lambda_1 B$ 同业存款 $\alpha\lambda_2 B$

资料来源：笔者根据模型推导得到。

无论是贷款者还是债券发行者，最终都要将获得的资金进行投资，从而使这些资金重新进入市场。这样市场可以再次运用的资金如下式所示：

$$(1-\gamma-e-\beta-\theta)\lambda_1 B+(1-e-\theta)\alpha\lambda_2 B+\theta\lambda_1 B+\theta\alpha\lambda_2 B+(1-\alpha)\lambda_2 B$$
$$=\left[\lambda_1(1-\gamma-e-\beta)+\lambda_2(1-\alpha e)\right]B$$

记 $\lambda=\lambda_1(1-\gamma-e-\beta)+\lambda_2(1-\alpha e)$，则再次运用的资金为 λB。类似于

前面的过程，这些资金同样以 λ_1 倍存入银行，λ_2 倍买入货币基金，并保留 $1-\lambda_1-\lambda_2$ 倍的现金，此时的现金为 $(1-\lambda_1-\lambda_2)\lambda B$。

货币基金得到 $\lambda_2\lambda B$ 资金后，将其中 α 倍作为同业协议存款，剩余 $1-\alpha$ 倍投资债券。类似地，银行得到 $\lambda_1\lambda B$ 资金后，同样缴存 γ 倍的法定准备金和 e 倍的超额准备金，保留 β 倍现金准备，并将 θ 和 $1-\gamma-e-\beta-\theta$ 倍分别进行债券投资和发放贷款，吸收 $\alpha\lambda_2\lambda B$ 同业存款后 e 倍资金用于同业清算，θ 倍和 $1-e-\theta$ 倍资金分别投资债券和贷款。上述过程如此循环往复下去（n→∞），最后将每一步过程进行加总，就可以得到商业银行和货币基金资产负债及社会中流通的现金情况，如表6-3所示。

表6-3　金融创新下商业银行和货币基金资产负债及社会流通现金

	第1步	第2步	…	第 n 步	$\lim\limits_{n\to\infty}\sum\limits_{i=1}^{n}$
商业银行一般性存款	$\lambda_1 B$	$\lambda_1\lambda B$		$\lambda_1\lambda^{n-1}B$	$\dfrac{\lambda_1}{1-\lambda}B$
商业银行同业存款	$\alpha\lambda_2 B$	$\alpha\lambda_2\lambda B$		$\alpha\lambda_2\lambda^{n-1}B$	$\dfrac{\alpha\lambda_2}{1-\lambda}B$
货币基金债券投资	$(1-\alpha)\lambda_2 B$	$(1-\alpha)\lambda_2\lambda B$		$(1-\alpha)\lambda_2\lambda^{n-1}B$	$\dfrac{(1-\alpha)\lambda_2}{1-\lambda}B$
货币基金权益份额	$\lambda_2 B$	$\lambda_2\lambda B$		$\lambda_2\lambda^{n-1}B$	$\dfrac{\lambda_2}{1-\lambda}B$
社会流通现金	$(1-\lambda_1-\lambda_2)B$	$(1-\lambda_1-\lambda_2)\lambda B$		$(1-\lambda_1-\lambda_2)\lambda^{n-1}B$	$\dfrac{1-\lambda_1-\lambda_2}{1-\lambda}B$
法定准备金	$\gamma\lambda_1 B$	$\gamma\lambda_1\lambda B$	…	$\gamma\lambda_1\lambda^{n-1}B$	$\dfrac{\gamma\lambda_1}{1-\lambda}B$
超额准备金	$e\lambda_1 B+e\alpha\lambda_2 B$	$e\lambda_1\lambda B+e\alpha\lambda_2\lambda B$		$e\lambda_1\lambda^{n-1}B+e\alpha\lambda_2\lambda^{n-1}B$	$\dfrac{e\lambda_1+e\alpha\lambda_2}{1-\lambda}B$
库存现金准备	$\beta\lambda_1 B$	$\beta\lambda_1\lambda B$		$\beta\lambda_1\lambda^{n-1}B$	$\dfrac{\beta\lambda_1}{1-\lambda}B$
债券投资	$\theta\lambda_1 B+\theta\alpha\lambda_2 B$	$\theta\lambda_1\lambda B+\theta\alpha\lambda_2\lambda B$		$\theta\lambda_1\lambda^{n-1}B+\theta\alpha\lambda_2\lambda^{n-1}B$	$\dfrac{\theta\lambda_1+\theta\alpha\lambda_2}{1-\lambda}B$
贷款资产	$(1-\gamma-e-\beta-\theta)\lambda_1 B+(1-e-\theta)\alpha\lambda_2 B$	$(1-\gamma-e-\beta-\theta)\lambda_1\lambda B+(1-e-\theta)\alpha\lambda_2\lambda B$		$(1-\gamma-e-\beta-\theta)\lambda_1\lambda^{n-1}B+(1-e-\theta)\alpha\lambda_2\lambda^{n-1}B$	$\dfrac{(1-\gamma-e-\beta-\theta)\lambda_1}{1-\lambda}B+\dfrac{(1-e-\theta)\alpha\lambda_2}{1-\lambda}B$

资料来源：笔者根据模型推导得到。

这一信用货币创造过程也将通过新增基础货币对中央银行资产负债表的构成产生影响。在最初新增基础货币 B 后，商业银行吸收的存款是以现金形式持有，其上缴中央银行的储备资产也是以现金的形式上缴，中央银行的资产负债发生的变化如表 6-4 所示。尽管目前中央银行与商业银行主要通过清算体系以记账方式进行资金往来，但中央银行基础货币发行和商业银行准备金缴存方式的基本原理与本章提到的现金方式划拨是一致的。以现金作为基础货币发行渠道，也符合中央银行和信用货币的起源。因此，模型同样适用于当前的操作模式。

表 6-4　货币创造过程中的中央银行资产负债

资产		负债	
储备资产	B	基础货币（现金发行）	B
现金	$\dfrac{\gamma\lambda_1+e\lambda_1+e\alpha\lambda_2}{1-\lambda}B$	储备（法定和超额）	$\dfrac{\gamma\lambda_1+e\lambda_1+e\alpha\lambda_2}{1-\lambda}B$
基础货币	B	现金发行	$\left[1-\dfrac{\gamma\lambda_1+e\lambda_1+e\alpha\lambda_2}{1-\lambda}\right]B$
		储备（法定和超额）	$\dfrac{\gamma\lambda_1+e\lambda_1+e\alpha\lambda_2}{1-\lambda}B$

资料来源：笔者根据模型推导得到。

由表 6-4 可知，商业银行在中央银行的储备资产为 $\dfrac{\gamma\lambda_1+e\lambda_1+e\alpha\lambda_2}{1-\lambda}B$，而此时中央银行发行的现金为 $\left[1-\dfrac{\gamma\lambda_1+e\lambda_1+e\alpha\lambda_2}{1-\lambda}\right]B$。中央银行所发行的基础货币仍然为 B，只是其构成发生了变化。中央银行发行的现金恰恰等于社会当中流通的现金（M0）和商业银行的库存现金准备，即：

$$\left[1-\frac{\gamma\lambda_1+e\lambda_1+e\alpha\lambda_2}{1-\lambda}\right]B=\frac{1-\lambda_1-\lambda_2}{1-\lambda}B+\frac{\beta\lambda_1}{1-\lambda}B$$

这里 $M0=\dfrac{1-\lambda_1-\lambda_2}{1-\lambda}B$，库存现金准备为 $\dfrac{\beta\lambda_1}{1-\lambda}B$

中央银行发行的现金基本等于社会当中流通的现金（M0）和商业银行的库存现金准备之后，二者的差异是公众的现金漏损和商业银行提取现金准备造成的。在货币供应量统计中，只计入了社会中流通的现金（M0）而没有计入银行库存现金，而上式表明这两项之和正是中央银行基础货币中现金发行部分。表6-5 的数据可以验证这一点。其他存款金融机构为不包括中国人民银行在内的其他存款性金融机构，包括中资大型银行、中资中小型银行、外资银行、城市和农村信用社、财务公司。2003 年以前，中国货币发行中并没有计入邮储银行在中央银行的存款，同时商业银行的库存现金中也不包括该项。从 2004 年起，中国人民银行对资产负债表进行了调整，将邮储银行的存款从"非金融机构存款"项中剔除，并计入商业银行库存现金项中，但是货币发行统计口径并没有进行相应的调整，150 余亿元的差额恰为邮储银行转存调整金额。

表6-5　中国人民银行货币发行、流通中的现金与其他存款金融机构库存现金

单位：兆元

年份	货币发行	流通中的现金（M0）	库存现金准备	货币发行-M0-库存现金准备
1999	1.5070	1.3455	0.1618	−0.0003
2000	1.5938	1.4653	0.1289	−0.0003
2001	1.6869	1.5689	0.1181	−0.0001
2002	1.8589	1.7278	0.1311	0.0000
2003	2.1240	1.9746	0.1495	0.0000
2004	2.3104	2.1468	0.1791	−0.0155
2005	2.5854	2.4032	0.1822	0.0000
2006	2.9139	2.7073	0.2066	0.0000
2007	3.2972	3.0375	0.2596	0.0000
2008	3.7116	3.4219	0.2897	0.0000
2009	4.1556	3.8247	0.3310	−0.0001
2010	4.8646	4.4628	0.4018	0.0000
2011	5.5850	5.0749	0.5102	0.0000

年份	货币发行	流通中的现金（M0）	库存现金准备	货币发行-M0-库存现金准备
2012	6.0646	5.4660	0.5986	0.0000
2013	6.4981	5.8574	0.6406	0.0000
2014	6.7151	6.0260	0.6892	0.0000
2015	6.9886	6.3217	0.6669	0.0000
2016	7.4884	6.8304	0.6581	0.0000
2017	7.7074	7.0646	0.6428	0.0000
2018	7.9146	7.3208	0.5937	0.0000
2019	8.2859	7.7190	0.5670	0.0000
2020	8.9823	8.4315	0.5509	0.0000

资料来源：各期《中国人民银行统计季报》、Wind、CEIC。在不做特殊说明的情况下，本章数据皆来自 Wind、CEIC 和各期《中国人民银行统计季报》。

由表6-3和表6-4可得到基础货币（准备金+现金发行）、派生存款、存款乘数的计算公式分别如下：

$$\frac{(r+e)\ \lambda_1+e\alpha\lambda_2}{1-\lambda}B+\frac{1-\lambda_1-\lambda_2}{1-\lambda}B+\frac{\beta\lambda_1}{1-\lambda}B=B$$

$$\frac{\lambda_1}{1-\lambda}B+\frac{\alpha\lambda_2}{1-\lambda}B=\frac{\lambda_1+\alpha\lambda_2}{1-[\lambda_1\ (1-\gamma-e-\beta)\ +\lambda_2\ (1-\alpha e)\ ]}B$$

$$k=\frac{\lambda_1+\alpha\lambda_2}{1-[\lambda_1\ (1-\gamma-e-\beta)\ +\lambda_2\ (1-\alpha e)\ ]}$$

广义货币 M2 等于 M0 与派生存款之和：

$$M2=\frac{1-\lambda_1-\lambda_2}{1-\lambda}B+\frac{\lambda_1}{1-\lambda}B+\frac{\alpha\lambda_2}{1-\lambda}B=\frac{1-(1-\alpha)\ \lambda_2}{1-[\lambda_1\ (1-\gamma-e-\beta)\ +\lambda_2\ (1-\alpha e)\ ]}B$$

可以得到货币乘数：

$$m=\frac{1-\ (1-\alpha)\ \lambda_2}{1-[\lambda_1\ (1-\gamma-e-\beta)\ +\lambda_2\ (1-\alpha e)\ ]}$$

令 $c=\dfrac{1-\lambda_1-\lambda_2}{\lambda_1+\alpha\lambda_2}$ 为现金漏损率，$r=\dfrac{(\gamma+e+\beta)\ \lambda_1+\alpha e\lambda_2}{\lambda_1+\alpha\lambda_2}$ 为广义存款准备金

率，则存款乘数 $k=\dfrac{1}{c+r}$ ，货币乘数 $m=\dfrac{c+1}{c+r}$ ，这与传统的货币乘数形式是一致的。

最终货币乘数为：

$$m(\lambda_1,\ \lambda_2,\ \alpha,\ \gamma,\ e,\ \beta)=\frac{1-(1-\alpha)\lambda_2}{1-\lambda}=\frac{1-(1-\alpha)\lambda_2}{1-[\lambda_1(1-\gamma-e-\beta)+\lambda_2(1-\alpha e)]}$$

货币乘数公式中的参数包括存款比例 λ_1 、金融脱媒比例 λ_2 、同业存款比率 α 、法定准备金率 γ 、超额准备金率 e 和现金准备比率 β 。各系数 λ_1 、 λ_2 、 α 、 γ 、 e 和 β 均大于 0 且小于 1，且 $\gamma+e+\beta<1$ ， $\lambda_1+\lambda_2<1$ ，从而有 $0<\lambda<1$ 。由 m 可见，如果资金不流向货币基金仅以存款方式存入银行（即 $\lambda_2=0$ ），那么 $m'(\lambda_1,\ \alpha,\ \gamma,\ e,\ \beta)=\dfrac{1}{1-\lambda}=\dfrac{1}{1-\lambda_1(1-\gamma-e-\beta)}$ ，货币乘数形式将相对简单。而

且， $m-m'=\dfrac{\lambda_2[\alpha(1-e)]+(1-\alpha)\lambda_1\lambda_2(1-\gamma-e-\beta)}{\{1-[\lambda_1(1-\gamma-e-\beta)+\lambda_2(1-\alpha e)]\}[1-\lambda_1(1-\gamma-e-\beta)]}>0$ ，故 $m>m'$ 。

可见，正是由于金融负债方金融脱媒的出现，货币乘数变得复杂且更大，即使基础货币不变，货币供给也将进一步扩张且难以准确控制。随着新的金融方式不断涌现，货币乘数形式将愈加复杂且不稳定，从而使中央银行控制货币供给的能力面临严峻挑战。

另外，无论是否存在负债方金融脱媒（无论 λ_2 是否为零），资产方金融脱媒对货币乘数形式并没有影响（与 θ 无关）。金融结构的变化和金融资产方金融脱媒对中央银行货币控制能力并没有太大关系，这可以解释为何在德国、日本等以银行间接融资为主的国家中，金融脱媒仍对其货币供给产生相当大的干扰。金融功能观和金融发展决定因素理论等现代金融理论都认为，传统的以金融结构来判断金融发展水平并不是必要的，最多只能是第二位重要的问题，本章的结果与之类似。当然，资产方金融脱媒的现金漏损以及非贷款投资渠道的变化，仍会对货币乘数产生重要影响。例如，本章模型中同业存款（ α ）本质上也是某种形式的资产方金融脱媒，使货币乘数形式发生了一定的改变。

三、模型参数的估算及检验

上一部分中的模型描述了货币乘数的具体形式，本部分将对有关参数进行估算并对货币乘数公式进行检验。2004 年，中国开始实行差别准备金制度，对农村信用社、城市信用社等不同类型金融机构实行差别准备金政策，从 2008 年 9 月起，中国对大型金融机构和中小金融机构实行差额准备金管理。笔者根据不同银行一般性存款进行加权，从而得到加权平均的全国法定准备金率数据（γ）。根据各期《货币政策执行报告》，得到金融机构超额准备金率数据（e）。以其他存款机构库存现金与一般性存款之比得到库存现金准备数据（β）。目前，中国尚未公布全国货币基金资产配置数据，根据 Wind 对各货币基金公司银行存款占基金净值之比并按基金净值规模加权平均，从而得到货币基金同业存款占比的估算数据（α）。

笔者对 λ_1 和 λ_2 进行估算。由于缺乏连续可靠的微观数据，因而通过模型结果进行推算。在模型中，一般性存款为 $\dfrac{\lambda_1}{1-\lambda}B$，同业存款为 $\dfrac{\alpha\lambda_2}{1-\lambda}B$，则一般性存款与同业存款之比为 $k_1\left(\dfrac{\lambda_1}{\alpha\lambda_2}=k_1\right)$；社会流通现金为 $\dfrac{1-\lambda_1-\lambda_2}{1-\lambda}B$，则一般性存款与流通中现金之比为 $k_2\left(\dfrac{\lambda_1}{1-\lambda_1-\lambda_2}=k_2\right)$。通过计算可以得到：$\lambda_1=\dfrac{\alpha k_1 k_2}{k_1\alpha+k_1 k_2\alpha+k_2}$，$\lambda_2=\dfrac{k_2}{k_1\alpha+k_1 k_2\alpha+k_2}$。2011 年 10 月，中国将非存款类金融机构在存款类金融机构的存款计入 M2 统计，因而可以将存款类金融机构的一般性存款与计入广义货币的对其他金融性公司负债存款之比作为 k_1 序列。对于 2011 年第三季度前的数据，利用上市银行数据进行分析。根据 16 家上市银行报告中非银行金融机构存放款项和一般性存款数据，从而得到 2006 年第一季度至 2011 年第三季度的估计值。2006 年以来，中国非存款性金融机构同业存款不断增加，其相对于一般性存款比例（$1/k_1$）由 2006 年第一季度的 4.2834% 逐步升至 2017 年第二季度的 11.4225%。通过存款性公司概览和其他存款性公司资产负债表中可以获得存款机构一般性存款和流通中现金数据，从而得到 k_2。这样，根据上述公式计算就可得到 λ_1、λ_2 的估计值。

根据上面的方法得到 λ_1，λ_2，α，γ，e 和 β 序列后，根据货币乘数模型：$m(\lambda_1, \lambda_2, \alpha, \gamma, e, \beta) = \dfrac{1-(1-\alpha)\lambda_2}{1-[\lambda_1(1-\gamma-e-\beta)+\lambda_2(1-\alpha e)]}$，得到货币乘数估计值。根据货币乘数的定义，即广义货币（M2）与基础货币（储备货币）的比值，得到货币乘数实际值。具体数据如图 6-1 所示。由于中国货币基金是从 2003 年才开始引入，作为银行业主体的中资大型银行是在 2005 年之后才陆续上市，因而模型以 2006 年第一季度至 2020 年第四季度数据作为样本。

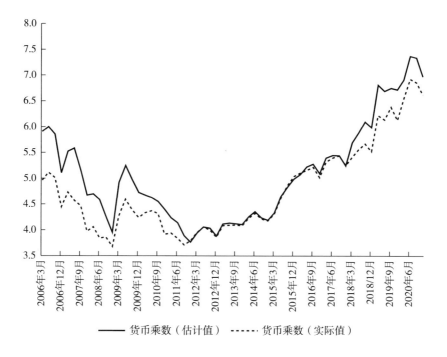

图 6-1　货币乘数估计值与实际值比较

资料来源：估计值由模型计算得到，实际值来源于 Wind 数据库。

由图 6-1 可见，货币乘数估计值与实际值走势高度一致，二者相关系数高达 0.9521。需要指出的是，由于 2011 年 10 月之前中国广义货币 M2 并未将非存款性金融机构在存款性金融机构的存款（即非存款性金融机构的存放同业）纳入统计，因此 2011 年第三季度之前两序列存的偏差较大，但在此之后两者偏差明显缩小，2011 年第四季度—2020 年第四季度两者相关系数进一步高达 0.9940，这说明模型对货币乘数的估计是合理的。以货币乘数实际值作为因变量，以估计值作为自变量，进行回归计算。

表 6-6　对货币乘数估计值的检验结果（货币乘数实际值为因变量）

样本区间	常数项	货币乘数估计值	R^2	S. E.	F	Wald 系数检验 χ^2 统计量
2006 年第一季度至 2020 年第四季度	0.4200 * (0.1867)	0.8558 *** (0.0361)	0.9065	0.2674	562.2475 ***	15.9747 ***
2006 年第一季度至 2011 年第三季度	1.1309 *** (0.2135)	0.6503 *** (0.0437)	0.9135	0.1254	221.8775 ***	64.1890 ***
2011 年第四季度至 2017 年第四季度	0.0369 (0.0558)	0.9874 *** (0.0121)	0.9965	0.0337	6625.893 ***	1.0826
2018 年第一季度至 2020 年第四季度	−0.7184 (0.5967)	1.0367 *** (0.0871)	0.9529	0.1003	141.5638	0.176726

注：括号内为 Newey-West 标准差，＊＊＊、＊＊和＊分别代表 1%、5% 和 10% 的显著性水平。下同。

资料来源：笔者根据回归计算得到。

由表 6-6 可见，回归结果非常理想。在 2006 年第一季度至 2020 年第四季度全部样本和 2006 年第一季度至 2011 年第三季度样本区间，虽然货币乘数估计值与实际值显著相关，但常数项都是显著的，而且 Wald 系数检验都显著拒绝了变量系数为 1 的原假设。在 2011 年第四季度—2017 年第四季度和 2018 年第一季度至 2020 年第四季度样本区间，常数项不显著，Wald 系数检验无法拒绝变量系数为 1 的原假设。可见，模型对货币乘数的模型及其估计是比较可靠的，将非存款性金融机构存放在存款性金融机构的存款纳入广义货币统计也是合理的。

第三节 对货币乘数的拓展分析

一、各影响因素对货币乘数的影响

为了定量研究各个因素对货币乘数的影响，通过比较静态分析的方法，计算货币乘数关于各参数的偏导数，可以观察在其他因素固定的条件下某特定因素对货币乘数的边际效应。

$$
\begin{cases}
\dfrac{\partial m}{\partial \gamma} = -\dfrac{\left[1-(1-\alpha)\lambda_2\right]\lambda_1}{(1-\lambda)^2} < 0 \\[3mm]
\dfrac{\partial m}{\partial e} = -\dfrac{\left[1-(1-\alpha)\lambda_2\right](\lambda_1+\lambda_2\alpha)}{(1-\lambda)^2} < 0 \\[3mm]
\dfrac{\partial m}{\partial \lambda_1} = \dfrac{\left[1-(1-\alpha)\lambda_2\right](1-\gamma-e-\beta)}{(1-\lambda)^2} > 0 \\[3mm]
\dfrac{\partial m}{\partial \lambda_2} = \dfrac{(1-\alpha)\lambda_1(1-\gamma-e-\beta)+\alpha(1-e)}{(1-\lambda)^2} > 0 \\[3mm]
\dfrac{\partial m}{\partial \alpha} = \dfrac{\lambda_2}{(1-\lambda)^2}\left[(1-\lambda_1-\lambda_2)(1-e)+\lambda_1(\gamma+\beta)\right] > 0 \\[3mm]
\dfrac{\partial m}{\partial \beta} = -\dfrac{\left[1-(1-\alpha)\lambda_2\right]\lambda_1}{(1-\lambda)^2} < 0
\end{cases}
$$

可见，存款比例、金融脱媒比例和同业存款比例对于货币乘数有正向的作用，法定准备金率、超额准备金率和库存现金准备对货币乘数有反向的作用，这与货币理论是一致的。法定准备金是中央银行有力的货币政策工具，提高法定准备金率将减少商业银行的可贷资金，引导资金退出信贷领域，从而减少派生存款，降低货币乘数，导致货币供应量减少。超额准备金与库存现金准备和法定准备金的作用类似（超额准备金和库存现金准备之和通常又被称为商业银行的备付金），其增加也会导致派生存款的减少，降低货币乘数。与其他变量相比，库存现金准备数据非常小且波动非常低（最高仅为0.7945%，最低为0.5948%，标准差仅为0.0647）。出于分析方便的考虑，后面的分析不考虑库存现金准备这一变量的作用。存款比例、金融脱媒比例和同业存款比例的升高会减少现金漏损，提高银行可贷资金量，从而提高货币乘数。同时，金融脱媒比例和同业存款比例也可以使货币结构发生变化，促进资金有效配置，提高整个金融系统的货币创造能力。

本章所指的金融脱媒是指狭义的负债方居民资金并不完全流向银行存款，而是被分流转向其他投资渠道。通过计算货币乘数关于 λ_1、λ_2 的二阶偏导数，就可以观察金融脱媒对传统银行存款的货币乘数边际变化影响。

$$\frac{\partial^2 m}{\partial \lambda_1 \partial \lambda_2} = \frac{1-\gamma-e-\beta}{(1-\lambda)^3} \big[(1-\alpha e)[1-(1-\alpha)\lambda_2] + \alpha(1-e) + (1-\alpha)(1-\gamma-e-\beta)\lambda_1 \big] > 0$$

与货币乘数仅对存款比例的一阶偏导数相比，二阶偏导数形式更为复杂，金融创新和金融脱媒使得中央银行控制货币越来越困难。同时，不难证明 $\frac{\partial^2 m}{\partial \lambda_1 \partial \lambda_2} > 0$，说明金融脱媒的出现和发展使传统的以银行存款为媒介的信用货币创造机制更为复杂，放大存款的货币乘数边际效应，这不仅使传统的存款与货币乘数和货币供给关系更不稳定，也导致货币总量和社会流动性的进一步扩张。20世纪70年代前后，金融创新和金融脱媒迅猛发展，各国不断修订货币统计口径，本章的发现为此提供了合理的解释。

进一步讨论各因素对于货币乘数变化的贡献度。根据全微分公式：$dm = \frac{\partial m}{\partial \lambda_1} d\lambda_1 + \frac{\partial m}{\partial \lambda_2} d\lambda_2 + \frac{\partial m}{\partial e} de + \frac{\partial m}{\partial \gamma} d\gamma + \frac{\partial m}{\partial \alpha} d\alpha$，记 $dm_{\lambda_1} = \frac{\partial m}{\partial \lambda_1} d\lambda_1$ 表示货币乘数在 λ_1 下的边际变化程度，也就是存款比例对货币乘数变化的贡献度。在具体计算中用 $\Delta m_{\lambda_1} = \frac{\partial m}{\partial \lambda_1} \Delta \lambda_1$ 来估计。相应地，可定义 $\Delta m_{\lambda_2} = \frac{\partial m}{\partial \lambda_2} \Delta \lambda_2$，$\Delta m_e = \frac{\partial m}{\partial e} \Delta e$，$\Delta m_{\gamma} = \frac{\partial m}{\partial \gamma} \Delta \gamma$ 和 $\Delta m_{\alpha} = \frac{\partial m}{\partial \alpha} \Delta \alpha$。由此，可以定量观察各因素对货币乘数波

动的贡献，揭示货币乘数变化的原因，为了便于分析主要按年度来进行讨论，具体如表6-7所示。

表6-7 各变量对货币乘数变化的贡献

年份	存款比例 (Δm_{λ_1})	金融脱媒比例 (Δm_{λ_2})	超额准备金 (Δm_e)	法定准备金 (Δm_γ)	同业存款比例 (Δm_α)	货币乘数 (Δm)
2006	−2.4445	2.4395	−0.4333	−0.2116	−0.0891	−0.5192
2007	−6.8802	7.0631	−0.0872	−0.6567	−0.1929	−0.7561
2008	5.9147	−6.3611	−0.4505	−0.1324	0.1504	−0.3820
2009	1.9191	−2.1054	−0.1781	0.0000	0.1059	−0.0316
2010	−0.0630	0.0543	−0.0073	−0.2168	−0.0307	−0.4151
2011	0.7863	−0.9571	−0.1067	−0.2687	0.0777	−0.1461
2012	−0.1164	0.1305	−0.1566	0.1231	−0.0278	−0.0903
2013	0.0014	0.0038	−0.0479	0.0161	0.0178	−0.0010
2014	−0.7106	0.8577	−0.1502	0.0161	−0.1149	−0.0478
2015	−1.0138	1.2321	0.0475	0.5527	−0.1199	0.7254
2016	−0.4989	0.5846	−0.0991	0.1062	−0.0989	−0.0867
2017	−0.5017	0.5833	−0.2107	0.0253	−0.0595	−0.0662
2018	−0.7427	0.8597	−0.3783	0.6386	−0.0942	0.1054
2019	−0.2770	0.3180	−0.5139	0.3467	0.0274	−0.0933
2020	0.8288	−0.8280	−0.0467	0.0752	0.0626	0.0703

资料来源：笔者根据模型计算得到。

2006年和2007年，在资本市场发展的推动下，居民资金大量涌向股票和基金市场，金融脱媒比例显著增加并推动货币乘数的上升。但由于同期中央银行连续上调法定存款准备金率，因而货币乘数总体上仍然是下降的。受全球金融危机影响，2008~2010年，金融脱媒现象有所缓解，资金以存款方式重新回流到银行体系，两者大致相互抵消。2008年，中国人民银行降低法定存款准备金，对货币乘数产生正的影响，但在全球金融危机冲击下超额存款准备金大幅上升，2009年中以后，货币政策逐渐转向中性并在

2010 年开始上调法定准备金率，因而这三年货币乘数仍然下降。2011 年以来，以银行理财产品为代表的金融脱媒迅速发展，2013 年互联网金融的出现进一步加深了金融脱媒程度，但在连续上调法定存款准备金政策的影响下，2011 年货币乘数仍然下降。尽管 2011 年末开始降低法定存款准备金率从而在一定程度上拉升了 2012 年的货币乘数，但受外汇占款形势的变化和金融机构存款分流等因素影响，以及在 2013 年货币市场流动性波动作用下，中国的货币乘数仍总体小幅下降。2014~2015 年，互联网金融的蓬勃发展，金融脱媒程度加深，推动货币乘数上升。

2015 年以来，随着金融创新风险逐渐暴露，中国逐渐加强了金融监管的力度。2015 年将存款准备金动态调整升级为宏观审慎政策评估（MPA）后，货币基金的银行同业存款资产占比在 2014 年中达到顶峰后出现趋势性下降。由于中央银行进行了充分的政策沟通，2017 年将银行表外理财纳入MPA 后，同业存款比例并没有受到太大的影响，而是与往年一样在上半年呈现季节性反弹态势，但受 2017 年 3 月以来金融监管部门针对委外、同业等监管政策要求趋严的影响，银行同业业务和金融脱媒都受到很大的负面冲击，金融脱媒比例（λ_2）下降对货币乘数产生了明显的抑制作用。从理论上来看，虽然严格监管可能在一定程度上提高金融机构的风险厌恶水平，增加资金储备和超额准备金率，2016 年末金融机构超额准备金率较 2015 年同期增加了 0.3 个百分点也充分说明了这一点，但监管政策过度收紧导致市场利率上升，稳健金融机构持有超额准备金的机会成本大大增加，在营利性动机下，这类金融机构将更多地对外拆出资金，从而导致 2017 年以来超额准备金率的迅速下降。与此同时，2015 年 9 月和 2016 年 7 月，我国分别对存款准备金分子和分母实行平均考核法，2016 年 2 月将原每周两次的常规公开市场操作扩展至每日操作，这有效地促进了金融机构平滑流动性管理，这在一定程度上也促使了 2017 年以来金融机构超额准备金率的下降和货币乘数的上升。同时，2014 年中国先后两次定向降准，2015 年和 2016 年又分别 4 次和 1 次普降法定准备金，2017 年根据宏观审慎政策评估情况持续对金融机构进行定向降准。中国大型银行存款市场占比趋势性下降，由于其法定准备金要求更高，因而全部金融机构总体法定准备金率逐步下降。按存款规模加权计算的平均法定准备金表明，2014 年下半年以来，中国法定准备金率明显下降，即使 2016 年下半年以来法定准备金率仍呈小幅下降态势，但近年来法定准备金始终带动货币乘数小幅上升。因此，尽管 2017 年以来受金融监管政策趋严和金融部门"去杠杆"因素的影响，货币乘数和货币供给受到一定的抑制，但受准备金考核和公开市场操作方式的完善和市场利率上升等因素影响，法定和超额存款准备金率的下降抵消了金融脱媒比例对货币乘数的作用。2017 年第二季度中国货币乘数进一步上升至历史最高的 5.3701，非金融部门货币供给仍保持了较快增长，实体经济合理的融资需求得到了有效满足。

另外，与其他变量相比，同业存款对货币乘数的影响相对较小。从图 6-2 来看，2010 年之前同业存款比例与金融脱媒关系并不完全一致。这主要是由于以下两个方面原因：一方面，2011 年之前货币基金资产配置中银行存款占比相对较低（最高也仅为 30% 多），而且在资本市场高涨时期这一指标一度降至个位数；另一方面，2007 年前后的金融脱媒主要是在资本市场推动下的资产方金融脱媒，这与居民为追求更高存款收益的负债方金融脱媒存在很大不同。尽管股票和基金投资分流了居民存款，对银行负债方也产生了一定影响，但股票发行方仍通过投资行为将资金回流至银行，而股票型基金将大部分资产仍配置为股票（相应的同业存款配置相对较小，而且由于股票市场发展，同期货币基金发展一度萎缩），因而对银行负债方的金融脱媒作用影响相对较小。相反，在利率市场化进程加快的背景下，银行理财或互联网金融背后的货币基金充分利用利率双轨制安排，通过同业存款等方式突破利率管制，使居民能够充分享受市场化的资金收益，这对银行负债方的金融脱媒产生了重要的影响。

分析结果充分说明笔者考虑金融脱媒情形的信用货币供给和货币乘数模型是可靠的。虽然计量分析表明各变量与货币乘数的关系稳健可靠，但由于货币政策当局无法事先准确判断和估计金融脱媒或同业存款的程度，货币供给的可控性更加困难。在利率市场化的大背景下，金融创新和金融

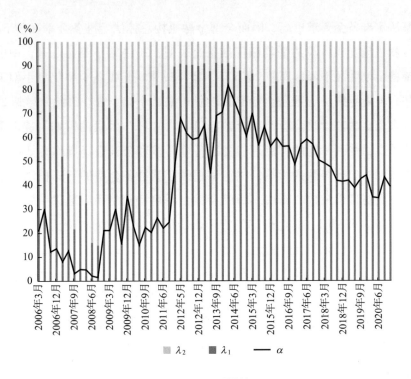

图 6-2　金融脱媒情况

资料来源：笔者根据模型计算得到。

脱媒的迅猛发展使以数量为目标的货币政策面临越来越大的挑战，货币政策有必要向利率为主的价格型调控模式转型，这也与美欧等国的经验相符。

二、Granger 因果分析

笔者对法定准备金率等五个影响货币乘数主要因素的作用进行了实证分析。首先，通过 ADF 平稳性检验发现，各变量都是一阶平稳序列且存在长期协整关系（限于篇幅，不报告具体检验结果）。Sims 等（1990）认为，如果变量同为一阶单整且存在协整关系，那么这些变量可以以水平形式进入 VAR 系统且不会出现模型设定错误，因而可以将货币乘数、法定准备金等序列置于 VAR 框架，并对其进行 Granger 因果检验。通过 SC 准则确定

VAR 系统的滞后阶数为 4，VAR 系统的特征根都落在单位圆以内，模型是稳定的（限于篇幅，不报告具体结果）。在确立 VAR 系统后，对变量进行 Granger 因果关系检验。

由表 6-8 可见，在货币乘数方程中，除准备金和同业存款比例外，各变量及全部变量的联合检验都在 5% 水平下拒绝原假设，说明 λ_1、λ_2 是货币乘数的 Granger 原因。在法定存款准备金方程中，各变量均无法显著拒绝原假设，说明法定准备金外生于 VAR 系统，这与中国人民银行调控法定准备金率的事实相符。

表 6-8　货币乘数及其影响因素 Granger 因果检验

被解释变量	解释变量	卡方统计量	自由度	p 值	被解释变量	解释变量	卡方统计量	自由度	p 值
m	γ	6.3144	4	0.1769	γ	m	9.0109	4	0.0608
	e	16.5089	4	0.0024		e	9.9339	4	0.0416
	λ_1	20.6281	4	0.0004		λ_1	8.7102	4	0.0688
	λ_2	20.7441	4	0.0004		λ_2	8.7551	4	0.0675
	α	8.0682	4	0.0891		α	2.9701	4	0.5628
	所有	133.8250	20	0.0000		所有	35.5455	20	0.0174
e	m	14.5595	4	0.0057	λ_1	m	2.7396	4	0.6023
	γ	2.2442	4	0.6909		γ	4.6887	4	0.3208
	λ_1	18.4370	4	0.0010		e	5.4797	4	0.2415
	λ_2	18.4615	4	0.0010		λ_2	3.1223	4	0.5376
	α	6.6227	4	0.1572		α	10.1005	4	0.0388
	所有	51.0615	20	0.0002		所有	63.1139	20	0.0000
λ_2	m	2.8042	4	0.5911	α	m	5.9550	4	0.2025
	γ	4.7885	4	0.3097		γ	8.4946	4	0.0751
	e	5.5023	4	0.2395		e	2.2112	4	0.6970
	λ_1	3.2049	4	0.5241		λ_1	5.9315	4	0.2043
	α	10.1429	4	0.0381		λ_2	5.9625	4	0.2020
	所有	63.4947	20	0.0000		所有	44.4032	20	0.0013

资料来源：笔者根据模型计算得到。

第四节　本章小结

本章在传统的信用货币创造理论框架下，以货币基金和同业存款形式的金融脱媒为例，通过推导考虑金融脱媒情形的货币供给和货币乘数模型，说明了在利率市场化进程加快的背景下，金融创新和金融脱媒对货币供应机制的具体影响。通过模型发现，金融创新和金融脱媒并不影响基础货币供应，只是使货币乘数形式更加复杂，从而对货币数量的可控性更加困难。法定准备金、超额准备金率及金融机构库存现金准备与货币乘数呈现负相关，金融脱媒比例、存款比例和同业存款比例的上升则能够提高货币乘数；金融脱媒使传统以银行存款为媒介的信用货币创造机制更为复杂，进一步扩大了存款的货币乘数边际效应。根据推导的货币乘数理论模型，基于影响货币乘数的存款比例、金融脱媒比例等估算数据及法定准备金、超额准备金率、库存现金准备等实际数据，对中国的货币乘数进行了合理估算，并对各变量与货币乘数的关系进行了实证分析。结果表明，模型对考虑金融脱媒因素的信用货币创造机制的分析和货币乘数模型的估计是合理的，各变量与货币乘数的关系显著且与理论模型所揭示的方向一致。对货币乘数的检验还表明，2011 年将非存款性金融机构同业存款纳入货币统计是必要的。尽管对货币供应量统计口径的修订在一定程度上也能够提高货币控制效果，但货币数量作为中介目标的可控性将越来越差，其与最终目标的相关性仍将越来越弱化。根据2007 年前后我国由资本市场带动的资产方金融脱媒和货币调控经验，以及发达国家利率市场化后仍放弃货币数量调控并重新转向利率调控的实际，充分说明了这一点。本章的分析表明，在利率市场化改革加快推进和商业银行存贷款利率管制基本取消的当下，以银行理财和互联网金融为代表的金融创新和金融脱媒迅猛发展，货币数量调控效果日益下降，这进一步加强了我国货币政策向价格型货币政策转型的迫切性和必要性。

第七章 利率市场化过程中的
隐性利率双轨制特征

在我国利率市场化深入推进的过程中，利率双轨制成为我国货币政策的显著特征，主要体现为银行体系中的存贷款利率仍然依赖中央银行存贷款基准利率，而货币和债券市场利率由市场供求决定。本章通过建立微观银行学模型和实证分析，对我国利率双轨制的微观机理进行了深入刻画，并对我国利率市场化改革的主要方向提供了政策建议。

第一节 利率市场化与利率双轨制

一、我国利率市场化历程

利率市场化改革是我国市场化改革进程中的重要组成部分，是全面深化金融改革和构建完善的社会主义市场经济的重要内容（周小川，2013）。1996年6月，我国首先放开银行间拆借市场利率管制。随着市场的不断发展和完善，2000年前后货币市场和债券市场等资金市场的利率价格基本取消管制，实现了利率完全由交易主体双方的供求决定。存贷款利率开放是利率市场化的关键。根据业务影响的不同，我国确立了"先外币、后本币；先贷款、后存款；先长期、大额、后短期、小额"的存贷款利率市场化改革总体思路（易纲，2009），先后放开了大额协议存款和大额外币存贷款利率，逐步扩大金融机构贷款利率浮动权，简化贷款利率种类，并最终在 2004 年 10 月基本放开了人民币存款利率下限和贷款利率上限的管制，实行利差管理为主的利率管制模式。

在这一过程中，利率双轨制成为我国货币政策的显著特征。利率双轨制是指银行体系中的存贷款利率基本由中央银行管制，货币和债券市场利率由市场供求决定。随着利率市场化改革的推进，管制利率和市场利率并行的渐进式价格双轨制改革将不断完善，这一过程能够有效改善资源配置效率，有利于加快实现整个经济体步入市场化的过渡。利率市场化改革的完成将最终打破利率双轨制，让利率由市场供求决定并在金融资源配置中发挥决定性作用。自 2013 年以来，我国逐渐加快利率市场化改革的进程，2013 年 7 月取消了贷款利率下限管制，2014 年以来多次放宽了存款利率上限，并于 2015 年 10 月基本取消了金融机构存款利率上限管制。这标志着我国历经近二十年的利率市场化改革基本完成，是我国利率市场化的重要里程碑。除了逐步放宽并最终取消存贷款利率浮动限制外，利率市场化改革还包括培育基准利率体系、形成市场化利率调控和传导机制等内容（周小川，2013）。当前我国的利率市场化和货币政策调控正进入以建立健全与市场相适应的利率形成和调控机制为核心的深化改革新阶段。"放得开、形得成、调得了"的利率市场化改革原则，在现阶段实现存贷款利率基本放开之后，还需要在"形得成""调得了"等方面深入推进改革进程，逐步建立以市场资金供求为基础，以中央银行基准利率为调控核心，由市场资金供求决定各种利率水平的市场利率管理体系。在改革的过渡期内，由于市场化的基准利率尚未形成，中央银行仍将继续公布存贷款基准利率，为金融机构利率定价提供重要参考，因此利率双轨制依然存在。但随着利率市场化的推进，存贷款基准利率的作用将逐步减弱，中央银行必须明确在市场化条件下的基准利率，并以此为指导构建政策利率调控机制、完善基准利率体系、疏通利率传导渠道，这将是下一阶段利率市场化改革的重要任务，也是价格型货币调控的核心内容。目前，我国利率市场化进入了"攻坚战"阶段，未来需培育和建立清晰、明确、完善的政策利率体系，形成市场化利率调控和传导机制（易纲，2019），从而让利率由市场供求决定并在金融资源配置中发挥决定性作用。

近年来，国内外经济形势为我国利率市场化改革提出了新的要求，也带来了新的机遇。金融危机后，全球经济迎来低利率、低通胀和低增长的"新常态"。在经济复苏乏力和通胀持续低迷的背景下，全球利率进入下行轨道。尤其是 2020 年新型冠状病毒肺炎疫情暴发以来，主要发达国家货币政策全部进入接近零利率和负利率区间，而且预计未来相当长的一段时间全球都将维持低利率，这对我国深化利率市场化改革具有重要影响。一方面，我国货币政策自主性得到了提高。在全球经济低迷，利率进入下行轨道的同时，我国货币政策保持在正常区间，始终坚持稳健的货币政策取向。我国与主要经济体较高的"息差"增强了人民币资产的全球吸引力，提升了我国货币政策的自主性，为我国利率市场化改革提供了更大的政策空间。另一方面，在内外部冲击的作用下中国经济也面临下行压力。通过利率市场化改革来疏通货币政策传导渠道，引导资源的优化配置，对于支持实体经济发展具有重要作用。

2019 年 8 月 17 日，中国人民银行宣布完善贷款市场报价利率（LPR）形成机制，建立与 MLF 利率相挂钩的机制，这对于推进我国贷款利率的"两轨合一轨"具有重要意义。今后我国利率市场化改革的方向是从完善LPR 形成机制入手推动改革，增强 LPR 对贷款利率的方向性和指导性，推动贷款利率"两轨合一轨"，并进一步推动存款利率的市场化，从而深化利率市场化改革，优化资金配置。

二、我国隐性利率双轨制的表现

虽然中国已放开了存款利率浮动限制，但利率双轨制现象依然存在，主要体现在以下三个方面：

一是银行存贷款利率定价依赖基准利率。长期以来，商业银行存贷款利率定价主要参考存贷款基准利率，市场出清存在黏性，再加上中央银行窗口指导和信贷规模控制等因素影响，存贷款利率仍会在一段时期内低于市场利率水平，在一定程度上形成了隐性利率上限。

二是商业银行内部利率定价管理仍采用存贷款利率和金融市场利率双轨并行的方式。由于长期以来管制的存贷款利率和市场化的金融市场利率并存，金融机构贷款利率定价主要参考贷款基准利率，而资金业务则主要参考 Shibor、国债收益率曲线等金融市场基准利率体系进行定价，因此银行利率定价管理普遍采取了存贷款利率和市场利率两条不同的内部资金转移定价（FTP）系统。由于银行和客户定价习惯等原因，在中央银行未明确短端（隔夜）政策目标利率的条件下，因此将两条 FTP 曲线整合为统一的 FTP 曲线仍存在很大的困难（孙丹、李宏瑾，2016）。

三是我国货币调控和利率管理方式仍依靠存贷款基准利率手段。在2013 年取消贷款利率浮动限制的同时，我国建立了市场利率定价自律机制，银行存贷款定价行为受到自律组织和中央银行窗口指导的双重约束。银行利率定价一直是中央银行差别准备金动态调整机制及在其基础上升级的宏观审慎政策评估（MPA）考核的重要内容，商业银行存贷款利率偏离基准利率程度将对其 MPA 评分产生重要影响。

可见，正是由于存贷款基准利率仍作为货币调控和银行存贷款定价的重要手段，基准利率又被压制在较低水平，因此中国仍具有利率双轨制的特征。与以往明确的利率浮动限制不同，这实际上是一种"隐性"利率双轨制。正是从这个意义上来讲，中国利率市场化正进入以建立健全与市场相适应的利率形成和调控机制为核心的深化改革新阶段。

三、利率双轨制现有研究综述

利率管制本质上是一种金融抑制政策，研究者在金融自由化的框架下对利率市场化进行了大量的讨论。美国从 1929 年经济大萧条后开始实施存款利率管制的 Q 条例，对战后美国经济的发展起到了积极作用，但是随着金融创新的发展，Q 条例的弊端不断显现并于 1986 年被正式取消。在这一背景下，Mckinnon（1973）和 Shaw（1973）对利率市场化进行了大量讨论，并指出利率管制政策人为压低了名义利率，降低了资金的配置效率。利率市场化可以提高名义利率水平，从而改善资源配置、促进经济发展。

作为利率市场化过程中的重要阶段，利率双轨制是我国货币政策框架的显著特征，近年来引起了国内外学者的广泛讨论。对于利率双轨制公认的定义是，存款与贷款利率受到政府管制，而银行间市场的拆借利率由市场决定，管制利率和市场利率的并存称为利率双轨制。与此同时，研究发现，为规避存款利率限制，不仅银行等金融机构开始推出各种各样的理财产品以扩大融资来源，而且各种互联网金融产品也应运而生，其利率远高于银行活期存款利率水平（纪洋等，2015）。而贷款利率管制导致的资金供给不足，使得民间借贷市场规模不断扩大。研究发现，与金融机构6%～7%的贷款利率相比，民间融资利率达到20%（郭豫媚等，2016）。可见除银行间市场外，理财产品和民间借贷利率已基本趋于市场化。因此也有学者在广义上将银行存贷款管制利率和银行间市场、理财产品以及民间借贷利率等市场化利率的差别称为利率双轨制（郭豫媚等，2016）。

从货币政策传导的角度来看，利率双轨制下存在两种相互割裂的定价机制，即中央银行既可以通过金融机构的存贷利率直接影响投资和消费，也可以通过公开市场操作等引导同业拆借市场等市场利率水平进而调控投资和消费（李宏瑾，2020）。张勇等（2014）认为，货币政策主要通过管制利率渠道来传导。在存贷款市场，中央银行通过存贷款基准利率影响存贷款利率水平，从而直接影响资金成本和信贷资金供求。压低的市场存贷款利率可能造成企业过度的资金需求，利率作为资金价格信号的作用失灵，不利于资金的优化配置。这在很大程度上降低了利率工具的传导效果。中央银行需要通过准备金、信贷规模等数量型工具实现信贷供求均衡。在货币市场和债券市场，利率水平基本由市场资金供求决定，因此银行间市场利率、债券市场利率等已实现市场化。中央银行可以通过公开市场操作、利率走廊机制等方式引导市场利率，间接调控存贷款利率，从而传导到产出和物价等货币政策最终目标。我国以银行间接融资为主，贷款仍是企业的主要资金来源（易纲，2020），社会资金需求在很大程度上受到存贷款规模的影响，因此市场利率也受到压低的存贷款利率的影响。

针对利率双轨制下管制利率与市场化利率的关系，以及其对货币政策传导与经济发展的影响，国内外学者开展了广泛的研究。随着研究的深入，逐渐形成了以微观银行学为基础，通过银行的利润优化来分析银行存贷款利率与银行间市场利率决定机制和相互作用关系的现代经济学研究框架。其中，Freixas 和 Rochet（2008）首次对微观银行学的理论进行详细阐述，通过分析银行最大化利润的行为，揭示了银行存贷款利率的决定因素。在此基础上，Feyzioglu 等（2009）、Porter 和 Xu（2016）、He 和 Wang（2012）通过银行利润以及存贷款市场和银行间市场的均衡关系分析，论证了利率形成的微观机制。研究发现，管制的存贷款利率通过影响银行间市场的资金供求状况而影响银行间市场利率水平，削弱了银行间拆借利率作为资金价格反映市场供求关系的有效性，导致准备金率和公开市场操作等货币政策工具对市场的传导效果减弱。同时，研究普遍认为，利率市场化将提高存款利率和贷款利率，同时也将提高银行间拆借利率（He and Wang，2012；陈彦斌等，2014），从而优化资金配置。

目前，关于我国利率双轨制的研究虽然丰富，但并未描述我国隐性利率双规制的特征。现有研究多是以存款或贷款管制为背景的，一些研究认为存款利率上限是利率双轨制的核心（He and Wang，2012），尤其是 2013 年贷款利率下限放开以后这一观点尤为突出。在 2015 年 10 月我国取消存款利率上限后，利率双轨制的现象依然存在，金融市场利率仍明显低于符合经济稳态增长路径的均衡利率水平（李宏瑾等，2016），存在着人为的压低和扭曲的现象，利率双轨制依然存在，以存款利率上限作为核心假定的利率双轨制模型无法很好地刻画这一典型事实。本章将针对我国隐性利率双轨制的特征进行深入刻画。

第二节　隐性利率双轨制的微观银行学模型

目前，国内外针对管制利率与市场化利率之间关系的利率双轨制研究，主要是以微观银行经济学作为理论基础，通过对银行利润的优化来分析银行存贷款利率与银行间市场利率的决定机制和相互关系，本节在此基础上进行了拓展。在中国以银行为主导的体系中，银行业具有较强的准入限制，具有一定的垄断性。因此，垄断竞争的设定更符合中国的现状，而且便于讨论在不同竞争程度下对银行体系的影响。

一、Monti-Klein 模型

假设银行体系中有 N 个相互独立的银行，银行之间存在垄断竞争。参考垄断银行的 Monti-Klein 模型（Freixas and Rochet，2008），假设银行从居民手中吸收存款 D，存款利率为 r_D，在信贷市场对企业贷款 L，贷款利率为 r_L。这里所有利率均为名义利率。对单个银行来说，由于具有一定的垄断地位，面临向下倾斜的贷款需求曲线和向上倾斜的存款供给曲线，即 $\partial L / \partial r_L < 0$ 和 $\partial D / \partial r_D > 0$，其反函数记为 $r_L(L)$ 和 $r_D(D)$，当 $\partial r_L / \partial L = (\partial L / \partial r_L)^{-1} < 0$，即贷款越多，利率越低；当 $\partial r_D / \partial D = (\partial D / \partial r_D)^{-1} > 0$，即存款越多，利率越高。向下倾斜的贷款需求曲线设定符合金融加速器理论中贷款利率与贷款总量成反比的关系（Bernanke et al.，1999）。

银行的存款以一定比例 α 上缴存款准备金。同时银行在银行间市场以市场利率 r 进行同业拆借，拆出资金为 $\widetilde{C}^s(r)$，拆入资金为 $\widetilde{C}^d(r)$。根据银行的资产负债平衡，银行 i 的同业拆借资金满足 $\widetilde{C}_i^s(r) = D_i - \alpha D_i - L_i + \widetilde{C}_i^d(r)$，其在银行间市场的收益为 $r(\widetilde{C}_i^s(r) - \widetilde{C}_i^d(r))$。银行 i 的利润可以记为存贷款的中间利差减去管理成本的总和：

$$\pi_i = (r_L - r)L_i + (r(1-\alpha) - r_D)D_i - C(D_i, L_i) - F_{L_i}(r_L, \overline{r_L}) - F_{D_i}(r_D, \overline{r_D})$$

其中，C（D_i，L_i）表示银行的经营管理成本，与存贷款数量密切相关，$\overline{r_L}$ 为贷款基准利率，$\overline{r_D}$ 为存款基准利率。如前文所述，商业银行存贷款定价仍然以基准利率为重要参考，定义其偏离基准利率的成本为：

$$F_L(r_L) = F'_L L r_L，\quad F_D(r_D) = F'_D D r_D。$$

F'_L、F'_D 分别表示存贷款利率与基准利率的偏离成本系数，相当于利率管制程度。随着存贷款利率偏离基准利率的程度加大，偏离成本提高。设 $F'_L=(r_L-\bar{r}_L)/r_L$，$F'_D=(r_D-\bar{r}_D)/r_D$。由于存在隐性上限与市场出清黏性，存贷款定价仍主要参考中央银行存贷款基准利率，而且中央银行存贷款基准利率被人为压低，即 $r_L>\bar{r}_L$，$r_D>\bar{r}_D$。同时，在利率定价自律机制和 MPA 考核安排下，可有 $F'_L>0$，$F'_D>0$。偏离成本 $F_L(r_L)$ 和 $F_D(r_D)$ 相当于银行存贷款利率高于基准利率的利息损失。偏离成本的利息损失应小于利息收入，因此 $0\leq F'_L\leq 1$，$0\leq F'_D\leq 1$，其中，$F'_L=0$，$F'_D=0$ 意味着不存在偏离成本和利率管制。在对存贷款利率实行上下限利差管理模式下，银行存贷款利率与基准利率的偏离受到严格的管制，这本身就是银行利率定价要考虑的成本。因此，利率偏离成本（利率管制程度）的设定符合当前我国银行仍主要参考存贷款基准利率进行利率定价的典型性事实，能够很好地刻画中国利率双轨制的结构化特征。

N 家银行的不完全竞争达到均衡时，每个银行利润达到最大化。求解发现，当每家银行使 $D_i=D/N$，$L_i=L/N$ 时，优化有唯一均衡解：

$$\frac{r_L-\left(r+\frac{\partial C}{\partial L}\right)}{r_L}=\frac{1}{N\epsilon_L}(1-F'_L)\,,\quad \frac{r(1-\alpha)-r_D-\frac{\partial C}{\partial D}}{r_D}=\frac{1}{N\epsilon_D}(1+F'_D)$$

其中，ϵ_L 和 ϵ_D 分别为贷款需求和存款供给弹性，即：

$$\epsilon_L=-\frac{r_L\frac{\partial L}{\partial r_L}}{L(r_L)}\,,\quad \epsilon_D=\frac{r_D\frac{\partial D}{\partial r_D}}{D(r_D)}$$

其中，等式左侧表示银行部门勒纳指数，即价格与边际成本偏离程度，反映市场垄断的强弱。勒纳指数越大，市场垄断越强。等式右侧反映了银行的贷款需求（或存款供给）弹性。银行市场垄断力量越强，弹性越小，勒纳指数越高。其中，$N=1$ 表示完全垄断，$N=+\infty$ 相当于完全竞争。由此可得银行存贷款利率最优解为：

$$r_L=\frac{r+\frac{\partial C}{\partial L}}{1-\frac{1}{N\epsilon_L}(1-F'_L)}\,,\quad r_D=\frac{r(1-\alpha)-\frac{\partial C}{\partial D}}{1+\frac{1}{N\epsilon_D}(1+F'_D)}$$

可见，商业银行贷款利率由五个因素决定：市场利率（r）、贷款需求弹性（ϵ_L）、贷款管理成本（$\partial C/\partial L$）、竞争程度（N）及利率偏离成本（管制程度）（F_L'）。商业银行存款利率则由六个因素决定：市场利率（r）、存款供给弹性（ϵ_D）、存款管理成本（$\partial C/\partial D$）、准备金率（α）、竞争程度（N）及利率偏离成本（管制程度）（F_D'）。显然，根据银行存贷款利率各因素的表达式，可以得出如下命题：

命题 1：市场利率、贷款管理成本与贷款利率水平正相关，而市场竞争程度、贷款需求弹性、贷款利率、基准利率的偏离成本（利率管制程度）与贷款利率水平负相关；市场利率、市场竞争程度、存款供给弹性与存款利率水平正相关，而准备金率、存款管理成本、存款利率、基准利率的偏离成本（利率管制程度）与存款利率水平负相关。

命题 1 包含着丰富的政策含义。从市场竞争程度与存贷款利率的关系来看，市场竞争程度越高，贷款利率越低，存款利率越高，这在一定程度上解释了利率弹性扩大后，商业银行因竞争而出现的"高息揽储"和由于同质化竞争而压低贷款利率导致息差缩窄的现象。由于商业银行具有一定的垄断地位，因而金融机构降低存贷款管理成本将增加其垄断利润，但并不会降低企业融资成本（贷款利率）或增加存款者利息收益（存款利率）。这在一定程度上可以解释为：21 世纪初以来的中国商业银行改革与存贷款利差的利率双轨制基本同步，政策当局力图在银行市场竞争格局基本稳定的条件下，通过股份制改革等方式加强银行管理，从而分担和消化改革的历史成本。

二、隐性利率双轨制对存贷款利率以及货币政策的影响

随着利率市场化改革的深入推进，商业银行将完全根据市场供求进行存贷款利率定价，存贷款利率将实现完全自由浮动，因而在完全市场化条件下，银行存贷款利率与基准利率的偏离成本（即利率管制程度）将为零，即 $F_L'=0$，$F_D'=0$。此时，完全市场化后银行存贷款利率为：

$$r_L^0 = \frac{r + \dfrac{\partial C}{\partial L}}{1 - \dfrac{1}{N\epsilon_L}}, \quad r_D^0 = \frac{r\,(1-\alpha) - \dfrac{\partial C}{\partial D}}{1 + \dfrac{1}{N\epsilon_D}}$$

上式中的上脚标 0 代表利率完全市场化情形。由于 $N\epsilon_L > 1$，$N\epsilon_D > 0$，$F'_L > 0$，$F'_D > 0$，可得 $r_L < r_L^0$，$r_D < r_D^0$。由此可得如下命题 2：

命题 2：在中央银行存贷款基准利率作为银行利率定价重要参考的情形下，由于存在利率偏离成本（利率管制），商业银行存贷款利率仍低于完全市场化的存贷款利率水平。

同时，无论是存在利率偏离成本（利率管制），还是利率完全市场化情形，市场利率与存贷款利率都是正相关的，因而中央银行完全可以通过调节短期市场利率水平影响存贷款利率。通过考察不同情形下存贷款利率与市场利率的关系，可以得到：

$$\frac{\partial r_L}{\partial r} = \frac{1}{1 - \dfrac{1}{N\epsilon_L}\,(1 - F'_L)} < \frac{1}{1 - \dfrac{1}{N\epsilon_L}} = \frac{\partial r_L^0}{\partial r}，\quad 而且 \frac{\partial^2 r_L}{\partial r \partial F'_L} < 0$$

$$\frac{\partial r_D}{\partial r} = \frac{1-\alpha}{1 + \dfrac{1}{N\epsilon_D}\,(1 + F'_D)} < \frac{1-\alpha}{1 + \dfrac{1}{N\epsilon_D}} = \frac{\partial r_D^0}{\partial r}，\quad 而且 \frac{\partial^2 r_D}{\partial r \partial F'_D} < 0$$

可见，利率偏离成本（利率管制程度）越大，存贷款利率对市场利率的敏感性越差；在利率管制情形下，存贷款利率对市场利率的敏感性明显低于利率完全市场化情形。由此，可得出如下命题 3：

命题 3：中央银行完全有能力通过调节短期货币市场利率影响存贷款利率水平，进而影响投资、消费并实现产出、物价等最终目标，但是利率偏离成本（利率管制）越大，商业银行存贷款利率对市场利率的敏感性就越低，存在利率偏离成本（利率管制）情形下的货币价格调控有效性弱于完全利率市场化情形。

另外，观察存款利率关于市场利率和准备金率的偏导可以发现，$\dfrac{\partial^2 r_D}{\partial r \partial \alpha} <$

0，$\dfrac{\partial^2 r_D^0}{\partial r \partial \alpha} < 0$，无论是在利率管制情形下还是在完全市场化条件下，如果准备金率越低或不使用准备金手段，存款利率对市场利率的敏感性就更高。由此可以理解 20 世纪 80 年代中期以来，主要国家中央银行转向利率为主的货币价格调控模式后，各国纷纷降低法定准备金要求（甚至实行零准备金制度），并以短期利率作为唯一政策操作目标和政策工具，这对利率完全市场化和中国以利率为主的货币价格调控模式转型具有非常重要的启示性意义。由此，可得出如下命题 4：

命题 4：准备金数量调控政策手段降低了存款利率对市场利率的敏感度，削弱了货币价格调控的有效性。

三、隐性利率双轨制对市场利率的影响

$L(r_L)$ 和 $D(r_D)$ 分别表示市场的贷款的需求与存款的供给。从银行的角度来看，贷款供给为 $L^s(r_L, r)$，存款需求为 $D^d(r_D, r)$。考虑到存贷款市场的均衡，有贷款市场需求等于贷款供给 $L(r_L) = L^s(r_L, r)$，存款市场供给等于存款需求 $D(r_D) = D^d(r_D, r)$。贷款供给随贷款利率提高而增加，存款需求随存款利率提高而减少，同时当市场利率提高，由于银行以相同成本从市场获得的资金来源减少，因而存款需求增加，银行向市场贷款的收益增加，贷款供给减少，即 $\dfrac{\partial L^s}{\partial r_L} > 0$，$\dfrac{\partial D^d}{\partial r_D} < 0$，$\dfrac{\partial L^s}{\partial r} < 0$，$\dfrac{\partial D^d}{\partial r} > 0$。市场利率降低，可以从银行间市场获得资金，存款需求减少，贷款供给增加。

在同业市场中，利率不存在管制，市场利率由资金的供给和需求决定。拆入银行的资金需求为 $\tilde{C}^d(r)$，拆出银行的资金供给为 $\tilde{C}^s(r)$。

从银行来看，其同业拆借资金满足：

$$\tilde{C}_i^d(r) = L_i^s(r_L, r) - (1-\alpha) D_i^d(r_D, r) + \tilde{C}_i^s(r)$$

从整个银行体系来看，资金需求为：

$$C^d(r) = \sum_{i=1}^N \tilde{C}_i^d(r) - \sum_{i=1}^N \tilde{C}_i^s(r)$$

中央银行作为资金供给方，$C^s(r)$ 为中央银行通过政策操作向银行体系投入的资金，则资金供给和需求满足：

$$\frac{\partial C^s}{\partial r} > 0, \quad \frac{\partial C^d}{\partial r} < 0$$

即市场利率提高，资金供给增加，资金需求减少。由所有银行均衡 $C^s(r) = C^d(r)$，可得：

$$\sum_{i=1}^{N} L_i^s(r_L, r) = (1-\alpha) \sum_{i=1}^{N} D_i^d(r_D, r) + C^s(r) L^s(r_L, r) = (1-\alpha) D^d(r_D, r) + C^s(r)$$

代入银行存贷款利率的最优解，可得：

$$L^s\left(\frac{r+\dfrac{\partial C}{\partial L}}{1-\dfrac{1}{N\epsilon_L}(1-F'_L)}, \ r\right) = (1-\alpha) D^d\left(\frac{r(1-\alpha)-\dfrac{\partial C}{\partial D}}{1+\dfrac{1}{N\epsilon_D}(1+F'_D)}, \ r\right) + C^s(r)$$

由这一银行间市场的均衡可以得到市场利率水平的隐函数。

定义不存在利率偏离成本和利率管制情形的市场利率为 r^0，代入不存在利率偏离成本和利率管制的存贷款利率最优解，可得利率完全放开后的市场利率的隐函数式：

$$L^s\left(\frac{r^0+\dfrac{\partial C}{\partial L}}{1-\dfrac{1}{N\epsilon_L}}, \ r^0\right) = (1-\alpha) D^d\left(\frac{r^0(1-\alpha)-\dfrac{\partial C}{\partial D}}{1+\dfrac{1}{N\epsilon_D}}, \ r^0\right) + C^s(r^0)$$

设 r 是 F'_L 和 F'_D 的函数，有 $r^0 = r(F'_L=0, \ F'_D=0)$。对隐函数式的 F'_L 求导可得：

$$\frac{\partial r}{\partial F'_L} = \frac{\dfrac{\partial L^s}{\partial r_L} \dfrac{\partial r_L}{\partial F'_L}}{(1-\alpha) \dfrac{\partial D^d}{\partial r} - \dfrac{\partial L^s}{\partial r} + \dfrac{\partial C^s}{\partial r}}$$

由于 $\dfrac{\partial D^d}{\partial r} > 0$，$\dfrac{\partial L^s}{\partial r} < 0$，$\dfrac{\partial C^s}{\partial r} > 0$，$\dfrac{\partial L^s}{\partial r_L} > 0$，同时根据命题 1，$\dfrac{\partial r_L}{\partial F'_L} < 0$，可得：

$$\frac{\partial r}{\partial F'_L}<0$$

类似地，对隐函数式的 F'_D 求导可得：

$$\frac{\partial r}{\partial F'_D}=\frac{-(1-\alpha)\dfrac{\partial D^d}{\partial r_D}\dfrac{\partial r_D}{\partial F'_D}}{(1-\alpha)\dfrac{\partial D}{\partial r}-\dfrac{\partial L}{\partial r}+\dfrac{\partial C^s}{\partial r}}$$

由于 $\dfrac{\partial L^s}{\partial r}<0$，$\dfrac{\partial D^d}{\partial r}>0$，$\dfrac{\partial C^s}{\partial r}>0$，$\dfrac{\partial D^d}{\partial r_D}<0$，同时根据命题 1，$\dfrac{\partial r_D}{\partial F'_D}<0$，可得：

$$\frac{\partial r}{\partial F'_D}<0$$

如前文所述，$0\leqslant F'_L\leqslant 1$，$0\leqslant F'_D\leqslant 1$，也即：$r(F'_L>0$，$F'_D>0)<r(F'_L=0$，$F'_D=0)=r^0$。由此可得出如下命题 5：

命题 5：由于存在着利率偏离成本，隐性利率双轨制压低了银行间同业拆借利率水平。

从直观上来看，当银行利率定价主要参考存贷款基准利率，而存贷款基准又被人为压低在较低水平时，由于存在着利率偏离成本，银行的存贷款利率都低于完全市场化的利率水平。较低的存款利率使银行能够以低成本获得资金，从而增加同业市场的资金供给。较低的贷款利率降低了银行的贷款偏好，从而减少了同业拆借市场的资金需求，同业拆借市场利率也相应降低。虽然中国已放开了存贷款利率浮动限制，但正是由于存在着以存贷款基准利率为核心的利率偏离成本，在隐性利率双轨制下，通过影响银行间市场资金供求从而人为扭曲压低了完全放开的银行间市场利率水平。

四、对长期利率的刻画

从长期来看，名义经济增速决定了资本回报率，资本回报率决定了负债的成本，因此长期无风险债券收益率应与资本回报率和名义经济增速水平相当。[①] 根据金融加速器理论，通过分析企业资本回报率的决定因素，可以对长期利率进行讨论。

企业利用自有资本以及从银行的贷款购买资本 K_t。t 期，企业以 R_t^k 的租金出售资产，并受到冲击 ω 来增加或减少自身资产，$\omega \sim F(\omega)$，满足 $E\omega = 1$。企业拥有未折旧的资本，同时资本成本为 $\Psi(Z_t)$。企业的利润为：

$$R_t^k \omega z_t K_{t-1} + (1-\delta) \omega K_{t-1} Q_t^k - \Psi(z_t) \omega K_{t-1} = F_t Q_{t-1}^k \omega K_{t-1}$$

其中，$F_t = (R_t^k + (1-\delta) Q_t^k - \Psi(z_t)) / Q_t^k$ 表示企业资本收益。

根据金融加速器理论（Bernanke et al.，1999），企业的资本收益依赖于市场利率和融资溢价，即：

$$F_t = S\left(\frac{Q_{t-1}^k K_{t-1}}{N_{t-1}}\right) r_t$$

其中，$S(\cdot)$ 是企业的融资溢价函数。

第三节　存贷款利率与市场利率的实证分析

一、数据说明

采用 EGARCH 模型进行实证分析。选取具有代表性的银行间隔夜质押式回购利率作为市场利率。存款利率和贷款利率分别选择一年期存款利率和一年期贷款利率。在贷款方面，根据中国人民银行公布的贷款基准利率

---

① 从简化的索洛模型来看，假定生产函数满足 $Y = F(K, AL) = K^\alpha (AL)^{1-\alpha}$，单位形式为 $y = f(k) = k^\alpha$。假设产出全部用于投资且不存在折旧，人口增长率、技术增长率分别为 n，g，则资本的增长满足：$\frac{\dot{k}}{y} = \frac{\dot{y}}{k} - (n+g) = f'(k) - (n+g)$。平衡增长路径满足 $\frac{\dot{k}}{k} = 0$，得到 $f'(k) = n+g$。$f'(k)$ 为资本边际报酬，即资本收益率。长期来看，利率应等于资本收益率，即 $r = n+g$。而经济增速由人口增长率和技术进步率决定。因此长期利率应等于经济增速。

变动情况得到每日贷款基准利率，以及根据人民银行公布的金融机构的利率浮动区间贷款占比得到基准利率下浮和上浮比例，从而估算得到市场平均贷款利率。[①] 在存款方面，根据中国人民银行公布的存款基准利率变动情况得到每日存款基准利率，同时从 2012 年 6 月 8 日起，中国人民银行公布将金融机构存款利率浮动区间的上限调整为基准利率的 1.1 倍，各商业银行纷纷上浮存款利率。因此，2012 年 6 月 8 日之后的数据是根据各银行公布的一年期存款利率情况以及各银行存款总额进行加权平均得到市场平均存款利率。[②] 为考察市场流动性的影响，引入存款准备金率和公开市场货币净投放数据。货币净投放为当期资金投放量减去资金回笼量。在存款准备金率方面，根据中资大型、中型和小型银行的总资产规模进行加权，得到平均存款准备金率。存贷利率、准备金率变动当周数据按日加权平均而得，市场利率根据每日利率平均而得。

二、银行存贷款利率与基准利率的关系：基于 GARCH 模型的检验

1. 市场平均存贷款利率水平与存贷款基准利率的关系

2004 年 10 月 29 日，中国人民银行取消存款利率下限和贷款利率上限管制，实行利差管理模式。从 2012 年 6 月 8 日起，开始将存款利率浮动上限扩大到基准利率的 1.1 倍，贷款利率下限扩大到基准利率的 0.8 倍。因此，这里对贷款利率的分析区间为 2004 年 10 月 30 日至 2020 年 12 月 31

---

① 中国人民银行公布的浮动区间为下浮 10% 以内、无上下浮动、上浮 30% 以内、上浮 30%～50%、上浮 50%～100% 和上浮 100% 以上 6 个区间，在估算中每个区间对应的贷款利率分别选为基准利率的 0.95 倍、1.00 倍、1.15 倍、1.40 倍、1.75 倍和 2.20 倍。根据每个区间的贷款占比和对应的利率进行加权平均，从而得到贷款利率数据。

② 根据 Wind 数据库，共有 24 家银行公布了其存款利率情况，其中，2012 年 6 月 8 日开始公布五大全国性大型商业银行和招商银行、北京银行等 12 家股份制银行和城商行数据，2015 年 10 月 24 日开始进一步公布浙商银行、江苏银行等 7 家银行数据。已公布的 17 家和 24 家银行存款总额占全部存款的比重在 70% 左右，具有广泛的代表性。因此，本章存款利率在 2012 年 6 月 8 日之前采用存款基准利率，2012 年 6 月 8 日至 2015 年 10 月 24 日采用 17 家银行的加权平均利率，2015 年 10 月 24 日及之后采用 24 家银行的加权平均利率。

日，对存款利率的分析区间为 2012 年 6 月 8 日至 2020 年 12 月 31 日。观察
图 7-1 可以发现，存贷款利率基本围绕基准利率的变动而变化，二者趋势
高度一致，贷款基准利率和贷款利率的相关系数为 0.9705（p 值=0），存款
基准利率和存款利率的相关系数为 0.9998（p 值=0）。市场平均的存贷款利
率都高于基准利率，表明基准利率设定是偏低的，其中，贷款利率平均浮
动倍数为 1.1975。存款利率的浮动倍数在 2012 年 6 月 8 日后基本接近
1.1 倍，2014 年 11 月 22 日存款利率浮动空间扩大至 1.2 倍后，市场平均
存款利率明显上浮，到 2015 年 10 月完全放开管制后市场平均存款利率上
浮接近 1.2 倍。而且，尽管 2015 年 10 月后存贷款利率管制已完全放开，
但存贷款利率与基准利率的偏离程度并不大，特别是存款利率浮动倍数仍
基本保持在 1.2 倍左右，这在一定程度上表明了利率偏离成本和隐性利率
双轨制的作用。

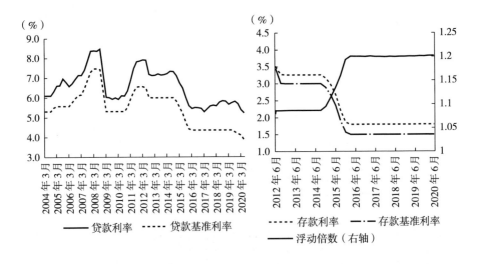

图 7-1　中国存贷款基准利率和市场平均利率水平

资料来源：Wind 数据库。

2. 市场平均存贷款利率与基准利率的 EGARCH 模型检验

从各国经验来看，金融市场利率普遍呈现波动率高、波动成群的现象，

即波动在一定时期内非常小，在其他一定时期内非常大。因此，广义自回归条件异方差模型（GARCH）是分析存贷款利率与基准利率关系的理想方法，可以同时对变化的均值和方差进行分析。考虑到中国市场利率分布的厚尾性以及冲击影响的非对称性，根据已有研究，采用指数广义自回归条件异方差模型（EGARCH）进行实证分析。

贷款利率主要与市场利率、利率偏离成本有关，因而 EGARCH 模型为：

$$r_{Lt} = \beta_0 + \beta_1 r_t + \beta_2 \ (r_{Lt} - \bar{r}_{Lt}) \ / r_{Lt} + \sqrt{h_t}\, v_t$$

预测方差满足：

$$\ln\ (h_t)\ = c + \beta_3 \ln\ (h_{t-1})\ + \beta_4 \left| \frac{v_{t-1}}{\sqrt{h_{t-1}}} \right| + \gamma \frac{v_{t-1}}{\sqrt{h_{t-1}}}$$

其中，r_t 为市场利率，$\bar{r}_{Lt}$ 为贷款基准利率，r_{Lt} 为贷款利率。

类似地，对存款利率进行 EGARCH 模型分析，存款利率与市场利率、存款准备金率以及偏离成本有关，因而 EGARCH 模型为：

$$r_{Dt} = \beta_0 + \beta_1 r_t + \beta_2 \ (r_{Dt} - \bar{r}_{Dt}) \ / r_{Dt} + \beta_3 \alpha_t + \sqrt{h_t}\, v_t$$

预测方差满足式：

$$\ln\ (h_t)\ = c + \beta_4 \ln\ (h_{t-1})\ + \beta_5 \left| \frac{v_{t-1}}{\sqrt{h_{t-1}}} \right| + \gamma \frac{v_{t-1}}{\sqrt{h_{t-1}}}$$

其中，$\bar{r}_{Dt}$ 为贷款基准利率，r_{Dt} 为贷款利率，α_t 为准备金率。

由表 7-1 可见，线性回归表明，贷款利率显著依赖于贷款基准利率偏离成本以及市场利率，而且偏离成本与贷款利率负相关，市场利率与贷款利率正相关。对残差进行条件异方差的 ARCHLM 检验，滞后阶数为 1 时 F 统计量的 p 值为 0，说明残差存在 ARCH 效应，因此应采用 GARCH 模型。EGARCH 模型表明，各变量仍显著，而且似然函数更大，AIC 和 SC 值更小，说明拟合效果更好。对残差进行条件异方差的 ARCHLM 检验，滞后阶数为 1 时 F 统计量的 p 值为 0.9213，说明残差不存在 ARCH 效应。

表7-1　市场平均贷款利率、存款利率与基准利率回归结果

自变量	贷款利率			存款利率		
	线性回归	EGARCH		线性回归	EGARCH	
		均值方程	方差方程		均值方程	方差方程
市场利率	0.4188*** (0.0270)	0.2387*** (0.0054)	—	0.0044 (0.0040)	-0.0000 (0.0000)	—
利率偏离成本	-14.1392*** (0.5596)	-18.0915*** (0.1435)	—	-18.0154*** (0.1224)	-18.0744*** (0.0004)	—
准备金率	—	—	—	0.0359*** (0.0018)	-0.0374*** (0.0000)	—
常数项	8.0373*** (0.1103)	9.0392*** (0.0287)	-1.7997*** (0.1758)	5.3804*** (0.0444)	5.4224** (0.0001)	-2.8117*** (0.1336)
方差滞后项	—	—	0.8151*** (0.0427)	—	—	0.8928*** (0.0090)
残差绝对值项	—	—	1.6376*** (0.1651)	—	—	2.0004*** (0.1476)
残差非对称项	—	—	0.0549 (0.1002)	—	—	-0.1465*** (0.0580)
R^2	0.4865	0.4138	—	0.9930	0.9929	—
对数似然	-875.5236	-540.1402	—	657.3957	1464.453	—
AIC	2.0793	1.2950	—	-2.9169	-6.5020	—
SC	2.0962	1.3343	—	-2.8803	-6.4287	—

注：括号内数字为标准差，***、**、*分别代表1%、5%、10%的显著性水平。余表同。

资料来源：笔者根据回归计算得到。

　　同样地，线性回归结果表明，存款利率与偏离成本、准备金率关系非常显著，这与理论含义一致。对残差进行条件异方差的ARCHLM检验，滞后阶数为1时F统计量的p值为0，说明残差存在ARCH效应，因而应采用GARCH模型。EGARCH模型表明，各变量仍显著，而且似然函数更大，AIC值和SC值更小，说明拟合效果更好。对残差进行条件异方差的ARCHLM检验，滞后阶数为1时F统计量的p值为0.8494，说明残差不存

在 ARCH 效应。

三、市场利率与利率偏离成本的关系

通过校准的方法对模型的参数进行模拟。纪洋等（2015）通过数据校准得到了改革前后利率均值以及敏感性分析，其中假定了存款、贷款分别满足 $L = A_L r_L^{-\epsilon_L}$，$D = A_D r_D^{\epsilon_D}$，这一假定主观性比较强，需要校准的参数比较多，而且与本章的理论模型设定并不完全相同。为了考察利率市场化后中国市场利率和存贷款利率走势，笔者通过校准的方法得到模型参数，根据市场利率与利率偏离成本系数的关系，在回归的基础上直接估计 r^0。由命题 5 可知，市场利率与利率偏离成本系数负相关，隐性利率双轨制压低了银行间同业拆借利率水平。因此，可设金融市场利率、不存在管制的金融市场利率和利率偏离成本系数的关系为：

$$r = r(F'_L = 0,\ F'_D = 0) + \frac{\partial r}{\partial F'_L} F'_L + \frac{\partial r}{\partial F'_D} F'_D = r^0 + \frac{\partial r}{\partial F'_L} F'_L + \frac{\partial r}{\partial F'_D} F'_D$$

对这个理论式进行回归分析，从而得到不存在管制的金融市场利率 r^0 的估计值。与之前的做法类似，仍采用 EGARCH 模型进行计量分析，具体模型为：

$$r_t = \beta_0 + \beta_1 \left(\frac{r_{Dt} - \bar{r}_{Dt}}{r_{Dt}} \right) + \beta_2 \left(\frac{r_{Lt} - \bar{r}_{Lt}}{r_{Lt}} \right) + \sqrt{h_t}\, v_t$$

预测方差满足：

$$\ln\left(h_t\right) = c + \beta_3 \ln\left(h_{t-1}\right) + \beta_4 \left| \frac{v_{t-1}}{\sqrt{h_{t-1}}} \right| + \gamma \frac{v_{t-1}}{\sqrt{h_{t-1}}}$$

其中，$\bar{r}_{Dt}$ 表示存款基准利率，$\bar{r}_{Lt}$ 表示贷款基准利率。

考虑到存款利率上限管制因素，样本区间为 2012 年 6 月 8 日至 2020 年 12 月 31 日。线性回归表明，存款偏离系数不显著，贷款偏离系数显著为负。对残差进行条件异方差的 ARCH LM 检验，滞后阶数为 1 时 F 统计量的 p 值为 0，说明残差存在 ARCH 效应，因此应采用 GARCH 模型。EGARCH

模型结果显示，存款偏离系数和贷款偏离系数均显著为负。而且似然函数更大，AIC 值和 SC 值更小，拟合效果更好。对残差进行条件异方差的 ARCH LM 检验，滞后阶数为 1 时 F 统计量的 p 值为 0.8274，说明残差不存在 ARCH 效应。

由表 7-2 可见，存贷款基准利率偏离成本对市场利率有显著的影响，这支持了理论模型的结论。随着利率管制的放开，偏离成本降低，将同时推升市场利率水平，同时推高存贷款利率水平。

表 7-2　市场利率与偏离成本的回归结果

自变量	线性回归	EGARCH 均值方程	方差方程
$\dfrac{r_{Dt}-\bar{r}_{Dt}}{r_{Dt}}$	−14.2973 *** (1.2365)	−10.0592 *** (0.5221)	—
$\dfrac{r_{Lt}-\bar{r}_{Lt}}{r_{Lt}}$	0.0987 (0.2876)	0.8690 *** (0.0953)	—
常数项	1.0644 *** (0.0046)	1.0410 *** (0.0020)	−1.6372 *** (0.3363)
方差滞后项（β_6）	—	—	0.9215 *** (0.0282)
残差绝对值项（β_7）	—	—	0.9118 *** (0.1073)
残差非对称项（γ）	—	—	0.0794 (0.0581)
R^2	0.2320	0.1000	—
对数似然	1610.046	1777.853	—
AIC	−7.1743	−7.9056	—
SC	−7.1468	−7.8415	—

资料来源：笔者根据回归计算得到。

第四节　本章小结

　　本章在已有研究的基础上建立了我国银行体系的利率双轨制模型，并对我国利率双轨制下市场利率和存贷款利率的关系进行了分析。研究发现，现有以存贷款基准利率为核心的利率管理和定价模式使商业银行的存贷款利率低于利率市场化之后的存贷款利率水平，同时也压低了银行间同业拆借利率水平。利率管制使贷款利率和存款利率对市场利率的敏感性降低。基于 EGARCH 模型的实证分析表明，浮动和放开管制的存贷款利率与基准利率的偏离、金融市场利率与存贷款利率之间，都具有密切的关系。

　　本章的研究表明，我国利率市场化改革的未来方向在于以下四个方面：

　　一是完善中央银行政策利率体系。目前我国利率市场化已进入"攻坚战"阶段。尽快将短端（隔夜）利率明确为中央银行政策目标利率。虽然已基本取消存贷款利率浮动限制，但由于存贷款基准利率并未废除，商业银行利率定价对此仍存在依赖，利率双轨制仍是当前货币政策的重要特征。从主要经济体实践来看，即使是全球金融危机之后，各国中央银行仍以货币价格调控为主，其中短端隔夜利率仍是最好的政策目标利率。尽管完全废除存贷款基准利率的条件可能尚不成熟，但尽快明确宣布另一个定价基准，即短端隔夜利率，无疑有助于加快存贷款利率这一老基准的退出。笔者认为，在过去一个时期宏观流动性格局已发生重大变化和央行流动性管理主动性显著增强的背景下，经过近年来的操作实践，将"短期政策目标利率+利率走廊"明确宣布作为新货币政策操作框架的条件已基本成熟。

　　二是疏通政策利率向存贷款利率的传导渠道。在明确新的短端（隔夜）政策目标利率的同时，应制定明确的改革时间表，针对定价基准转换所涉及的现实操作问题，研讨并制定统一且详细的解决方案，有序推动商业银行利率定价机制的转型。为确保平稳过渡，可以考虑将稳定短端（隔夜）

政策目标利率与（一年期）存贷款基准利率的利差作为调控目标，并将商业银行存贷款定价与短端政策目标利率的联动关系作为 MPA 利率定价考核的主要内容，通过与存贷款基准利率挂钩的方式，引导商业银行改进利率定价方式，给市场必要的缓冲期。待市场普遍接受政策目标利率，例如存贷款定价随政策目标利率变动及时、充分调整后，就可适时宣布废止存贷款基准利率。通过提高商业银行利率定价水平，形成市场导向的定价方式，以中央银行基准政策利率和市场基准收益率曲线为基准，同时提升商业银行风险管理能力，根据风险程度确定风险溢价，最终合理开展存贷款定价，从而完善商业银行在利率传导中的枢纽作用。

三是减少货币数量政策工具依赖，提高利率传导效率，顺利实现货币价格调控的转型。前述分析表明，尽管在隐性利率双轨制下，利率传导机制仍然有效，但货币政策过多使用数量调控手段，将降低利率传导效率。当前我国过高的法定存款准备金率主要是流动性过剩时期政策应对的需要，同时较高的准备金要求也增强了中央银行流动性管理和市场利率引导的主动性。不过，过高的准备金率要求加大了金融机构的准备金税负担，容易扭曲金融资源配置和利率政策传导机制。随着新常态下流动性过剩局面的根本改观以及基础货币投放渠道的相应变化，中央银行在逐步下调存款准备金率的同时，通过将市场利率引导至适当较高的均衡利率水平，能够有效对冲降低存款准备金可能引发的货币扩张预期，可以实现"稳增长、防风险、促改革""一石三鸟"的效果。

四是疏通政策利率向金融市场利率的传导渠道。完善我国金融市场结构，使政策利率有效决定金融市场基准收益率曲线的变化。金融市场主体根据对未来通胀、增长的预期和风险判断，在基准收益率曲线基础上考虑一定的期限溢价和风险溢价因素，从而对不同风险性质的金融产品进行合理定价。这样才能有效实现中央银行政策利率向利率体系的传导，进而改变全社会的投资、消费等行为，实现物价稳定和产出增长等货币政策最终目标。

第八章 利率双轨制的影响

利率双轨制对我国利率体系和货币政策传导都具有重要影响。在第七章的基础上，本章通过理论和实证分析，对我国利率双轨制产生的影响进行了深入刻画。

第一节 利率双轨制对我国利率体系和金融体系的影响

一、隐性利率双轨制对利率体系的影响

目前我国利率体系可以分为两大类，即政策利率和市场利率。

从政策利率来看，存贷款基准利率一直是中央银行宏观调控的重要手段。20 世纪 90 年代中期以来，我国利率市场化不断推进，并于 2015 年 10 月放开了对存贷款利率的管制。2019 年 8 月 17 日中国人民银行宣布完善贷款市场报价利率（LPR）形成机制，建立与 MLF 利率相挂钩的机制，提高 LPR 报价的市场化程度并逐步替代贷款基准利率，从而逐步形成以公开市场操作利率作为短期政策利率，以 MLF 利率作为中期政策利率的中央银行政策利率体系。

银行间隔夜市场利率和长期债券利率是市场利率的重要代表。放开的

金融市场利率包括货币市场利率、债券市场利率和非标准化债权利率等。银行间隔夜市场利率是短期利率的代表。隔夜的货币市场交易反映了金融机构日常的流动性需求，中央银行通过公开市场操作等影响货币市场的短期利率，因此隔夜市场利率是货币政策传导的关键变量。长期国债收益率可作为长期利率的代表。长期国债收益率可以反映市场对未来利率走势的预期，并可用来判断未来经济增长和通货膨胀率的趋势，是货币政策的重要参考。

理论上，存贷款利率浮动限制取消后，市场利率与存贷款利率的联系应更加紧密。同时，随着外汇占款逐渐下降并转为负增长，中央银行重新获得了主动供给和调节银行体系流动性的功能，货币政策向价格调控方式转型的必要性和迫切性明显上升。尽管如此，隐性利率双轨制对我国市场利率体系具有重要影响。

一是主要政策利率（逆回购利率）与市场利率水平不一致。2015 年以来，我国把逐步加强 7 天逆回购操作作为市场流动性投放的主要手段。2015 年 10 月取消存款利率浮动限制后，我国把逐步强调 7 天回购利率作为政策目标利率的政策导向。但是，公开市场 7 天逆回购利率与市场利率走势越来越不一致，市场利率水平持续高于逆回购利率。由于全部银行间 7 天质押式回购利率（R007）持续明显高于 7 天逆回购利率，因此政策目标利率不得不转向信用风险和利率水平更低的存款类机构 7 天质押式回购利率（DR007）。但是，DR007 仍持续明显高于 7 天逆回购利率，利率偏离幅度不断扩大并一度高达近 50 个基点。货币价格调控主要通过金融市场短端利率带动存贷款利率调整。虽然金融市场利率上升能够带动贷款利率上升，但由于存贷款基准利率并未进行调整，存贷款利率调整幅度反而更加有限，削弱了利率传导效果。

二是存款类金融机构与非存款类金融机构市场利率不一致。虽然存款类金融机构信用风险更小，但理论上货币市场短端流动性交易的信用风险都非常低。尽管非存款类金融机构与存款类金融机构存在一定的信用利差，但在正常时期信用利差是稳定的，市场利率与主要政策利率的偏离程度也应当是稳定的。例如，美国联邦基金市场包括不同类型金融机构，目前联储体系成员与非联储体系成员市场利差大致稳定在 10~15 个基点；美联储为了加强对非联储成员的利率引导，在 2013 年 9 月启用隔夜逆回购协议便利（ON RRP），将交易范围扩大至非联储体系成员，进一步加强了对市场利率下限约束。但是，随着我国逐步强调 DR007 作为政策操作目标，DR007 与 R007 的偏离越来越大，由最初的 10~20 个基点逐步扩大至目前的 40~50 个基点，这表明货币市场的市场分割和不同类型金融机构间的信用溢价越来越大。

三是政策操作利率期限结构不一致。我国在取消存贷款利率浮动限制的同时，仍保留存贷款基准利率作为过渡性措施，并倾向于通过中央银行利率体系对中长期利率水平进行引导。除了 7 天逆回购操作利率外，还开展了 14 天、28 天、63 天逆回购市场操作，通过 SLF、MLF 创新性流动性管理手段加强由隔夜到 1 年市场利率上限的引导。一方面，几乎是同期限的 SLF利差（1 个月与 7 天）与逆回购利率利差（28 天与 7 天）仍相差 5 个基点；另一方面，期限更长的 MLF 利率明显低于公开市场逆回购操作利率和 SLF利率。政策利率期限并不一致甚至存在严重的倒挂，很容易诱发市场的套利行为，利率期限结构被人为扭曲。

二、隐性利率双轨制对金融体系的影响

近年来，针对部分地区资产泡沫问题凸显、金融领域风险暴露增多、通胀压力有所回升以及市场流动性格局的变化，货币政策始终保持稳健中性，牢牢守住货币供给总闸门，货币政策在金融和实体经济"去杠杆"等方面发挥了积极的作用。同时，随着各项监管政策的不断加强和监管套利空间的缩小，金融市场各主要期限利率水平都出现了明显上升，这是金融去杠杆和市场出清在利率价格上的具体体现。今后，我国要继续做好货币政策流动性管理，加强货币市场流动性管理最主要的短端（隔夜或 7 天）利率的稳定引导，提高对中长期市场利率上升的容忍度，通过利率价格杠

杆有效实现货币政策目标。与此同时，隐性利率双轨制仍制约了货币政策效果，不利于金融资源的优化配置和货币价格调控方式的顺利转型。

一是加剧企业信贷融资分化，不利于杠杆结构优化。在我国金融体系中，银行占有主要地位，银行存贷款利率的压制造成了价格扭曲。从融资主体来看，由于中小企业和大型企业在资产质量、债务担保能力等方面的巨大差别，使得商业银行为中小企业提供金融服务的难度更大。由于体制机制等矛盾仍待破解，一些效率较低的大型国有企业融资的可得性更大。在当前金融市场和存贷款利率分化加剧的背景下，大企业纷纷转向信贷市场融资，不可避免地挤占了中小微企业信贷。在此基础上民间融资等非正规金融体系不断发展。非正规金融体系是中国货币金融体系的重要部分。其利率高于银行体系的管制利率，是由借贷资金供求关系决定的市场化的资金价格。由于利率管制压低了正规市场利率，使资金供不应求，这在一定程度上将部分企业（尤其是中小企业）挤到非正规金融市场。这种金融市场的分割，即以银行为主的正规金融体系和民间融资为主的非正规金融体系在融资主体、利率决定机制等方面存在分割，因此这种双轨制称为金融双轨制。

二是金融市场定价扭曲，加剧期限套利且不利于债券市场直接融资。通常来说，影响长期流动性和信贷资金缺口的因素和外生冲击都较多，中央银行和金融机构仅能相对准确地判断短期流动性缺口。由于影响长短期流动性的因素并不一致，且长期流动性变动因素更为复杂，通过"削峰填谷"的市场操作来弥补长期流动性缺口效果可能并不理想，甚至很可能由于期限套利对短期流动性带来更大的扰动。例如，国债收益率曲线曾出现期限错乱的 M 型异常情形，7 年期与 10 年期国债收益率持续倒挂等，在一定程度上就是长短期利率信号紊乱与金融机构大肆期限套利相互增强的结果。由此带来的另一个后果就是债市直接融资功能受损。2017 年 1～8 月社会融资规模中企业债券累计额持续为负，全年各类企业债券净融资减少了 2.55 万亿元。这一状况固然与 2016 年债市利率上升较快有关，但如果从较长时期来看，当前利率名义水平尚属中等，扣除通胀后的实际利率水平就更低。债市融资如此萎缩更为重要的因素，除了前述债券、贷款利差明显扩大外，也与债市自身定价紊乱和波动频繁有关。

三是存款更多地流向收益和流动性更好的理财产品，加剧了货币供应量与社会融资规模的背离，数量调控面临更大挑战。在存款利率和金融市场利率明显分化的情况下，存款向理财市场分流就会加剧。在目前金融机构刚性兑付仍未真正打破情形下，大量存款被分流到流动性和收益更高且并未计入广义货币供应货币量 M2 的统计中，是导致 2017 年第二季度以来 M2 与社会融资规模增速明显背离的一个重要原因。

四是金融市场对中央银行利率政策调整预期不清，在一定程度上加剧了市场波动，削弱了利率政策的有效性。尽管近年来货币政策加大了公开市场操作力度，并通过调整操作利率来引导市场利率水平，但尚未将此明确为政策目标利率，且公开市场操作主要采取数量目标而非价格目标的招标方式。因此，2017 年以来历次逆回购招标利率的调整，在对外沟通时，都将其解读为随行就市，而非明确宣布的加息政策。虽然公开市场操作利率的小幅上行可适度收窄其与货币市场利率的利差，有助于修复市场扭曲，理顺货币政策传导机制，客观上也有利于市场主体形成合理的利率预期，但是如果政策利率取决于市场资金供求，即中央银行政策利率随市场利率的变化而调整，也就意味着市场利率反而成为政策利率的定价基准，公开市场操作以及一些创新性政策工具的利率调整，就不能完全体现利率政策的调控意图，这在一定程度上也会加剧市场利率波动。

第二节　不同情形下我国利率体系的模拟分析

一、利率双轨制下的利率体系

一是我国存贷款利率呈下行趋势。近年来我国中央银行多次下调存贷款基准利率，并不断扩大贷款利率和存款利率浮动区间。但是，我国商业银行的存贷款定价仍依赖于存贷款基准利率，利率双轨制依然存在。2019年8月17日，中国人民银行宣布完善贷款市场报价利率（LPR）形成机制，利率市场化改革取得了重要进展。2019年第三季度后，贷款利率与贷款基准利率的浮动倍数明显提高。观察发现，我国存贷款利率水平随着存贷款基准利率的下调而不断下降。以1年期存款为例，2016年以来基本维持在1.8%左右，与通货膨胀率水平基本持平。而2019年以来，随着通货膨胀率波动上升，存款利率水平已明显低于通货膨胀率水平。

二是我国实际利率明显低于自然利率水平。估算表明，我国自然利率在2.5%的水平波动（李宏瑾、苏乃芳，2016）。2004年以来，我国实际利率基本围绕零波动。由于受2008年全球金融危机和2011年物价上涨因素的影响，我国实际利率降到负利率水平。2019年第二季度以来，随着我国经济增速进入换挡期，名义利率持续下降的同时通货膨胀率波动上升，导致实际利率持续低于零水平。我国实际利率水平平均为-0.48%，明显低于自然利率约2.5%的平均水平。实际利率长期低于自然利率水平，验证了利率双轨制对市场利率的影响，揭示了我国市场利率仍受到人为抑制的客观现实。

三是利率双轨制压低了资产回报率和长期利率，使我国长期利率低于经济增速。模型分析表明，资本收益等于市场利率加上融资溢价。由此可见，利率双轨制在抑制市场利率的同时，也导致资本收益率的降低，因此长期利率也受到了压制。从各国经验来看，长期利率水平和名义经济增速应大致相当。例如，1990年以来，美国名义GDP增速平均为4.57%，10年期国债收益率水平平均为4.51%，二者的水平没有显著差别（t检验p值为0）。从理论上来看，名义经济增长决定资产回报，资产回报引导负债成本。因此长期利率与资本回报率应当与名义经济增长一致，这也与索罗模型的平衡增长路径相符。近年来，随着低利率政策的持续深化，发达经济体利率保持在较低水平。从2015~2020年的数据来看，各国利率水平虽低于经济增速，但差别都在2个百分点以内。然而，我国利率水平却远远低于经济增速。2015~2020年，我国长期利率均值仅为3.32%，大幅低于9.04%的平均经济增速。利率双轨制是我国长期利率偏低的重要原因。在我国金融体系中，银行占有主要的地位，银行存贷款利率的压制造成了价格扭曲。压低的存贷款利率使资金供不应求，这使民间融资等非正规金融体系不断发展，部分企业（尤其是非国有企业）被挤到非正规金融市场，从而形成了正规金融市场和非正规金融市场的金融双轨制。金融市场的不完全竞争使利率水平无法反映真实的资金价格，非正规金融市场整体利率偏高，而正规金融市场整体利率偏低。这压低了国债收益率作为无风险收益率的水平。

二、利率市场化下的利率体系

在完全市场化情形下，市场利率将趋于自然利率水平。根据市场利率与存贷款利率偏离成本的理论设定和上一章的回归结果，可得不存在管制时的市场利率为4.3048%，高于目前2.6052%的水平。如果按照通货膨胀率2%计算，利率市场化后我国市场利率为2.3047%，与研究测算的我国自然利率约在2.5%的结果基本一致。理论上，自然利率预示了实际利率的均衡状态（Laubach and Williams，2015；Yellen，2015）。从国际经验来看，美国、日本等主要经济体的实际利率均围绕自然利率波动，自然利率走势成为美联储货币政策正常化和加息的重要参考（Powell，2018）。因此，在完全市场化情形下，我国市场利率将逐步上升并趋于自然利率。

在市场利率的基础上，笔者进一步讨论在完全市场化情形下我国存贷款利率及长期利率的变化情况。在利率双轨制情形下，根据2004年至2020年上半年的数据得到的市场利率平均水平约为2%。与此对应的存款利率、贷款利率和长期利率分别为2.5%、6.5%和4%，这与我国存贷款利率和国债收益率的实际数据一致。根据2012年6月8日至2020年12月31数据，存款利率平均为2.4934%，贷款利率平均为6.3256%，市场利率平均为2.6052%，贷款利率偏离基准利率平均为0.1935%，存款利率偏离基准利率平均为 0.1259%。根据不同类型金融机构存款规模加权平均得到准备金率为 17.5083%。根据中国银行业监督管理委员会 2015 年最新报告，中国政策性银行、大型商业银行、股份制银行和城市商业银行共计 153 家，设定银行数量为 150。参考纪洋等（2015）的设定，贷款需求弹性和存款供给弹性分别设为 2 和 0.40。根据存款利率、贷款利率和市场利率校准得到贷款管理成本 $\left(\dfrac{\partial C}{\partial L}\right)$ 为 0.0343，存款管理成本 $\left(\dfrac{\partial C}{\partial D}\right)$ 为 -0.1978。通过模型系统中的管制和非管制的市场利率、贷款利率和存款利率之间的关系，可得到不存在利率偏离成本的完全利率市场化条件下的存贷款利率估计。分析发现，在利率市场化情形下，市场利率将回归自然利率水平，达到 5.5%，存款利率、贷款利率将分别达到 5.4%、10.0%，提高了 3~4 个百分点。同时利差也有所扩大从 4% 提高到 4.6%（见图 8-1）。这不仅与 Feyzioglu 等（2009）和陈彦斌等（2014）研究指出的利率市场化将提高市场利率水平的结论一致，

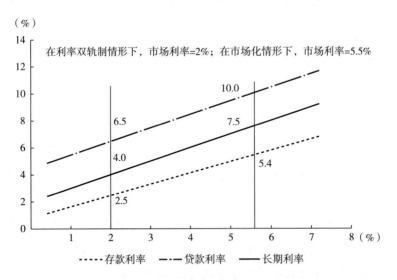

图 8-1 利率双轨制情形下与市场化情形下的市场利率、

存款利率、贷款利率与长期利率模拟

注：数据均为名义利率。其中，利率双轨制情形根据 2004~2020 年的数据平均得到，市场化情形参考 Feyzioglu 等（2009）、陈彦斌等（2014）、李宏瑾和苏乃芳（2016）等的研究估算得到。

资料来源：笔者根据模型计算得到。

也与利率市场化后各国存贷款利率上升的国际经验相符。利差提高表明商业银行的利差收入将增加，有利于提高商业银行的盈利能力，促进商业银行的健康发展。国际经验表明，利率市场化后各国存款和贷款利率平均上升了 2~3 个百分点，存贷款利差将明显上升。本节的结果与国际经验相符，说明估计是比较可靠的。从长期利率来看，在完全市场化情形下，长期利率将达到 7.5%，与我国名义经济增速的差在 2% 以内，与近年来美国、日本、印度等国家的经验基本一致。

总的来看，完全市场化情形将提高利率作为资金价格的有效性。从模拟分析的结果可以看出，在完全市场化后，市场利率将符合我国均衡实际利率水平，存贷款利率将更有效地反映市场的资金供求状况，长期利率也将与我国名义经济增速相符。由此可见，利率市场化将有助于消除价格扭曲，提高利率作为资金价格的有效性，优化资金配置。

本节的分析表明，在利率双轨制情形下，存贷款利率依赖基准利率存在压低，短期市场利率低于均衡利率水平，长期利率低于经济增速，因此货币政策向最终目标的传导受阻，货币政策有效性被弱化。在利率市场化情形下，存贷款利率将有效反映资金价格，短期市场利率将趋于均衡利率，长期利率与经济增速一致，货币政策传导更加通畅，有效性提高（见图 8-2）。

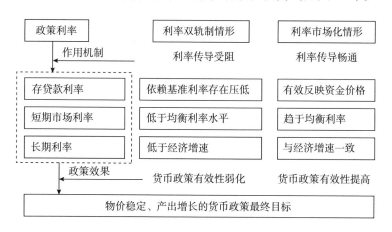

图 8-2　本节总结

资料来源：笔者分析整理。

第三节 利率双轨制对我国货币政策传导的影响

一、利率双轨制对货币政策传导的影响：基于 DSGE 的分析

笔者在 DSGE 模型的框架[①]下，针对利率双轨制和完全市场化两种情形进行深入分析，分别讨论社会福利、货币政策传导及其有效性[②]。在此基础上，分析利率双轨制对我国货币政策和经济运行的影响。

1. 利率双轨制的社会福利效应

实现全体社会成员福利的最大化是评价货币政策的最终标准。为全面评估利率双轨制对宏观经济的影响，笔者进一步通过对社会福利效应的分析讨论利率双轨制对社会福利的影响。中央银行效用损失函数是社会福利函数的二阶近似（Gali，2008；Woodford，2003），因此社会福利函数可以表示为通胀和产出缺口目标值之差的二次型，社会福利最大化意味着中央银行效用损失函数最小化。根据我国的经济情况，中央银行以物价和产出稳定为最终目标，中央银行效用损失函数可以表示为：

$$L = E_0 \sum_{t=0}^{\infty} \beta^t L_t, \quad L_t = \hat{\pi}_t^2 + \lambda \hat{x}_t^2$$

[①] 笔者构建了考虑利率双轨制的动态随机一般均衡（DSGE）模型。模型基于新凯恩斯一般均衡理论，包含家庭部门，处于完全竞争的最终厂商，处于垄断竞争的中间厂商、银行部门和政府部门，其中中间厂商的价格存在黏性，价格调整满足 Calvo 定价方式（Smet and Wounter，2003），银行部门采用考虑利率双轨制的 Monti-Klein 模型。

[②] 在利率双轨制情形下，根据校准结果，贷款利率定价成本参数 $F'_L = 0.0027$，存款利率定价成本参数 $F'_D = 0.0004$。同时，对数线性化得到的利率双轨制下市场利率和放开的市场利率满足 $r_t = F_1 r_t^0 + F_2$，$F_1 = 0.4$，$F_2 = 0.6$。在完全市场化情形下，存贷款管制参数为零，$F'_L = 0$，$F'_D = 0$，且有 $F_1 = 1$，$F_2 = 0$。

其中，$\hat{\pi}_t$ 为通货膨胀率，$\hat{x}_t$ 为产出缺口，λ 为中央银行对产出的偏好权重。这里笔者考虑中央银行三种政策目标：第一种为兼顾产出的通胀目标制，即中央银行以物价稳定为主要的货币政策目标，同时兼顾产出增长，这种情形下 λ 选为 0.5。第二种为产出增长与物价稳定双目标制，即中央银行同时将物价稳定和产出增长作为最终目标，二者的权重一样，这种情形下 λ 选为 1。第三种为兼顾物价的产出目标制，即中央银行以产出增长为主要的货币政策目标，同时兼顾物价稳定，这种情形下 λ 选为 1.5。因此，通过选择不同的 λ 可以模拟中央银行目标函数的变化情况。

笔者重点考虑技术冲击和人口冲击。理论研究和实证分析都表明，技术因素和人口因素是影响潜在产出增速和自然利率的重要因素。在技术方面，2017 年以来我国经济由高速增长阶段转向高质量发展的新阶段。传统支柱产业深入调整，新业态持续增加，进入经济转型升级爬坡过坎的关键时期。特别是在 2020 年新型冠状病毒肺炎疫情的冲击下，世界经济经历百年未有之大变局（陈雨露，2020），我国外部发展环境将更加严峻，经济下行压力加大。在人口方面，2011 年之后我国人口红利迎来拐点，人口结构发生了根本性的变化，人口老龄化趋势越来越明显，劳动力人口呈下滑趋势。人口冲击对我国的劳动力供给格局、家庭储蓄结构和消费偏好等都造成了重要影响，并增加了经济的不确定性。因此，技术和人口冲击是我国经济发展模式转型的关注重点。

分析发现，在一个标准差的技术冲击下，实行利率双轨制虽然产出损失略有增加，但是通胀损失显著较小。在一个标准差的人口冲击下的结果类似。经比较发现，人口冲击对经济的影响小于技术冲击的影响，这进一步验证了技术因素是影响宏观经济的主要因素。当经济系统同时面临技术冲击和人口冲击这两种冲击时，市场化情形的通胀损失也显著小于利率双轨制情形，而产出损失相差不大。从不同的权重来看，无论是兼顾产出的通胀目标制（$\lambda = 0.5$）、产出和物价双目标制（$\lambda = 1$），还是兼顾物价的产出目标制（$\lambda = 1.5$）下，市场化情形下的中央银行损失均小于利率双轨制情形。由此可见，利率双轨制情形会给中央银行造成更大的损失，使社会福利更低。随着利率市场化的推进，利率恢复正常水平，能更有效地反映市场的资金供求状况，从而有效降低了中央银行的损失，提高了整体的社会福利水平（见表8-1）。

表 8-1　不同情形下中央银行效用损失函数

冲击来源		产出损失	通货膨胀损失	中央银行效用损失函数		
				$\lambda = 0.5$	$\lambda = 1$	$\lambda = 1.5$
技术冲击	利率双轨制	0.0132	0.1378	0.1444	0.1510	0.1576
	利率市场化	0.0216	0.0658	0.0766	0.0874	0.0982
人口冲击	利率双轨制	0.0121	0.0674	0.0735	0.0795	0.0856
	利率市场化	0.0180	0.0375	0.0465	0.0555	0.0645
技术+人口冲击	利率双轨制	0.0238	0.1905	0.2024	0.2143	0.2262
	利率市场化	0.0368	0.0967	0.1151	0.1335	0.1519

资料来源：笔者根据模型计算得到。

2. 利率双轨制下的货币政策传导分析

利率双轨制影响了我国的货币政策传导，使货币政策传导也呈现"双轨"的特征。根据本章第二节的讨论，在货币政策传导的过程中，中央银行政策利率约束了银行体系的资金成本，从而影响了银行的存贷款利率水平。这将影响企业资金需求和投资规模，并最终影响总产出水平。一方面，对于存在隐性管制的存贷款利率，压低的存款利率使银行能够以低成本动员储蓄，从而企业也能够用较低的成本获得贷款，这可能造成企业产生过度的资金需求，使利率水平无法反映真实的资金价格，在一定程度上降低了资金的配置效率，也降低了存贷款利率传导到实体经济的效果。另一方面，对于市场化的金融市场利率，中央银行通过公开市场操作来影响货币、债券和资本市场价格，从而影响实体经济。但是，利率双轨制间接影响了银行间市场的资金价格，考虑到银行系统在中国金融体系中的重要地位，金融市场利率也在很大程度上受到压低的银行间市场利率的影响，因此公开市场操作虽然能够影响金融市场利率但其作用相对有限（He and Wang，2012）。由此可见，在利率双轨制下，我国政策利率到实体经济的传导效果受限。

脉冲响应分析验证了在利率双轨制情形下货币政策传导效果受限。笔者通过脉冲响应分析讨论利率冲击的传导效果。在一个标准差的政策利率冲击下，政策利率的提高将提高存款利率、贷款利率和市场利率的水平。从企业的资本收益率来看，由于融资成本的提高，短期内企业资本收益率将有所降低；但长期内由于市场利率的提高会使资金价格整体提高，企业资本收益率也将提高。各利率水平在第8期左右恢复稳态。由此可见，政策利率对利率体系具有显著的冲击，这一冲击持续约两年时间。比较来看，在利率市场化情形下，整个利率体系的变化幅度更大。而在利率双轨制情形下，利率体系的变化幅度相对较小（见图8-3）。两种情形下利率回到稳态的时间基本一致，这进一步验证了理论分析的结果。利率双轨制限制了货币政策对商业银行存贷款利率和市场利率的传导效果。随着利率市场化的推进，市场利率和存贷款利率对货币政策的敏感性将逐步提高，利率传导渠道也将更为顺畅。

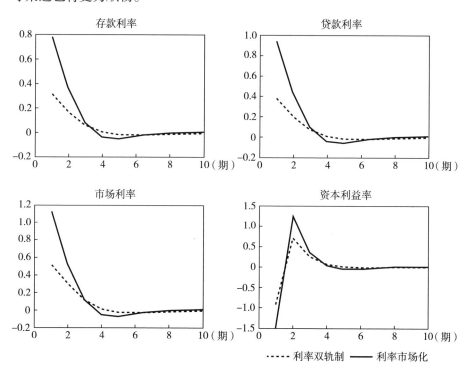

图8-3 不同情形下货币政策对利率体系的冲击

资料来源：笔者根据模型计算得到。

分析表明，利率双轨制弱化了货币政策效果。笔者进一步分析利率冲击对产出和物价的影响，从而通过观察双轨制对货币政策最终目标的影响效果来分析货币政策的有效性。在一个标准差的政策利率冲击下，利率的提高降低了企业的投资规模，从而降低了产出水平。与此同时，利率的上升提高了资金价格水平，有效抑制了通货膨胀率，冲击在两年左右恢复稳态（见图8-4）。比较来看，在利率市场化情形下，利率对产出和通货膨胀率的冲击要显著高于利率双轨制情形，这说明利率双轨制情形下货币政策对货币政策最终目标传导的有效性低于市场化情形，且与理论和国际经验相符（陈雨露，2020）。理论上，利率双轨制下利率被压低扭曲了价格信号作用，阻碍了市场出清过程，降低了资源有效配置，弱化了利率政策传导效果。实践上，低利率政策的实施在不同国家的效果并不理想。日本的负利率政策并未有效维持其汇率水平，欧元区和瑞典的负利率政策推升通胀预期的效果也并不显著。

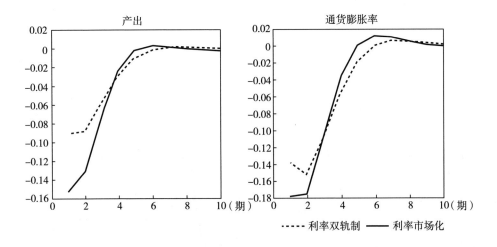

图8-4 不同情形下货币政策对产出和物价的冲击

资料来源：笔者根据模型计算得到。

二、低利率对货币政策传导影响：基于 MSVAR 的分析

1. MSVAR 介绍

VAR 模型作为传统的计量经济模型，经常被用来对变量之间的动态关联进行估计。考虑一个 p 阶的 VAR 模型，具有如下形式：

$$y_t = \nu + A_1 y_{t-1} + \cdots + A_p y_{t-p} + u_t$$

其中残差满足 $u_t \sim N(0, \Sigma)$。

VAR 模型中的参数是固定的。在实际的经济运行中，由于经济金融环境是时常变化的，参数也可能是变化的，因此传统 VAR 模型具有一定的局限性。MSVAR 模型是在传统的 VAR 模型的基础上加入马尔科夫转移因素，假设可观测变量能够随着不可观测的区制状态而变化，模型的系数是能够随着不可观测的区制状态变量而变化。MSVAR 将传统 VAR 模型扩张为非线性模型，使得模型更加符合宏观经济现实。

用 s_t 表示不可观测的区制状态变量。假设有 M 个区制，则 $s_t \in \{1, \cdots, M\}$。

不可观测的状态变量 s_t 服从离散状态的马尔科夫随机过程（即 M 状态的遍历不可约马式链），其转移概率满足 $p_{ij} = P(s_{t+1} = j \mid s_t = i)$，$\sum_{j=1}^{M} p_{ij} = 1$，$\forall i, j \in \{1, \cdots, M\}$，即转移矩阵为：

$$P = \begin{bmatrix} p_{11} & \cdots & p_{1M} \\ \vdots & \ddots & \vdots \\ p_{M1} & \cdots & p_{MM} \end{bmatrix}$$

模型扩展为：

$$y_t = \nu(s_t) + A_1(s_t) y_{t-1} + \cdots + A_p(s_t) y_{t-p} + u_t$$

其中残差满足 $u_t \sim N(0, \Sigma(s_t))$。

MS-VAR 模型中，参数 ν，A_1，$\cdots$，A_p，Σ 都是随状态变量 s_t 改变的，模型也可以表示为：

$$y_t = \begin{cases} \nu_1 + A_{11} y_{t-1} + \cdots + A_{p1} y_{t-p} + \Sigma_1^{1/2} u_t & \text{当 } s_t = 1 \\ \nu_M + A_{1M} y_{t-1} + \cdots + A_{pM} y_{t-p} + \Sigma_M^{1/2} u_t & \text{当 } s_t = M \end{cases}$$

根据模型的均值、截距、自回归系数以及残差的方差是否变化，MS-VAR 模型还可以分为多种类型，其中 MSMH-VAR 表示均值（ν）可变，残差的方差（Σ）可变，参数（A）不变的 MS-VAR 模型。

2. 数据及平稳性检验

笔者采用 2004 年第一季度至 2020 年第二季度的季度数据，选取 GDP 增长率作为产出增速，居民消费价格指数表示通货膨胀率，银行间隔夜质押式回购利率表示名义利率。

分析发现，无论是在 1% 还是在 5% 的显著性水平下，名义利率、通货膨胀率和产出增速都不能拒绝单位根的存在，而它们的一阶差分形式是平稳的，都是 AR（1），符合建模要求（见表 8-2）。

表 8-2　ADF 单位根检验结果

变量	水平检验结果			一阶差分检验结果		
	检验形式	ADF 统计量	p 值	检验形式	ADF 统计量	p 值
通货膨胀率	（c、0、8）	-2.0133	0.2805	（c、0、7）	-6.1312	0.0000
产出增速	（c、0、3）	-1.1895	0.6738	（c、0、9）	-3.4152	0.0145
名义利率	（c、0、0）	-2.5841	0.1014	（c、0、0）	-8.5188	0.0000

注：检验形式（c，t，1）分别表示单位根检验方程包括截距项、时间趋势项、滞后项的阶数，滞后长度由 Eviews 软件根据 AIC 准则自动给定。

资料来源：笔者计算得到。

进一步对各变量进行基于多变量的 Johansen 协整检验（见表 8-3），通过最大特征根统计量（Maximum Eigenvalue）可以发现，在 5% 的显著性水平下，通货膨胀率、利率和产出增速至少存在 1 个确定性的协整关系。Sims 等（1990）认为，如果变量同为一阶单整且存在协整关系，那么这些变量可以以水平形式进入 VAR 系统，并不会出现模型设定错误，因而我们直接对各变量构建 VAR 模型。

表 8-3　各变量 Johansen 协整检验结果

假设协整方程个数	特征值	最大特征根统计量	p 值
没有	0.3306	25. 2909	0.0185
1 个	0.0746	4. 8851	0.8980
2 个	0.0142	0.9009	0.9635

注：检验形式为序列无线性趋势而协整方程只有截距项。

资料来源：笔者计算得到。

3. 滞后阶数和区制数量的选择

将通货膨胀率、利率和产出增速置于 VAR 框架。通过 AIC 准则确定 VAR 系统的滞后阶数为 3，VAR 系统的特征根都落在单位圆以内（限于篇幅不报告具体结果，下同），表明模型是稳定的。在选择 MS-VAR 模型形式时，主要依据 AIC 准则来选择 MSMH-VAR 模型。考虑到我国实际利率区制转换特征，假定 MS-VAR 模型系统存在两区制，即模型形式为 MSMH（2）-VAR（3）。

4. 估计结果

考虑到金融危机前后利率水平存在较大差别，笔者重点观察 2008 年金融危机之后的情况。从估计结果的平滑概率图可以看出，区制划分可以区分低利率区制和高利率区制，说明在我国宏观经济运行中，低利率和高利率区间有不同的经济结构。区制 1 处于低利率区制，从平滑概率来看主要时间段包括 2009 年第一季度至 2010 年第四季度、2012 年第二季度至 2013 年第一季度、2015 年第二季度至 2020 年第二季度。区制 2 则处于高利率区制，从平滑概率来看主要时间段包括 2018 年、2011 年第一季度至 2012 年第一季度、2013 年第二季度至 2015 年第一季度。通过计算均值发现，低利率区的利率均值为 2.0537，高利率区的利率均值为 2.9886，不同利率区制下利率有显著差别（t 检验的 p 值为 0）。如果按照 2.5 作为阈值对利率划分高利率与低利率区制（图 8-5 中深色为利率大于 2.5 的时期，浅色为利率小于 2.5 的时期），发现利率区制划分与 MS-VAR 模型的区制划分大体上是一致的，这表明了估算的合理性。参考 Harding 和 Pagan（2002）构建一致性

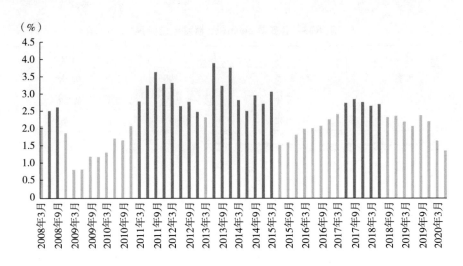

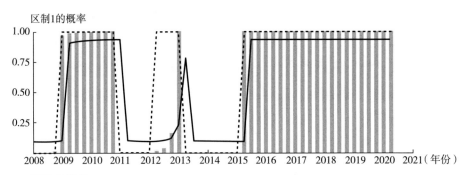

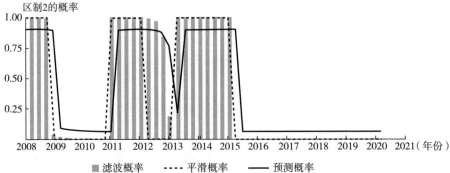

图8-5 MS-VAR 估计结果

资料来源：笔者根据模型计算得到。

指数，对两种方法划分的协同性进一步考察。如果一致性指数接近1，说明两种划分的区制一致。分析结果表明，两种划分方法的一致性指数为0.8，说明二者具有很好的协同性。

从各区制的转移概率矩阵来看，区制1得以持续的概率为 $p_{11} = 0.9375$，从区制1转为区制2的概率 p_{12} 仅为 0.0968。区制2得以持续的概率 $p_{22} = 0.9032$，区制2转移到区制1的概率 p_{21} 仅为 0.0625。可见这两个区制稳定性较高，在没有巨大的外生冲击的情况下将趋于保持下去。根据转移概率计算不同区制下的持续期，由期望持续期的公式可以得到，低利率区制的持续期（$1/(1-p_{11})$）为 16 个季度（4 年），而高利率区制的持续期（$1/(1-p_{22})$）为 10.33 个季度（约2.5 年）。不同利率阶段的持续长度具有一定程度的非对称性。从平滑概率图来看，低利率区制持续期分别为 8 个、4 个、21 个季度，而对应的高利率区制，其持续期分别为 4 个、5 个、8 个季度。这表明在金融危机后，在我国经济增速换挡的新时期，我国经济在低利率区制的持续概率和持续时间更长（见图 8-5）。

从估计系数来看，不同区制下的均值和方差有显著差别。高利率区制的截距和方差高于低利率区制。这进一步验证了不同利率区制下的经济结构不同。模型的似然比线性检验统计值为 17.5848，并且在 5% 的显著性水平下拒绝了线性模型的原假设，即 MS-VAR 的模型设定形式是合理的（见表 8-4）。

表 8-4　MS-VAR 估计结果

	区制 1	区制 2
ν_{gdp}	7.1581（5.7649）	7.9061（5.7606）
ν_{cpi}	2.1582（2.0025）	2.2055（2.0741）
ν_{rate}	2.0900（2.8342）	3.4126（2.8314）
σ_{gdp}	0.4190	0.9796
σ_{cpi}	0.6446	0.6467
σ_{rate}	0.2316	0.4093

似然比检验 LR = 17.5848（p 值 = 0.0403）

注：截距的回归系数的括号内为标准差。

资料来源：笔者根据模型计算得到。

5. 不同区制下货币政策效果分析

进行 MS-VAR 模型进行估计后，为了进一步检验我国不同利率区制下货币政策效果，笔者对模型进行脉冲响应函数分析。图 8-6 列出了在不同利率区制下，通货膨胀与产出分别对利率的脉冲响应结果。

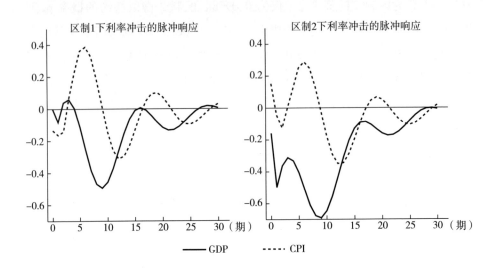

图 8-6　不同区制下脉冲响应

资料来源：笔者根据模型计算得到。

从通货膨胀率的脉冲响应曲线来看，利率对价格水平的冲击经过波动在第 4 期左右转为正向冲击，并逐渐上升，在第 6 期左右达到峰值，在第 10 期左右转为负，在第 30 期左右收敛。这表明提高利率将导致通货膨胀率的波动，从长期来看能有效抑制通胀。从产出的脉冲响应曲线来看，利率对产出的冲击基本为负，在第 9 期左右达到峰值，在第 30 期左右收敛。这表明提高利率将抑制经济过热，降低经济增速。

比较来看，在不同利率区制下，利率对通货膨胀率的冲击相似，但对产出的冲击具有显著差别。在低利率区制下，利率对产出的抑制作用明显小于高利率区制。从另一个角度来看，也说明低利率区制下，采用降低利率的价格型货币政策工具来促进产出增长效果有限。相反，在高利率区制下，降低利率可以有效地促进产出。

从我国经济运行情况来看，在高利率区制下，价格型货币政策对调节产出和物价有显著作用。2008 年底，中央银行 5 次降低贷款基准利率，有效地刺激了经济复苏，产出增长率在 2009 年大幅提高；2011 年，中央银行3 次提高贷款基准利率，有效抑制经济过热，使产出增长率在 2012 年有所下降。在低利率区制下，价格型货币政策对产出的刺激作用被弱化。例如，2015 年中央银行 5 次降低贷款基准利率，虽然通货膨胀率在 2016 年有效回升至 2%的水平，但产出增速基本稳定在 7%。比较来看，低利率区制下价格型货币政策的作用效果不及在高利率环境下使用同样手段时对产出以及价格水平产生的影响显著。

第四节　本章小结

本章分析了利率双轨制对我国利率体系和货币政策的影响。分析发现，利率双轨制导致我国利率低于均衡水平。利率双轨制压低了我国存贷款利率，并通过利率传导使市场利率和长期利率也低于均衡水平。随着利率市场化的推进，市场利率将向均衡利率水平收敛，存贷款利率将更有效地反映市场的资金供求状况，长期利率也将与我国名义经济增速相符，从而提高利率作为资金价格的有效性。实证研究表明，压低的利率限制了货币政策对商业银行存贷款利率和市场利率的传导效果，也弱化了对最终目标传导的有效性。随着利率市场化的推进，利率传导渠道将更为顺畅，从而可以提高货币政策有效性。

因此，我国需加快利率为主的货币价格调控方式转型，优化货币政策工具体系。在明确中央银行基准政策利率的基础上，通过公开市场操作、利率走廊等工具手段，确保操作目标利率与基准政策利率水平相符，逐步形成以基准政策利率为核心，利率走廊的上下限以及中央银行其他政策利率分工明确、合理联动的政策利率体系，从而加快货币政策价格型调控转型，疏通货币政策传导机制，并在此基础上探索符合中国实际的稳健利率规则。这对于深化金融供给侧结构性改革，促进经济高质量发展和形成国内国际双循环的新发展格局具有重要意义。

第九章　我国最优货币政策框架

近年来，我国经济逐步由高速增长阶段转向高质量发展阶段。在经济增长方式转型深度调整、供给侧结构性改革深入推进的当下，中央银行面临的经济约束条件发生了显著变化，这对货币政策调控提出了更高的要求。如何准确把握转型时期经济运行特征、完善货币政策框架、改进货币调控方式、更好地通过货币政策适应和引领经济新常态，具有非常重要的理论意义和现实意义。随着经济的迅猛发展和金融体系的健全完善，我国货币政策调控经历了逐步完善的过程。在调控方式上，由直接调控为主向间接调控方式过渡（张晓慧，2015）；在中介目标上，由以数量型工具为主向进一步发挥价格型工具作用的方向转变；在操作范式上，从相机抉择向规则型货币政策过渡。货币政策的发展为确保我国物价稳定和经济平稳健康发展发挥了应有的积极作用。

受计划经济思维和政策惯性的影响（周小川，2016），中国货币政策主要采取了相机抉择方式并更加偏重经济增长目标，当经济疲软时，采取适度宽松的政策来刺激经济，而经济过热则采取适度紧缩政策。相机抉择可以根据经济变化随时调整货币政策，具有很强的灵活性，在市场经济体制运行初期，对实现物价稳定和经济发展起到了较好的效果。但是，随着经济金融体系日益复杂，旨在熨平经济波动的货币调控往往会增加经济的不稳定性，传统的货币决策方式面临着日益严峻的挑战（Svensson，1997；Woodford，2002；卞志村，2007；余建干、吴冲锋，2014）。

在本章中，笔者对规则和相机抉择进行了深入的讨论，构建了符合我国实际的动态随机一般均衡（DSGE）模型，基于最优货币政策分析框架，通过社会福利函数和脉冲响应分析，讨论我国货币政策决策方式的选择问题。

第一节　现代货币政策规则研究框架

一、最优货币政策框架

尽管理论分析表明，相机抉择下社会福利损失和经济波动更大，规则行事优于相机抉择，但通过实际数据的计量实证分析仍会面临参数结构性变化的 Lucas 批判问题。如何评价规则行事和相机抉择，实际上涉及价值判断的福利分析，即属于规范研究范畴，这主要是在最优货币政策理论框架下展开的。最优货币政策理论源于 Poole（1970）以产出波动作为货币决策目标的思想，Barro 和 Gordon（1983）以此为基础对货币决策方式进行了规范分析，并逐渐形成了清晰的"货币政策科学"（Clarida et al.，1999）。最优货币政策理论通常给出一个反映社会福利的中央银行目标函数，并在一定约束条件下求解最优货币政策目标。目标函数和经济模型主要是在理性预期理论下，考虑价格黏性等新凯恩斯主义理论的基础上建立的。通常来讲，中央银行目标函数是一个关于产出、通胀等政策目标的二次型，针对最优货币政策的讨论就是在一定约束条件下使得中央银行效用损失函数最小。Barro 和 Gordon（1983）表明，当中央银行目标与社会福利目标存在差异（如中央银行失业率目标低于自然失业率，或产出目标高于潜在产出），相机抉择并不会提高产出，反而产生通货膨胀偏差（静态偏差）。Svensson（1997）和 Woodford（2002，2010）则进一步表明，即使中央银行目标与社会福利目标一致，在缺乏预先承诺机制下相机抉择仍会产生稳定性偏差（Stabilization Bias），影响经济的动态特征，降低社会福利及货币政策的可信度和有效性。最优货币政策框架具有坚实的理论基础，便于对不同货币政策进行模拟分析和评价，具有明确的政策指导意义。

中央银行效用损失函数是否与社会福利函数一致则成为最优货币政策理论研究的关键。中央银行效用损失函数最小时实现的经济稳定，即经济达到期望目标值并得以长期均衡稳定。显然，不同形式的中央银行效用损失函数对政策评价有着非常重要的影响，因而对不同模型结构和假设条件的普遍适用性成为最优货币政策研究的扩展方向（如反映中央银行政策偏好的产出通胀权重的选择、黏性工资价格调整机制、中央银行动态目标调整等）（Woodford，2010）。总的来看，在二阶近似条件下以中央银行效用损失函数作为社会福利函数的显性表达式，并在一定约束条件下对不同类型货币政策进行讨论，成为当前货币政策理论的重要研究范式。最优货币政策框架具有坚实的理论基础，便于对不同货币政策进行模拟分析，同时可以深入分析不同货币政策对社会福利和宏观经济的影响进而开展定量评价，因而具有明确的政策指导意义。

二、线性理性预期模型

各种形式的一般均衡模型都可以转化为线性状态空间模型的动态方程。以新凯恩斯一般均衡模型为例。

总需求曲线用混合式 IS 曲线表示为：

$$x_t = \theta x_{t-1} + (1-\theta) E_t x_{t+1} - (1-\theta) \sigma (i_t - E_t \pi_{t+1} - r_t^*) + u_t$$

其中，x_t 为产出缺口，即 $x_t = \log y_t - \log y_t^*$，$y_t$ 和 y_t^* 分别为实际产出和潜在产出。i_t 为名义利率，作为货币政策工具，π_t 为通货膨胀率，r_t^* 为自然利率，$E_t(\cdot)$ 为在给定 t 时期所有信息下的条件期望。当 $\theta = 0$ 时，IS 曲线即为拉姆齐模型（Blanchard and Fischer，1989）得到的欧拉方程，σ 为跨期替代弹性。

总供给曲线用菲利普斯曲线表示为：

$$\pi_t = \phi \pi_{t-1} + (1-\phi) \beta E_t \pi_{t+1} + (1-\phi) k x_t + \epsilon_t$$

当 $\phi=0$ 时，即为新凯恩斯菲利普斯曲线。它可以看作 Calvo 模型中垄断竞争企业最优化得到的总价格方程。在这一模型中，总价格变化受到未来价格的影响，未来价格期望的重要性由折现因子 β 决定，同时也受到前一期价格的影响，具有一定的价格黏性。

假设误差项服从一阶自回归（AR（1））过程为：

$$\epsilon_{t+1} = r_\epsilon \epsilon_t + \xi_t^\epsilon, \quad u_{t+1} = r_u u_t + \xi_t^u$$

根据拉姆齐模型，自然利率与经济增长率高度相关，由技术进步率决定，即 $r_t^* = r_g g_t + \xi_t^r$。技术进步增长率 g_t 满足 AR（1）过程 $g_t = g_{t-1} + \xi_t^g$，因此可以得到自然利率满足 $r_t^* = r^* + r_t^e$，$r_t^e = r_r r_{t-1}^e + \xi_t^r$。

同时假定通胀目标 $\pi_t^* = \pi^*$ 不随时间的推移而变化。

令 $Z_t = (1, \ r_t^e, \ u_t, \ \epsilon_t, \ x_{t-1}, \ \pi_{t-1})^T$，$z_t = (x_t, \ \pi_t)^T$。定义 $X_t = (Z_t, \ z_t)^T$ 为状态变量，这里 Z_t 为前定变量，即其一期预测误差是外生的（$Z_{t+1} - E_t Z_{t+1}$ 是外生变量）。z_t 是前瞻变量，即其一期预测误差是内生的（$z_t - E_t z_{t+1}$ 是内生变量）。利率 i_t 是工具变量。

上述混合型新凯恩斯一般均衡模型可以转化为：

$$
\begin{pmatrix}
1 \\
r_{t+1}^e \\
u_{t+1} \\
\epsilon_{t+1} \\
x_t \\
\pi_t \\
E_t x_{t+1} \\
E_t \pi_{t+1}
\end{pmatrix}
=
\begin{pmatrix}
0 & 0 & 0 & 0 & 0 & 0 & 0 & 0 \\
0 & r_r & 0 & 0 & 0 & 0 & 0 & 0 \\
0 & 0 & r_u & 0 & 0 & 0 & 0 & 0 \\
0 & 0 & 0 & r_E & 0 & 0 & 0 & 0 \\
0 & 0 & 0 & 0 & 0 & 0 & 1 & 0 \\
0 & 0 & 0 & 0 & 0 & 0 & 0 & 1 \\
-\sigma r^* & -\sigma & -\dfrac{1}{1-\theta} & \dfrac{\sigma}{(1-\phi)\beta} & -\dfrac{\theta}{1-\theta} & \dfrac{\sigma\phi}{(1-\phi)\beta} & \dfrac{1}{1-\theta}+\dfrac{\sigma k}{\beta} & -\dfrac{\sigma}{(1-\phi)\beta} \\
0 & 0 & 0 & -\dfrac{1}{(1-\phi)\beta} & 0 & \dfrac{\sigma}{(1-\phi)\beta} & -\dfrac{k}{\beta} & \dfrac{1}{(1-\phi)\beta}
\end{pmatrix}
$$

$$
\begin{pmatrix} 1 \\ r_t^e \\ u_t \\ \epsilon_t \\ x_{t-1} \\ \pi_{t-1} \\ x_t \\ \pi_t \end{pmatrix} + \begin{pmatrix} 0 \\ 0 \\ 0 \\ 0 \\ 0 \\ 0 \\ \sigma \\ 0 \end{pmatrix} i_t + \begin{pmatrix} 0 \\ \xi_t^r \\ \xi_t^u \\ \xi_t^\epsilon \\ 0 \\ 0 \\ 0 \\ 0 \end{pmatrix}
$$

转化为：

$$
\begin{pmatrix} Z_{t+1} \\ E_t z_{t+1} \end{pmatrix} = A \begin{pmatrix} Z_t \\ z_t \end{pmatrix} + B u_t + \begin{pmatrix} \varepsilon_{t+1} \\ 0 \end{pmatrix}
$$

此时目标变量可以选择为：$Y_t - \hat{Y} = C X_t^T + D u_t$

中央银行效用损失函数写为：

$$
L_t = (Y_t - \hat{Y})^T K (Y_t - \hat{Y}) = X_t^T Q X_t + X_t^T U u_t + u_t^T U X_t + u_t^T R u_t
$$

因此中央银行效用损失函数可以写为：

$$
L = E_0 \sum_{t=0}^{\infty} \beta^t (X_t^T Q X_t + X_t^T U u_t + u_t^T U^T X_t + u_t^T R u_t)
$$

三、最优货币政策规则

在这一框架下，最优货币政策规则可以转化为求解动态优化问题，即在线性理性预期模型的条件下求解中央银行效用损失函数的最小值。经过计算，可以得到方程的解为：

1. 规则条件（承诺）下的解（Commitment Equilibrium）

在完全承诺的情况下，优化问题的解为：

$$
\begin{pmatrix} Z_{t+1} \\ p_{t+1} \end{pmatrix} = M \begin{pmatrix} Z_t \\ p_t \end{pmatrix} + \begin{pmatrix} \epsilon_t \\ 0 \end{pmatrix}
$$

$$u_t = F_u \begin{pmatrix} Z_t \\ p_t \end{pmatrix}$$

$$z_t = F_z \begin{pmatrix} Z_t \\ p_t \end{pmatrix}$$

其中：

$$M = \begin{pmatrix} I & 0 \\ V_{21} & V_{22} \end{pmatrix} (A - BF) \begin{pmatrix} I & 0 \\ -V_{22}^{-1}V_{21} & V_{22}^{-1} \end{pmatrix}$$

$$F_u = -F \begin{pmatrix} I & 0 \\ -V_{22}^{-1}V_{21} & V_{22}^{-1} \end{pmatrix}, \quad F_z = (-V_{22}^{-1}V_{21}, \ V_{22}^{-1})$$

V 是 Steady-state Riccati Equation 的解：

$$V = \beta (A - BF)^T V (A - BF) + Q - UF - F^T U^T + F^T RF$$

F 满足：

$$F = (\beta B^T VB + R)^{-1} (\beta B^T VA + U^T)$$

其中，p_t 为影子价格（Shadow Price）或 Lagrange 乘子，为前定变量，初值为 0。

中央银行效用损失函数为：

$$L_t = Z_t^T V^* Z_t + p_t^T V_{22}^{-1} p_t + \frac{\mathrm{tr} (V^* \Gamma_{11}) \ \beta}{1 - \beta}$$

其中，$V^* = V_{11} - V_{12} V_{22}^{-1} V_{21}$，$\Gamma_{11} = \mathrm{cov} (\epsilon_t)$。

2. 相机抉择下的解（Discretion Equilibrium）

在规则行事下，私人部门根据政府的承诺在 t 期已形成预期，即私人部门的预期 $E_t z_{t+1}$ 在 t 期形成。而在相机抉择下，政府部门在 t 期决策时认为私人部门的预期已知。因此，私人部门的预期 $E_t z_{t+1}$ 在 t+1 期才形成，只取决于前定变量。

优化问题的解为：

$$z_t = JZ_t + Ku_t$$

$$u_t = -F^* Z_t$$

$$Z_{t+1} = (A^* - B^* F^*) Z_t + \epsilon_{t+1}$$

其中的系数矩阵可以通过迭代达到收敛得到。

中央银行效用损失函数为：

$$L_t = Z_t^T W Z_t + \frac{tr \left(W\Gamma_{11} \right) \beta}{1-\beta}$$

3. 简单规则下的解（Simple Rule Equilibrium）

货币政策制定者可以事先制定简单规则：$u_t = -FX_t$（Sölderlind 1999），即将工具变量表示为状态变量的线性组合，F 是事先给定的（如 Taylor 规则）。在这一情形下，优化问题的解相当于在最优规则问题中加入限制条件。

优化问题的解为：

$$z_t = CZ_t$$

$$u_t = FFZ_t$$

$$Z_{t+1} = MZ_t + \epsilon_{t+1}$$

其中的系数矩阵可以通过迭代达到收敛而得到。

四、目标规则与工具规则

在上面讨论的框架下，优化问题的解就是货币政策规则。广义来看，货币政策规则可以看作是中央银行按照一套事先确立的方针或指导（Prescribed Guide）进行操作。根据货币政策框架的层次，Svensson（1999）把货币政策规则划分为工具规则和目标规则。目标规则与工具规则相辅相成，目标规则一旦确定，就要根据货币政策框架最终目标和传导机制的不同，选择特定的货币政策工具操作路径；而工具规则也决定了中央银行的目标规则。

1. 目标规则

目标规则是根据特定目标变量和中央银行社会福利中央银行效用损失函数，通过一定约束的经济行为和政策工具调整，实现特定货币政策目标所确定的政策规则，也就是满足目标函数最优化条件并给出货币政策工具的确定原则。具体来说，就是通过最小化中央银行预先确定的中央银行效用损失函数，得到最优货币政策的一阶条件。一般来看，货币政策目标规则是货币当局宣布将一个特定的目标变量作为名义锚（Nominal Anchor），使社会福利最大化或中央银行效用函数损失最小化。目标规则的核心就是名义锚的选择。目标规则的政策实践由来已久，最早的目标规则就是金本位时期各国货币政策盯住黄金的政策，现行的目标政策也有很多，包括货币供应量目标制、汇率目标制、名义收入目标制、物价目标制等。近年来，国外学者关于目标规则的研究主要集中在通胀目标制上（卞志村，2007）。

Svenssen（1999）认为，目标规则一般通过最小化中央银行效用损失函数的优化，得到最优货币政策的一阶条件，目标规则可以表示为目标变量需要得到的目标方程。当假设中央银行可以完全控制目标变量，目标变量之间不存在其他关系时，针对中央银行效用损失函数，得到的目标方程为：

$Y_t = Y^*$

其中，Y_t 是目标变量。

如果变量之间存在相互关系，一阶条件变为：

$E_t Y_{t+\tau} = Y^*$

其中，Y_t 是目标变量，$E_t Y_{t+\tau}$ 是 $Y_{t+\tau}$ 的条件预测。

早期广泛使用的目标规则是弗里德曼货币数量规则。这一规则以货币增长率稳定为最终目标，即 $Y_t = \mu_t$，中央银行效用损失函数为：$L_t = \frac{1}{2} (\mu_t - \mu^*)^2$，其一阶条件为 $E_t \mu_{t+\tau} = \mu^*$，即货币增长率的 T 期后条件预测等于目标增长率。

通货膨胀目标制（Inflation Targeting）是近年来广泛使用的目标规则。Svensson（1997）证明，如果中央银行效用损失函数写为 $L_t = \frac{1}{2} [(\pi_t - \pi^*)^2 + \lambda y_t^2]$，经济系统中不含前瞻项，宏观模型写为：

$\pi_{t+1} = \pi_t + \alpha_1 y_t + \epsilon_{t+1}$

$y_{t+1} = \beta_1 y_t - \beta_2 (i_t - \pi_t) + u_{t+1}$

则一阶条件可以写为：

$$E_t \pi_{t+2} - \pi^* = c(\lambda)(E_t \pi_{t+1} - \hat{\pi})$$

当 $c(\lambda) = 0$ 时，目标变为 $E_t \pi_{t+2} = \pi^*$。

由此可见，通过传统实证分析广泛讨论的泰勒规则和通胀目标制等工具规则和目标规则都可以纳入现代的货币政策研究框架，被看作最优化问题解的特殊情形。

2. 工具规则

斯文森认为，工具规则一般是根据中央银行特定的货币政策工具设计的，是对政策工具的调节所依据的规则。它将工具变量表示为前瞻变量以及前定变量的特定函数。如果只采用前定变量，称为显性工具规则（Explicit Instrument Rule）；如果包括前瞻变量，则称为隐形工具规则（Svensson 2010）。

工具规则的一般形式为：

$$i_t = G(L) y_t$$

其中，i_t 是工具向量，y_t 是一个经济模型中的内生变量（包括前瞻变量和前定变量），$G(L)$ 为滞后算子 L 的多项式。

根据前面优化问题的解，工具规则可以写为：

$$u_t = F_u (Z_t p_t)^T$$

其中，Z_t、p_t 均为前定变量，即线性显性工具规则。

在线性工具规则中，如果参数比较简单，也称简单工具规则。常用的简单工具规则包括 McCallum 规则和泰勒规则等。McCallum 规则和泰勒规则都可以看作是优化问题得到的解的扩展。工具规则很少直接指导货币政策制定，其更主要的作用是作为评价货币政策的基准，可作为评价现有货币政策的参考框架（Svenssen，1998）。

3. 目标规则与工具规则

很多学者认为货币政策的目标规则和工具规则并不是互相对立的，通货膨胀目标制可以通过遵循泰勒规则来实现。Taylor（1999）认为，一方面目标规则需要工具规则作为操作程序以实现预定的目标；另一方面任何货币政策工具规则都需要设定一个目标，通货膨胀目标制和货币政策工具规则在一定程度上存在共生关系。在目标规则确定后，需要一定的操作规则，以避免由于操作任意性导致最终无法实现目标规则所确定的目标，而货币政策工具规则就是这样的操作程序。此外，为了增强货币政策的透明度，强调工具规则中的货币政策目标公开化，就是目标规则。

第二节　我国最优货币政策框架构建

本节以新凯恩斯主义价格黏性 DSGE 模型为基础，考虑到我国以银行为主的金融体系特征，参考 Gelain（2010）在 Smets 和 Wouters（2003）的基础上加入金融部门的做法，符合 Bernanke 等（1999）有关金融加速器的设定，通过优化反映社会福利的中央银行效用损失函数，求解最优货币政策规则。

一、模型的构建

DSGE 模型（见图 9-1）主要包括家庭、厂商、商业银行、中央银行和政府五个经济主体。家庭在商品市场购买消费品，在劳动力市场提供劳动力，在资金市场向银行提供存款。厂商包括最终厂商、资本生产者、中间厂商和企业家四个部分。中间厂商利用劳动力和资本存量生产中间商品卖给最终厂商。资本生产者将投资品转化为资本品卖给企业家。企业家从金融机构获得贷款、从资本生产者购买资本，并卖给中间厂商。最终厂商将中间商品转化为最终商品并卖给居民消费者。商业银行的主要功能是吸收居民存款并向中间厂商提供贷款。政府部门的主要职责是保持预算收支平衡。中央银行通过一定的决策方式来制定货币政策。

1. 家庭

存在连续的家庭，家庭在经济系统中进行消费、储蓄并提供劳动，通过劳动获得工资，通过银行存款获得利息收入。家庭在面对预算约束的情况下，选择适当的消费、工资和货币量来实现预期效用函数的最大化。

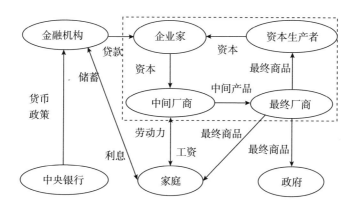

图 9-1 DSGE 模型的结构

资料来源：笔者根据模型设定。

家庭效用为：

$$E_0 \sum_{t=1}^{\infty} \beta^t U_t, \quad U_t = \frac{1}{1-\sigma_c}(C_t - hC_{t-1})^{1-\sigma_c} - \frac{1}{1+\sigma_l}L_t^{1+\sigma_l} + \frac{1}{1-\sigma_m}\left(\frac{M_t}{P_t}\right)^{1-\sigma_m}$$

家庭的预算约束为：

$$\frac{M_t}{P_t} + C_t + \frac{D_t}{P_t} = R_t \frac{D_{t-1}}{P_t} + W_t L_t + \frac{M_{t-1}}{P_t}$$

其中，支出包括现金 M_t/P_t、消费 C_t 和储蓄 D_t/P_t。收入包括工资 $W_t L_t$、存款利息 $r_{Dt} D_{t-1}/P_t$ 以及现金 M_{t-1}/P_t。

优化得到：

$$\hat{c}_t = \frac{h}{1+h}\hat{c}_{t-1} + \frac{1}{1+h}E_t\hat{c}_{t+1} - \frac{1-h}{(1+h)} \frac{1}{\sigma_c}\left(\hat{rm}_t - \hat{\pi}_{t+1}\right) + \frac{1-h}{(1+h)} \frac{1}{\sigma_c}\epsilon_t^c$$

$$\sigma_m \hat{m}_t = -\frac{1}{R-1}\hat{rm}_t + \sigma_c\left(\hat{c}_t - h\hat{c}_{t-1}\right) + \epsilon_t^m$$

其中，$\hat{rm}_t$ 为名义利率。

家庭在劳动力市场充当价格决定者，存在垄断竞争。假定家庭部门可以对其提供的差别化劳动服务设定工资。第 τ 个家庭的劳动为 L_t^τ，工资为 W_t^τ。

假设总体劳动满足：

$$LA_t = \left[\int_0^1 (L_t^\tau)^{\frac{1}{1+\lambda_t^w}} d\tau \right]^{1+\lambda_t^w}$$

优化得到：

$$L_t^\tau = \left(\frac{W_t^\tau}{W_t} \right)^{-\frac{1+\lambda_t^w}{\lambda_t^w}} L_t$$

工人面临 Calvo 定价约束，并可以相应的概率调整工资。

$$W_t^\tau = \begin{cases} \widetilde{W}_t & \text{概率为 } 1-\xi_w \\ \left(\dfrac{P_{t-1}}{P_{t-2}} \right)^{\gamma_w} W_{t-1}^\tau & \text{概率为 } \xi_w \end{cases}$$

其中，$\widetilde{W}_t$ 是 t 时刻的最优工资。

整理得到：

$$\hat{w}_t = \frac{1}{1+\beta} \hat{w}_{t-1} + \frac{\beta}{1+\beta} E_t \hat{w}_{t+1} - \frac{1+\beta\gamma_w}{(1+\beta)} \frac{\hat{\pi}_t}{\sigma_c} + \frac{\gamma_w}{1+\beta} \hat{\pi}_{t-1} + \frac{\beta}{1+\beta} E_t \hat{\pi}_{t+1} + \frac{1}{1+\beta}$$

$$\frac{(1-\xi_w\beta)(1-\xi_w)}{\xi_w \left(1 + \frac{1+\lambda^w}{\lambda^w} \sigma_L \right)} \left[\frac{\sigma_c}{1-h} (\hat{c}_t - h\hat{c}_{t-1}) + \sigma_L \hat{l}_t - \sigma_t^L - \hat{w}_t \right] + u_t^w$$

其中，$\hat{w}_t$ 为（对数线性化的）工资，$\hat{\pi}_t$ 为资本回报率，u_t^w 为工资冲击。

2. 最终厂商

最终厂商购买中间产品，并组合为最终产品出售给家庭、资本生产者和政府，处于完全竞争市场中。最终产品 Y_t 是一系列中间产品 Y_t^j 的组合。每种原材料 Y_t^j 的购进价格为 P_t^j，$j \in [0, 1]$，最终产品 Y_t 的销售价格为 p_t。

生产满足 Dixit-Stiglitz 生产函数，即：

$$Y_t = \left[\int_0^1 (Y_t^j)^{\frac{1}{1+\lambda_t^p}} dj \right]^{1+\lambda_t^p}$$

优化得到：

$$Y_t^j = \left(\frac{P_t^j}{P_t} \right)^{-\frac{1+\lambda_t^p}{\lambda_t^p}} Y_t$$

3. 中间厂商

存在连续的厂商，每个厂商生产不同的产品。他们处于垄断竞争中。第 j 个中间厂商的生产函数满足：

$$Y_t^j = A_t \widetilde{K}_{jt}^\alpha L_{jt}^{1-\alpha}$$

其中，A_t 为技术，其对数线性化之后满足 $\hat{a}_t = \rho_a \hat{a}_{t-1} + u_t^a$，$\widetilde{K}_{jt} = z_t K_{j,t-1}$ 为资本的有效使用，L_{jt} 为人力资本。

中间厂商的销售价格 P_t^j 存在黏性，满足 Calvo 定价，即厂商以概率 ξ_p 保持原有价格，γ_p 表示价格递减指数，则：

$$P_t^j = \begin{cases} \widetilde{P}_t & 1-\xi_p \\ \left(\dfrac{P_{t-1}}{P_{t-2}}\right)^{\gamma_p} P_{t-1}^j & \xi_p \end{cases}$$

其中，$\widetilde{P}_t$ 为 t 时刻的最优价格。

优化得到菲利普斯曲线（Gali，2008；Smets and Wouters，2003）：

$$\hat{\pi}_t = \frac{\gamma_p}{1+\beta\gamma_p}\hat{\pi}_{t-1} + \frac{\beta}{1+\beta\gamma_p}E_t\hat{\pi}_{t+1} + \frac{(1-\xi_p\beta)(1-\xi_p)}{\xi_p(1+\beta\gamma_p)}[(1-\alpha)\hat{w}_t + \alpha r_t^k - \hat{a}_t] + u_t^\lambda$$

其中，$\hat{\pi}_t$ 为（对数线性化的）通货膨胀率，$\hat{w}_t$ 为工资，r_t^k 为资本回报率，u_t^λ 为价格冲击。

4. 资本生产者

资本生产者处于完全竞争市场中。资本生产者把从最终厂商处购买的商品转化为投资，通过投资增加新的资本 $[1-S(\epsilon_t^I I_t/I_{t-1})]I_t$，再卖给企业家，价格为 Q_t。S 表示投资的调整成本，其中 $\psi = 1/S''(1)$ 表示投资调整成本的倒数。

资本方程为：

$$K_t = K_{t-1}(1-\delta) + \left[1-S\left(\frac{I_t}{I_{t-1}}\right)\right]I_t$$

优化并对数线性化得到投资和资本的方程为（Smets and Wouters，2003）：

$$\hat{I}_t = \frac{\beta}{1+\beta}E_t\hat{I}_{t+1} + \frac{1}{1+\beta}\hat{I}_{t-1} + \frac{\psi}{1+\beta}\hat{q}_t + \epsilon_t^I, \quad \epsilon_t^I = \rho^I\epsilon_{t-1}^I + u_t^I$$

$$\hat{k}_t = (1-\delta)\ \hat{k}_{t-1} + \delta\ (\hat{I}_t + \psi \epsilon_t^I)$$

其中，δ 为折旧率。

5. 企业家

存在一系列连续的企业家，企业家利用自有资本 N_t 以及从银行获得的贷款 B_t，从资本生产者处购买资本 K_t，满足：

$$Q_t K_t = B_t + N_t$$

根据金融加速器理论（Bernanke et al.，1999），优化并对数线性化之后得到：

$$\hat{f}_t = \frac{\overline{R}^k}{\overline{F}} \hat{r}_t^k + \frac{1-\delta}{\overline{F}} \hat{q}_t - \hat{q}_{t-1}$$

$$\hat{r}_t^l = \hat{f}_t - \frac{1}{\chi-1}(\hat{k}_{t-1} + \hat{q}_{t-1} - \hat{n}_{t-1})$$

$$\hat{f}_{t+1} = \hat{r}_{t+1} - v_k(\hat{q}_t^k + \hat{k}_t - \hat{n}_t)$$

$$\hat{n}_t = \gamma F\left[\chi \hat{f}_t - (\chi-1)\hat{r}_t + v_\kappa(\chi-1)(\hat{q}_{t-1}^k + \hat{k}_{t-1}) + (1-v_\kappa(\chi-1))\hat{n}_{t-1}\right]$$

$$\hat{r}_t = \hat{rn}_t - \hat{\pi}_{t+1}$$

其中，$\hat{f}_{t+1}$ 为名义资本收益，$\hat{r}_t^l$ 为贷款利率，$\hat{r}_t$ 为实际市场利率，$\hat{n}_t$ 为自有资本，γ 为企业生存比例，$\chi = K/N$ 为资本资产比率。

金融加速器表明，企业的外部风险溢价与资本净值成反比，当资本净值较低时，杠杆率高的企业有更大的违约概率，因此外部风险溢价高。

6. 商业银行

商业银行从家庭吸收存款 D_t，同时给企业家贷款 B_t。

7. 政府和中央银行

政府保持预算收支平衡：$G_t = T_t$。

假设财政政策是外生的，政府支出满足：$\hat{g}_t = \rho_g \hat{g}_{t-1} + u_t^g$，中央银行制定货币政策。

8. 市场均衡

劳动市场的均衡得到：

$$\hat{l}_t = -\hat{w}_t + (1+\phi)\ \hat{r}_t^k + \hat{k}_{t-1}$$

其中，ϕ 是资本效用成本弹性的倒数。

市场均衡条件是最终厂商的总产出等于家庭消费、投资、政府消费和资本利用成本的总和，即 $Y_t = C_t + G_t + I_t + \Psi(z_t) K_{t-1}$，对数线性化得到：

$$\hat{y}_t = (1 - \delta k_y - g_y)\hat{c}_t + \delta k_y \hat{I}_t + g_y \hat{g}_t + k_y \overline{R}^k \phi \hat{r}_t^k$$

其中，$k_g = \overline{K}/\overline{Y}$，$g_y = \overline{G}/\overline{Y}$。

同时，根据生产函数，有：

$$\hat{y}_t = \alpha \hat{k}_{t-1} + \alpha \phi \hat{r}_t^k + (1-\alpha)\hat{l}_t + \hat{a}_t$$

9. 弹性系统

当经济系统不存在摩擦，即满足价格弹性（$\xi_p = 0$）和工资弹性（$\xi_w = 0$），同时满足融资溢价为零，此时对应的实际利率为自然利率 r_t^f，产出为潜在产出 y_t^f。此时经济系统满足的方程为：

$$\hat{c}_t^f = \frac{h}{1+h}\hat{c}_{t-1}^f + \frac{1}{1+h}E_t\hat{c}_{t+1}^f - \frac{1-h}{(1+h)\sigma_c}(\hat{r}_t^f) + \frac{1-h}{(1+h)\sigma_c}\epsilon_t^c$$

$$\sigma_m \hat{m}_t^f = -\frac{1}{\overline{R}-1}\hat{rn}_t + \sigma_c(\hat{c}_t^f - h\hat{c}_{t-1}^f) + \epsilon_t^m$$

$$\hat{I}_t^f = \frac{\beta}{1+\beta}E_t\hat{I}_{t+1}^f + \frac{1}{1+\beta}\hat{I}_{t-1}^f + \frac{\psi}{1+\beta}\hat{q}_t^f + \epsilon_t^I$$

$$\hat{k}_t^f = (1-\delta)\hat{k}_{t-1}^f + \delta(\hat{I}_t^f + \psi\epsilon_t^I)$$

$$\hat{w}_t^f = (1+\lambda_t^w)(\sigma_l\hat{I}_t^f + \frac{\sigma_c}{1-h}(\hat{c}_t^f - h\hat{c}_{t-1}^f))$$

$$\hat{a}_t = (1-\alpha)\hat{w}_t^f + \alpha\hat{r}_t^{kf}$$

$$\hat{l}_t = -\hat{w}_t^f + (1+\phi)\hat{r}_t^{kf} + \hat{k}_{t-1}^f$$

$$\hat{y}_t^f = (1-\delta k_y^f - g_y^f)\hat{c}_t^f + \delta k_y^f\hat{I}_t^f + g_y^f\hat{g}_t^f + k_y^f\overline{R}^{kf}\phi\hat{r}_t^{kf}$$

$$\hat{y}_t^f = \alpha\hat{k}_{t-1}^f + \alpha\phi\hat{r}_t^{kf} + (1-\alpha)\hat{l}_t^f + \hat{\epsilon}_t^a$$

$$\hat{f}_t^f = \frac{\overline{R}^{kf}}{\overline{F}^f}\hat{r}_t^{kf} + \frac{1-\delta}{\overline{F}^f}\hat{q}_t^f - \hat{q}_{t-1}^f$$

$$\hat{r}_t^{lf} = \hat{f}_t^f - \frac{1}{\chi^f - 1}(\hat{k}_{t-1}^f + \hat{q}_{t-1}^f - \hat{n}_{t-1}^f)$$

$$\hat{f}^f_{t+1} = \hat{r}^f_{t+1}$$

$$\hat{n}^f_t = \gamma F^f \left[\chi^f \hat{f}^f_t - (\chi^f - 1) \hat{r}^f_t + v_\kappa (\chi^f - 1) (\hat{q}^k_{t-1} + \hat{k}_{t-1}) + (1 - v_\kappa (\chi^f - 1)) \hat{n}^f_{t-1} \right]$$

二、中央银行货币决策方式

中央银行负责制定并执行货币政策。全体社会成员福利的最大化是评价货币政策的最终标准。Woodford（2003）在新凯恩斯模型中证明，中央银行效用损失函数是社会福利函数的二阶近似。根据我国的经济情况，中央银行以物价和产出稳定作为最终目标，中央银行效用损失函数可以表示为：

$$L = E_0 \sum_{t=0}^{\infty} \beta^t L_t$$

其中，$L_t = \hat{\pi}^2_t + \lambda \hat{x}^2_t$。$\hat{\pi}_t$ 是通货膨胀率缺口，$\hat{x}_t = \hat{y}_t - \hat{y}^f_t$ 为产出缺口，λ 表示产出的权重。

中央银行在三种不同的方式下进行货币政策决策，即相机抉择、完全承诺最优货币规则和简单规则。

1. 完全承诺最优货币规则

DSGE 模型的均衡解可以转化为线性理性预期模型，中央银行效用损失函数可以写为：

$$L = E_0 \sum_{t=0}^{\infty} \beta^t (z^T_t Q z_t)$$

其中，Q 为系数矩阵。

根据第一节的推导，可以在线性理性预期方程下求解上述中央银行效用损失函数，得到最优货币政策规则形如（Söderlind，1999）：

$$u_t = F_u (x_t, \rho_t)^T$$

其中，ρ_t 是优化的拉格朗日乘子。在完全承诺下的最优货币政策中，工具可表示为已知的前定变量和乘子的函数。

2. 相机抉择

根据第一节的推导，相机抉择下的最优货币政策规则形如：

$$u_t = F_t x_t$$

在相机抉择下的最优货币政策中，工具可表示为已知的前定变量的函数。

3. 简单规则

由于解的形式复杂，因此在完全承诺的情况下最优货币规则在实际政策应用中仍存在一定的技术困难。为此，可采用简单规则来近似完全承诺最优货币规则（Söderlind，1999；刘斌，2003）。简单规则可以表示为 $u_t = -FX_t$，即将工具变量表示为前定变量的线性组合，F 是事先给定的。这里，考虑泰勒规则形式的混合规则。

根据上一部分的推导，得到：

$$\sigma_m \hat{m}_t = -\frac{1}{\overline{R}-1} \hat{rn}_t + \sigma_c \left(\hat{c}_t - h\hat{c}_{t-1} \right) + \epsilon_t^m$$

减去相应的潜在变量，得到：

$$\sigma_m \left(\hat{m}_t - \hat{m}_t^f \right) + \frac{1}{\overline{R}-1} \left(\hat{rn}_t - \hat{rn}_t^f \right) = \sigma_c \left(\hat{c}_t - \hat{c}_t^f - h \left(\hat{c}_{t-1} - \hat{c}_{t-1}^f \right) \right)$$

其中，消费的缺口近似为产出缺口，$\hat{m}_t$ 表示实际货币增速，等于名义货币增速 $\hat{mn}_t$ 与通货膨胀率 $\hat{\pi}_t$ 之差，因此可以得到：

$$\frac{1}{\overline{R}-1} \left(\hat{rn}_t - \hat{rn}_t^f \right) = \sigma_c (1-h) \left(\hat{y}_t - \hat{y}_t^f \right) + \sigma_m \left(\hat{\pi}_t - \hat{\pi}_t^f \right) - \sigma_m \left(\hat{mn}_t - \hat{mn}_t^f \right)$$

转化为经验式，得到混合规则为：

$$\hat{rn}_t = \hat{r}_t^f + \hat{\pi}_t + r_y \left(\hat{y}_t - \hat{y}_t^f \right) + r_\pi \left(\hat{\pi}_t - \hat{\pi}_t^f \right) - r_m \left(\hat{mn}_t - \hat{mn}_t^f \right)$$

三、数据选取与参数估计

首先，模型的稳态参数根据校准得到。其中，折现因子 β 参考刘斌（2008）和 Gelain（2010）的研究选择 0.99。研究认为资本折旧率 δ 的年度值约为 10%（李成等，2009），对应的季度值选择 2%。风险溢价的稳态值 $\overline{S}$ 参考李成等（2009）和 Gelain（2010）的研究选择 1.005。中间产品的替代

弹性参数 λ^P 选为5，家庭工资的替代弹性参数 λ^w 选为2。中间商品厂商的生产函数中资产占产出的比重 α 设定为0.3。根据赵平（2013）的研究，上市公司的资产负债率约为0.6，因此稳态时净财富与总资产之比 NW/K 为0.4。根据支出法的 GDP 年度数据，消费占产出比重平均约为50%，设消费占产出的比重 C/Y 为0.5（见表9-1）。

表9-1　DSGE 模型的稳态参数校准

参数	含义	取值
β	折现因子	0.99
δ	季度资本折旧率	0.02
α	生产函数中的资产比例	0.3
NW/K	净财富与总资产之比	0.4
λ^w	家庭工资的替代弹性参数	2
λ^P	中间产品的替代弹性参数	5
C/Y	消费占产出比重	0.5
$\overline{S}$	风险溢价的稳态值	1.005

资料来源：笔者根据数据校准得到。

其次，模型中的其他参数根据贝叶斯估计得到。选取产出、通货膨胀率、利率和货币供应量数据进行参数校准和估计。在产出方面，采用中华人民共和国国家统计局公布的2010年不变价表示的当季 GDP 数据作为实际产出数据并进行对数化处理，通过 X11 方法进行季节调整，在此基础上计算产出环比增长率。在通货膨胀率方面，研究认为 GDP 平减指数可以全面反映物价变化情况（苏乃芳等，2016），因此选择 GDP 平减指数衡量通货膨胀率。根据名义 GDP 和实际 GDP 计算 GDP 平减指数，从而计算 GDP 平减指数的环比增长率。在利率方面，尽管我国尚未明确公布市场政策目标利率，但根据我国货币市场现状和各国经验（王宇、李宏瑾，2015），笔者选取银行间市场隔夜质押式回购利率进行估算。在货币供应量方面，根据季调的广义货币供应量计算环比增速其数据来自 Wind、CEIC 数据库。

在贝叶斯估计时，参考 Gelain（2010）、Del Negro 和 Schorfheide（2012）的研究给定先验分布，并采用 Metropolis 算法计算后验均值（见表 9-2）。

表 9-2 DSGE 模型的参数估计

参数和含义	先验分布	先验均值	先验标准差	后验均值
冲击的持续性参数				
ρ_b 偏好冲击的持续性	β	0.5	0.2	0.9851
ρ_l 劳动力冲击的持续性	β	0.5	0.2	0.5044
ρ_x 投资冲击的持续性	β	0.5	0.2	0.9930
ρ_a 技术冲击的持续性	β	0.5	0.2	0.4018
ρ_g 政府支出冲击的持续性	β	0.5	0.2	0.7744
ρ_m 货币冲击的持续性	β	0.5	0.2	0.6470
冲击的标准差				
u_b 偏好冲击的标准差	Inv_ Gamma	0.1	0.5	0.0215
u_l 劳动力冲击的标准差	Inv_ Gamma	0.1	0.5	0.0432
u_x 投资冲击的标准差	Inv_ Gamma	0.1	0.5	0.0224
u_a 技术冲击的标准差	Inv_ Gamma	0.1	0.5	0.0246
u_λ 价格冲击的标准差	Inv_ Gamma	0.1	0.5	0.0165
u_g 政府支出冲击的标准差	Inv_ Gamma	0.1	0.5	0.0235
u_w 工资冲击的标准差	Inv_ Gamma	0.1	0.5	0.0365
u_m 货币冲击的标准差	Inv_ Gamma	0.1	0.5	0.0537
其他参数				
v_k 融资溢价参数	Normal	0.1	0.1	0.1628
γ 企业生存比例	Beta	0.9	0.01	0.8985
h 消费习惯形成参数	Beta	0.5	0.1	0.1800
σ_l 劳动力供给弹性的倒数	Normal	1.5	0.5	1.7316
σ_c 消费替代弹性的倒数	Normal	3	0.5	4.4343
σ_m 实际货币弹性的倒数	Normal	1.5	0.5	1.8674
γ_w 工资递减系数	Beta	0.5	0.1	0.4933
γ_p 价格递减系数	Beta	0.5	0.1	0.4810
ξ_w 工资调整比例	Beta	0.5	0.1	0.2363
ξ_p 价格调整比例	Beta	0.5	0.1	0.5317

续表

参数和含义	先验分布	先验均值	先验标准差	后验均值
ψ 投资调整成本的倒数	Normal	0.2	1	0.1853
φ 资本效用成本弹性的倒数	Normal	0.1	0.1	0.2637
规则参数				
r_π 通货膨胀缺口系数	Normal	0.5	1	5.5147
r_y 产出缺口系数	Normal	0.5	0.1	0.0814
r_m 货币缺口系数	Normal	0.5	0.1	−0.0150

资料来源：笔者根据模型估计得到。

最后，从简单规则的参数估计结果可以看出，我国的混合型货币政策中，利率对通货膨胀缺口的反应比较敏感，系数达到5.5147，利率对产出缺口系数的敏感性较低，系数约为0.0814。与此同时，利率对货币缺口系数为负，说明货币增速缺口与市场利率负相关。根据流动性效应（Friedman and Kuttner，2011），货币供应量也与市场利率呈现显著的负相关关系。因此，估计结果表明我国的流动性效应显著。

第三节　不同货币决策方式的比较

一、不同决策方式对社会福利的影响

在模型中，相机抉择、完全承诺的最优规则与简单规则的货币决策方式可以得到不同的最优货币政策方程。为比较三种货币决策方式对社会福利的影响，分别计算中央银行效用损失函数，并计算中央银行效用损失函数中通货膨胀和产出的偏差。

从表9-3中可以看出，无论是兼顾产出的通胀目标制（λ=0.5）、产出物价双目标制（λ=1），还是在兼顾物价的产出目标制（λ=1.5）下，完全承诺的最优货币政策所实现的中央银行效用损失函数均达到最小，而相机抉择下中央银行效用损失函数都是最大，且明显高于完全承诺的情形。由此可见，相机抉择的货币政策会造成中央银行更大的损失，社会福利更低。简单规则得到的中央银行损失介于二者之间，说明简单规则可以较好地近似完全承诺下的最优货币政策。

表 9-3　不同决策方式下中央银行效用损失函数

λ = 0.5	完全承诺	相机抉择	简单规则
中央银行效用损失函数	0.1613	0.3500	0.1842
通货膨胀损失	0.0047	0.1921	0.0271
产出损失	0.3132	0.3157	0.3142
λ = 1	完全承诺	相机抉择	简单规则
中央银行效用损失函数	0.3164	1.3528	0.3413
通货膨胀损失	0.0081	1.0459	0.0271
产出损失	0.3083	0.3069	0.3142
λ = 1.5	完全承诺	相机抉择	简单规则
中央银行效用损失函数	0.4700	5.3668	0.4984
通货膨胀损失	0.0108	4.9184	0.0271
产出损失	0.3061	0.2989	0.3142

资料来源：笔者根据模型计算得到。

从不同的权重来看，在兼顾产出的通胀目标制（λ = 0.5）下，中央银行以通货膨胀率稳定为主要目标。从三种决策方式来看，完全承诺下的最优货币政策规则虽然产出损失与相机抉择差别不大，但是通胀损失显著小于相机抉择。这说明完全承诺很好地实现了货币政策的最终目标。在双目标（λ = 1）下，中央银行同时兼顾产出和通胀的稳定性，完全承诺下整体损失最小。这表明经过产出与通胀的权衡，完全承诺可以更好地实现货币政策目标，同时有利于保持经济系统的稳定性。在兼顾物价的产出目标制（λ = 1.5）下，中央银行以产出稳定为主要目标。完全承诺下整体中央银行效用损失函数仍显著低于相机抉择。

与此同时，经比较发现简单规则在通胀损失、产出损失和整体损失方面介于完全承诺和相机抉择之间，而且更接近完全承诺，这说明简单规则可以很好地近似完全承诺下的最优货币政策。相比完全承诺而言，简单规则明确给出了规则的形式，具有很好的实际应用性和政策指导性。这从福利分析的角度出发，在理论上验证了泰勒规则对于最优货币政策很好的近似性，为探索符合我国国情的货币政策规则提供了重要参考。

总的来说，完全承诺和简单规则作为事先承诺的机制，可以解决货币政策抉择的时间不一致问题，提高货币政策的透明度和可信性，从而提高货币政策的调控效果和有效性。相比较而言，相机抉择的货币政策会造成中央银行更大的损失，社会福利会更低。这也从模型分析的角度证明了规则行事有利于提高货币政策的有效性。

比较发现，随着中央银行效用损失函数中产出的权重 λ 的提高，得到的损失也有所增大。在不同目标权重条件下，无论采取何种货币决策方式，兼顾产出的通胀目标制（$\lambda = 0.5$）得到的损失都是最小的。这从社会福利的角度表明，新常态下的灵活通胀目标制规则行事有利于社会福利的最大化，因此货币政策最终目标方面应更关注于一般价格稳定目标，采取以通货膨胀为主同时兼顾经济增长的多目标制。

二、不同货币决策方式对经济的影响

下面笔者分析不同货币政策决策下技术冲击、政府支出冲击、工资冲击和价格冲击对于经济的影响。这里考虑到几种不同货币政策目标的结果相似，笔者选择双目标制（$\lambda = 1$）来进行分析，图9-2给出了产出、通胀和利率的脉冲响应函数。

当经济受到技术冲击时，由于技术冲击对生产函数的影响，会使产出增加、物价降低、利率降低，最终趋于稳定。货币政策在稳定产出和稳定通胀上存在两难抉择，需要牺牲部分产出的稳定性来实现通胀稳定。从图9-2可以看出，在技术冲击的作用下，三种货币政策决策方式都通过损失一定的产出来稳定通胀率，且三种决策对经济的动态影响是不同的。从通货膨胀率来看，初期完全承诺下冲击使通胀率减小−0.0028，而相机抉择使通胀率减小−0.0036，完全承诺的影响更小。从后期来看，完全承诺和相机抉择下通胀都迅速收敛。从产出来看，完全承诺下产出增加0.0085，而相机抉择下增加0.0094，这说明完全承诺下更稳定。从名义利率的变化、波动幅度和收敛速度来看，完全承诺比相机抉择更有利于利率水平的稳定。

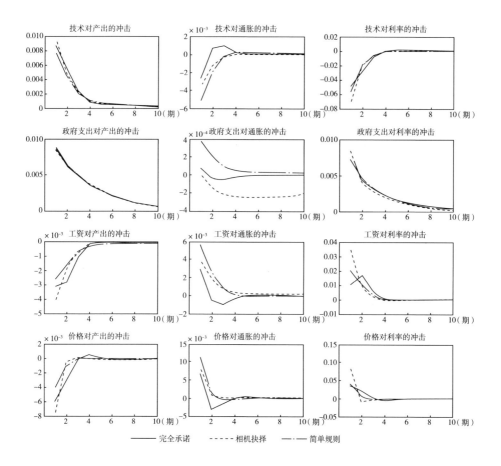

图 9-2 不同决策方式下冲击对产出、通胀和利率的脉冲响应函数

资料来源：笔者根据模型计算得到。

当经济受到政府支出冲击时，会使产出增加、利率提高，最终趋于稳定。完全承诺和相机抉择下冲击对产出和利率的影响相似。从通货膨胀率来看，初期完全承诺和相机抉择下冲击对通胀率的影响相近，此后完全承诺下通胀趋于稳定，但是相机抉择下通胀进一步降低，在第 10 期仍未收敛。这表明相机抉择下通胀的波动幅度大、持续时间较长，不利于经济稳定。与此同时，从工资冲击与价格冲击的影响都可以看出，完全承诺下冲击对经济的影响幅度更小，收敛时间更快，经济更稳定。简单规则基本与完全承诺相似。

由此可见，完全承诺和简单规则这两种规则行事的货币政策决策方式更有利于经济稳定。从理性预期的角度来看，规则行事的货币政策决策遵守事先承诺，私人部门根据中央银行的承诺进行资源配置，因此规则行事对预期可以产生系统性的影响。相反，在相机抉择下，货币政策在每期都假定人们的预期给定，仅考虑经济的当前形势，市场预期是根据货币政策和经济形势不断调整的，这将使市场的预期不稳定。由此可见，规则行事便于进行市场预期管理，有利于形成稳定的市场预期和提高货币政策的前瞻性。同时，规则行事可以有效平滑经济增长速度，从而实现稳定宏观经济运行的目标。当经济过热时，规则行事的货币政策可以有效抑制超过潜在产出的总需求。反之，当经济运行趋冷时，规则行事的货币政策会刺激投资需求和消费需求，从而可以实现经济的有效扩张。虽然相机抉择具有很强的灵活性，对于实现短期目标具有很好的效果，但是货币政策传导往往具有一定的时间滞后性，逆周期调节的相机抉择增加了经济的不稳定性，这将进一步导致经济的剧烈波动。

第四节　本章小结

本章利用 DSGE 模型的最优货币政策框架，通过社会福利函数和脉冲响应分析,比较了相机抉择、完全承诺最优规则和简单规则等不同货币政策决策方式的具体效果。结果表明,无论中央银行最终目标偏好如何,规则行事货币政策(完全承诺或简单规则)的社会福利损失及通货膨胀和产出偏差都要明显优于相机抉择,而且在面临技术冲击时,规则行事货币政策下产出和通货膨胀率等经济变量波动更加平稳,因而我国货币政策亟须向规则行事转型;简单规则下中央银行效用损失介于完全承诺和相机抉择之间,可以很好地近似完全承诺下最优货币政策规则,具有很好的实际应用性和政策指导性,这为今后探索并采用符合我国国情的泰勒规则形式的简单货币政策规则提供了可靠的理论依据。

近年来,我国宏观经济环境和条件发生了巨大变化,这要求货币政策必须主动认识和适应新常态。从货币政策决策机制来看,由于规则行事下中央银行遵循事先承诺,可以有效引导私人部门根据中央银行政策规则进行资源配置,因此规则行事货币政策可以对预期产生系统性影响,有效解决政策的时间不一致性问题,提高货币决策的透明度和可信性;有利于形成稳定的市场预期,便于中央银行的预期管理,提高货币政策的前瞻性和有效性。今后的货币政策应逐步探索符合中国实际的利率操作规则,提高利率操作和货币政策的有效性。

第十章　利率双轨制下的
中国自然利率估算

在我国货币政策规则的探索中，自然利率作为经济系统的均衡实际利率具有重要的作用。本章在对自然利率的内在含义、政策意义、理论发展、估算方法进行深入分析的基础上，通过构建考虑隐性利率双轨制的 DSGE 模型，对中国自然利率水平进行了估算，这为我国货币政策合理设定利率目标水平、选择符合我国实际的利率规则以及有效开展货币政策调控具有非常重要的意义。

第一节　自然利率在货币政策规则中的重要作用

自然利率（Natural Rate of Interest）最早在 1898 年由瑞典学派先驱 Wicksell（1936）提出，在货币政策规则中发挥了重要的作用。自然利率又称作均衡实际利率（Equilibrium Real Interest Rate）或中性利率（Neutral Interest Rate）思想，它不仅是宏观经济分析的重要概念，也是当前各国货币决策讨论的核心内容。自然利率对经济均衡具有非常重要的影响，利率缺口能够体现货币政策当局的政策立场，从而能有效判断经济走势。特别是，随着 20 世纪 80 年代中期以来各国货币政策普遍转向以利率为主的价格型调控模式，中央银行大多（隐含地）遵循泰勒规则（Taylor，1993）进行利率决策，获得了广泛成功，这成为全球进入长达二十余年经济稳健增长且较低通胀的"大缓和"时代的重要政策因素（Gambetti and Gali，2009）。在泰勒规则中，均衡实际利率就是自然利率，对名义利率水平和利率决策都有着非常重要的影响。因此，通过对自然利率的合理准确估计对货币决策和经济均衡都具有非常重要的意义。

由于自然利率对经济的均衡和名义利率水平有着非常重要的影响，并且现实的实际利率与自然利率的差异能够体现中央银行的货币政策立场并判断经济运行态势，因而各国中央银行在进行利率决策时都或多或少体现了 Wicksell 的自然利率（中性利率）思想。例如，20 世纪 90 年代美国经济繁荣时期，联邦公开市场委员会的很多委员都提到，Taylor（1993）的 2%均衡实际利率水平不足以反映技术变化和经济增长的长期趋势，均衡实际利率应更多反映实际经济的变化，Ferguson（2004）从货币决策者的角度对此进行了详细的说明。正是由于对均衡实际利率的过低估计以及其他因素影响，2001 年以来主要国家政策利率长期偏离 Taylor 规则所揭示的正常水平（Poole，2007），货币政策表现出明显的相机抉择倾向，这在很多经济学家看来是导致全球金融危机的重要原因（Taylor，2016）。

随着全球金融危机后主要国家经济复苏进程和货币政策的分化，近年来各界（特别是中央银行）再次掀起了新一轮自然利率的研究热潮。一方面，在美国经济强劲复苏的背景下，如何评价危机期间的超低利率政策并顺利实现加息和货币政策正常化，成为包括美联储在内各方非常关注的问题。通过对自然利率的估计和分析，能够合理评估危机期间的美联储货币政策，更好地判断未来货币政策走势。为此，以 Laubach 和 Williams（2003，2015）为代表的美联储工作人员和很多学者（如 Barsky et al.，2014；Hamilton et al.，2016）都对美国自然利率水平进行了大量估算研究。Yellen（2015，2017）、Fischer（2016）等货币决策者都从自然利率视角对加息和货币政策正常化的具体政策路径进行了深入讨论。2016 年 2 月美联储发布的"货币政策报告"还以专栏形式对未来自然利率的长期走势进行了说明，2018 年 7 月，美联储主席鲍威尔在国会听证会上指出美联储将在加息过程中密切关注中性利率（Powell，2018）。另一方面，在大规模非常规货币政策下，包括美国在内的主要发达经济体的表现远远逊于预期，Summers（2013）重新提出了长期性停滞假说，引起人们对危机后潜在产出增速下降和持续低利率问题的关注。美联储（Fischer，2016，2017）和IMF（2014）等国际组织都对全球性低利率问题进行了大量讨论。特别是，英国退出欧盟使本已明显好转的英国经济再次面临严峻考验，欧元区和日本则一度在经济衰退的边缘苦苦徘徊并不得不求诸颇具争议的负利率政策。即使是经济基本面良好的美国，受人口老龄化和技术进步放缓等影响，也不得不面临自然利率大幅下降并持续低迷的"新常态"（Christensen and Rudebusch，2019；Clarida，2018）。全球金融危机后，实际利率的趋势性下降和短期菲利普斯曲线的扁平化也使得以自然利率为基准的货币政策面临两难的境地（Clarida，2018）。自然利率估算对美、欧、日、英等主要中央银行货币决策尤为重要（Cunliffe，2016；Draghi，2016；Fujiwara et al.，2016）。

第二节　自然利率的主要理论及估算方法

一、自然利率的理论发展

受时代和研究方法的局限，Wicksell（1936）对自然利率并没有给出一个完整明确的定义，仅是含混地阐述了自然利率的思想。作为瑞典学派的重要传承，按照Myrdal（1939）的解释，从本质起源、形成过程和最终作用来看，自然利率就是与物质资本回报率（或生产率）相符（源于物质生产）、使资本供求相等（也即储蓄与投资的资本市场供求过程）并保持价格中性（物价稳定的最终作用）的利率。而且，Lindahl（1939）的分析表明，自然利率的这三层含义相当于经济均衡条件，只有市场的货币利率等于资本边际生产率（也就是自然利率）、储蓄等于投资且物价稳定，经济才能实现均衡，而且货币利率与自然利率一致直接决定着后两个条件的实现，即是经济均衡的关键条件。自然利率主要取决于生产效率（技术的改进）、劳动投入以及家庭时间偏好等实体经济长期因素，而现实中市场的货币利率则主要是由金融机构决定的，因此两者并不必然相等并且难免出现偏离，这为各国政府和中央银行突破古典经济学和传统货币数量论的消极货币政策主张，通过利率政策积极开展货币调控提供了重要的理论依据，极大地启发了 Keynes（1930）的货币理论并为其开创宏观经济学奠定了基础。虽然自然利率是使经济实现均衡和货币保持中性的利率，但自然利率只是一个理论上的抽象概念，因而自然利率理论在很长一段时期并未得到应有的重视而几乎被"遗忘"（Leijonhufvud，1981）。

20 世纪 80 年代以来，各国货币政策重新转向利率调控，再加上有关泰勒规则讨论的深入开展，自然利率才逐渐得到了各方的高度关注。在理论方面，Woodford（2003）做出了重要贡献，他在新凯恩斯主义基础之上，提出并倡导新维克赛尔框架（Neo‐Wicksellian）。在新维克赛尔框架下，Woodford（2003）将自然利率定义为不存在价格和工资黏性情形下（即完全竞争条件下的充分价格弹性）与稳态增长路径相符的实际利率，也就是说自然利率与经济的价格黏性和货币政策无关，这与 Wicksell（1936）给出的定义是一致的。如果实际利率与均衡利率相等，经济就可以实现潜在产出并处于稳态水平，使储蓄与投资相等并保持物价稳定，因而 Woodford（2003）的新维克赛尔框架下均衡利率与自然利率的三层含义及泰勒规则中的均衡实际利率或中性利率是一致的。Woodford（2003）是以新凯恩斯理论为基础的，而包含垄断、信息不对称等价格黏性特征的新凯恩斯主义更符合经济的实际情况，并成为当前宏观经济学的主流研究方法，也即所谓的新新古典综合（Mishkin，2011）。Woodford（2003）的新维克赛尔框架复兴了 Wicksell（1936）的思想，使经济学家们进一步深刻认识到自然利率在宏观经济分析和货币理论中的重要性。本章在 Woodford（2003）的定义下进行自然利率的估计。

二、自然利率的估算方法

由自然利率的理论发展引发了早期很多有关自然利率估算的研究，并涌现出了很多自然利率估算方法的综述性文献（Giammarioli and Valla，2004；Cuaresma and Gnan，2007），各国中央银行也针对自然利率开展了大量估算工作（Ferguson，2004；ECB，2004）。由于理论出发点不同和强调的因素各异（如单纯的时间序列趋势分析法、金融市场信息法等），各种方法都是根据自然利率不同层次定义和特征进行估算的，各有利弊。随着对自然利率理论研究的深入开展，通过一般均衡模型或自然利率的经济均衡条件来刻画利率、产出和通胀等主要变量关系，对自然利率进行更为稳健可靠的估计，成为目前自然利率最主要的估算方法，这主要以最早由 Neiss 和 Nelson（2003）提出的基于新维克赛尔框架下的动态随机一般均衡（DSGE）模型和最早由 Laubach 和 Williams（2003）提出的基于新凯恩斯主义状态空间模型，也称为 LW 法。由于理论和方法上的优势，DSGE 法和 LW 法成为当前中央银行估算自然利率并进行货币政策评估最主要的方法（Yellen，2015；李宏瑾、苏乃芳，2016；Wieland，2018）。

从长期经济增长的角度出发，自然利率是不存在价格黏性的新古典增长理论欧拉方程对应的实际利率，因此与经济长期潜在产出增速和稳态增长路径相符的均衡实际利率（"黄金法则"）就是"长期"自然利率。Taylor（1993）在"黄金法则"思想下根据 1984 年第一季度至 1992 年第三季度样本期美国 2.2% 的平均经济增速，将均衡实际利率设为 2%。Beyer 和 Wieland（2019）将 Taylor（1993）的样本扩展至 2018 年，即使考虑到全球金融危机的冲击，但美国的 GDP 平均增速仍接近 2%，因此 Taylor 规则中设定 2% 的自然利率水平符合"长期"自然利率的含义。此外，也有学者根据生产率变化（技术进步，TFP）数据估算自然利率水平（Evans，2020）。

1. LW 法

Laubach 和 Williams（2003）将自然利率视为不存在总供求暂时性冲击

条件下与潜在产出水平相符的实际利率，完整深入地刻画了自然利率与产出、通货膨胀等经济变量的动态关系，并利用状态空间模型对不可观测的自然利率进行估算。LW 的计量模型以 Woodford（2003）等为代表的新凯恩斯主义作为理论基础，将一般均衡理论框架下的总供给和总需求曲线（IS-Philips 曲线）作为测量方程，将通过拉姆齐模型最优化家庭效用函数得到的利率与技术进步的关系（即"黄金法则"）及服从随机过程的技术进步、家庭时间偏好等变量作为状态方程，从而估算自然利率水平。基于新凯恩斯主义的 LW 法对经济变量的动态关系进行了完整的理论描述，估计得到的自然利率具有充分的经济学含义，这也是有别于传统趋势分析法而将 LW 法称作"半结构化模型"的主要原因（Pescatori and Turunen，2016）。LW 法的自然利率侧重于对经济影响的中长期因素，作为半结构化模型，其估计仍依赖于时间序列数据的趋势性信息，并不考虑短暂临时性经济冲击的影响，估算结果更为平滑（Mester，2015），因此 LW 法估算的自然利率又被称作"中期"自然利率（Laubach and Williams，2015）。LW 法可针对不同问题修正测量方程或状态方程，保留了传统趋势分析法应用灵活、操作简便的优势，因此得到了广泛的应用（Wieland，2018）。

但是，LW 法仍存在一定的不稳健性。一方面，Laubach 和 Williams（2003）很早就承认，状态空间模型估算不可观测的自然利率存在很大的不确定性，由于状态方程决定了自然利率在很大程度上依赖于产出增长率，数据的初值和最终值对自然利率的估计结果影响很大，因此估计结果可能不稳健（Umino，2014）。LW 法对全球金融危机以来美国的自然利率估算进行了更新，但不同研究得到的结果差异较大（Laubach and Williams，2015；Holston et al.，2017），在一定程度上也说明了 LW 法的不稳健性。Beyer 和 Wieland（2019）专门讨论了 LW 法的不确定性问题，指出 LW 法的自然利率平均标准差高达 2.3%，在 95% 置信区间下自然利率波动范围非常大，选择不同的产出变量、改变初值设定等都会明显改变自然利率的估计结果。另一方面，LW 法基于总供给和总需求曲线仅考虑产出、通胀以及利率之间的关系，可能遗漏重要的变量，导致估计结果并不稳健（Taylor and Wieland，2016）。由此，很多扩展 LW 法的研究对美国自然利率的估计结果与 Laubach 和 Williams（2015）存在很大差异，例如，Kiley（2015）、Pescatori 和 Turunen（2016）分别考虑了信贷利差、股票资产溢价等因素，Hakkio 和 Smith（2017）考虑了中央银行资产负债表规模变化对期限溢价和自然利率的影响，Ferreira 和 Shousha（2020）讨论了各国安全资产稀缺与自然利率的关系，Lewis 和 Vazquex-Grande（2017，2019）利用贝叶斯方法估计参数等。可见，LW 法存在一定的不稳健性，需要通过更准确地刻画经济结构来完善 LW 法。

2. 基于 DSGE 模型的方法

与 LW 法相比，基于 DSGE 模型的估计方法属于结构化分析方法，以微观理论为基础分析宏观问题，严格按照一般均衡理论和动态优化方法描述经济主体在不确定条件下的经济行为，具有完整的经济学含义并能够为决策提供可靠的参考依据，已成为当前宏观经济分析和中央银行政策评估的主流方法（刘斌，2008，2016）。Woodford（2003）提出的新维克赛尔框架下的自然利率是在无限期界一般均衡模型下得到的，是使经济达到自然（潜在）产出的均衡利率水平，这样能够保证经济由短期向长期稳态增长的路径（Amato，2005），DSGE 法估计的自然利率考虑了各种经济冲击的影响，与经济周期密切相关，波动也更大（Del Negro et al.，2019），因此，新维克赛尔框架下通过 DSGE 模型估算的自然利率又被称作"短期"自然利率（Kiley，2015）。Woodford（2003）的新维克赛尔框架以新凯恩斯理论为基础，包含垄断、信息不对称等特征，其理论模型更符合经济现实，以此为基础通过 DSGE 模型估算的自然利率，微观经济基础更为坚实，具有显著的理论优势。

DSGE 模型能够完整描述经济动态系统，更好地刻画作为内生变量的自然利率和各种冲击对经济均衡的具体影响路径，但基于微观基础的一般均衡模型往往建立在很强的理论假设基础之上，不同的模型设定和对经济冲击的处理方式得到的估算结果存在较大差异，在货币政策实践中通常需要比较不同的 DSGE 模型结果（Mester，2015；Yellen，2015）。根据经济主要特征刻画更符合实际的结构化模型，如考虑金融摩擦因素（Del Negro et al.，2019）、开放条件（Clarida，2018）或人口结构特征（Okazaki and

Sudo, 2018；Lis et al., 2020），成为完善 DSGE 模型方法的重要方向。因此，更准确地刻画经济结构，构建更符合现实的具有微观经济基础的一般均衡模型，对完善 DSGE 模型的自然利率估计来说，具有非常重要的意义。

需要指出的是，很多学者分别从长期、中期、短期的视角对自然利率进行了概念上的分类（Kiley, 2015；Laubach and Williams, 2015；Wieland, 2018）："黄金法则"计算得到的称为"长期"自然利率；LW 法得到的称为"中期"自然利率；DSGE 方法得到的称为"短期"自然利率。Woodford（2003）的新维克赛尔框架下利用 DSGE 模型估算的自然利率，其定义仍是不存在价格和工资黏性条件下的均衡实际利率，这与传统的自然利率概念和"黄金法则"没有本质上的区别。将 DSGE 模型得到的新维克赛尔自然利率通过移动平均方法消除短期因素的干扰，同样符合"长期"自然利率的含义（Taylor and Wieland, 2016）。可见，在长期、短期视角下自然利率概念上的差异，主要是与估算方法有关，与自然利率的定义关系不大。

3. 我国自然利率估计

对于自然利率的合理准确估计而言，经济模型结构是否准确仍是最为重要的问题。准确刻画具有中国特征的结构化模型，对合理估计中国自然利率水平和进行货币经济分析都具有非常重要的理论和现实意义。目前，中国自然利率的估计主要以 LW 法为主，其中邓创等（2012）、潘淑娟和叶斌（2013）并未很好地考虑中国利率管制的经济特征，以 LW 法估计得到的自然利率水平基本在零附近波动。李宏瑾等（2016）、李宏瑾和苏乃芳（2016）、Li 和 Su（2020）分别考虑了中国经济增长的人口因素、货币数量调控特征、杠杆率和对外开放因素，对中国经济结构进行了较合理的刻画，他们对中国自然利率的估计更为合理，但作为半结构化模型，仍未考虑中国利率管制和利率双轨制的典型特征。目前，通过 DSGE 模型估算中国自然利率的研究还比较少见。蔡群起和龚敏（2016）在 Smets 和 Wouters（2003）提出的模型的基础上，利用 DSGE 模型对中国自然利率进行了估计，但其模型刻画并未体现中国经济（特别是利率管制）的典型特征。类似地，徐忠和贾彦东（2019）也只是在 Justiniano 等（2011）提出的模型的基础上，通过 DSGE 模型估计中国自然利率水平，其估算的自然利率为 10 年期国债收益率，而非当前自然利率估算研究和中央银行更关注的短期隔夜自然利率（Kiley，2015；Yellen，2015）。虽然贺聪等（2013）考虑了中国利率双轨制条件，但模型中假定家庭贷款与产出呈线性关系，并未从金融加速器的机制出发研究贷款量在经济中的内生关系，而且该模型主要针对存款自然利率进行估计，对货币价格调控的意义并不大。

本章将构建考虑利率双轨制的 DSGE 模型，并对中国自然利率进行合理的估计。

第三节　考虑利率双轨制特征的 DSGE 模型

本章考虑中国利率双轨制特征，构建符合中国实际的 DSGE 模型。模型的基本框架参考 Gelain（2010）在 Smets 和 Wouters（2003）的基础上加入金融部门，并创新性地对贷款利率、存款利率和市场利率分别进行刻画，从而深入分析我国的利率双轨制情况。

一、家庭部门

存在连续的家庭，家庭在面对预算约束的情况下，选择适当的消费、工资和货币量来实现预期效用函数的最大化。家庭效用为：

$$E_0 \sum_{t=1}^{\infty} \beta^t U_t, \quad U_t = \frac{\epsilon_t^b}{1-\sigma_c}(C_t - hC_{t-1})^{1-\sigma_c} - \frac{\epsilon_t^L}{1+\sigma_l}LA_t^{1+\sigma_l} + \frac{\epsilon_t^M}{1-\sigma_m}\left(\frac{M_t}{P_t}\right)^{1-\sigma_m}$$

家庭的预算约束为：

$$\frac{M_t}{P_t} + C_t + \frac{D_t}{P_t} = R_{Dt}\frac{D_{t-1}}{P_t} + W_t LA_t + \frac{M_{t-1}}{P_t} + G_t$$

其中，支出包括现金 M_t/P_t、消费 C_t 和储蓄 D_t/P_t；收入包括劳动 LA_t

所得工资 $W_t LA_t$、税收等转移支付 G_t、存款利息 $R_{Dt}D_{t-1}/P_t$，以及现金 M_{t-1}/P_t；R_{Dt} 表示存款利率。

优化并对变量进行对数线性化之后得到：

$$\hat{c}_t = \frac{h}{1+h}\hat{c}_{t-1} + \frac{1}{1+h}E_t\hat{c}_{t+1} - \frac{1-h}{(1+h)\,\sigma_c}\,(\hat{r}_{Dt}-\hat{\pi}_{t+1}) + \frac{1-h}{(1+h)\,\sigma_c}\epsilon_t^b$$

$$\sigma_m\hat{m}_t = -\frac{1}{r_d-1}\hat{r}_{Dt} + \sigma_c\,(\hat{c}_t - h\hat{c}_{t-1}) + \epsilon_t^m$$

假设存款和家庭持有的现金对数线性化之后满足：$\hat{d}_t = d_m\hat{m}_t + e_t^d$，其中 e_t^d 符合自回归过程：$e_t^d = p_d e_{t-1}^d + \epsilon_t^d$。

家庭在劳动力市场存在垄断竞争，参考 Smets 和 Wouters（2003），工资的菲利普斯曲线为：

$$\hat{w}_t = \frac{1}{1+\beta}\hat{w}_{t-1} + \frac{\beta}{1+\beta}E_t\hat{w}_{t+1} - \frac{1+\beta\gamma_w}{(1+\beta)\,\sigma_c}\hat{\pi}_t + \frac{\gamma_w}{1+\beta}\hat{\pi}_{t-1} + \frac{\beta}{1+\beta}E_t\hat{\pi}_{t+1} + \frac{1}{1+\beta}$$

$$\frac{(1-\xi_w\beta)\,(1-\xi_w)}{\xi_w\left(1+\dfrac{1+\lambda^w}{\lambda^w}\sigma_L\right)}\left[\frac{\sigma_c}{1-h}\,(\hat{c}_t - h\hat{c}_{t-1}) + \sigma_L\hat{la}_t - \epsilon_t^L - \hat{w}_t\right] + \epsilon_t^w$$

其中，$\hat{w}_t$ 为（对数线性化的）工资、$\hat{\pi}_t$ 为通货膨胀率、λ^w 为劳动市场垄断程度、γ_w 为工资价格递减指数、ξ_w 为工资黏性、ϵ_t^L 为劳动力市场冲击、ϵ_t^w 为工资冲击。

二、厂商部门

存在连续的中间厂商，每个厂商生产不同的产品。他们处于垄断竞争中。第 j 个中间厂商的生产函数满足：$Y_t^j = A_t\widetilde{K}_{jt}^e LA_{jt}^{1-e}$。其中，$A_t$ 为技术，其对数线性化之后满足：$\hat{a}_t = \rho_a\hat{a}_{t-1} + \epsilon_t^a$。$\widetilde{K}_{jt} = z_t K_{j,t-1}$ 为资本的有效使用。

中间厂商的销售价格存在黏性，参考 Smets 和 Wouters（2003），价格满足菲利普斯曲线：

$$\hat{\pi}_t = \frac{\gamma_p}{1+\beta\gamma_p}\hat{\pi}_{t-1} + \frac{\beta}{1+\beta\gamma_p}E_t\hat{\pi}_{t+1} + \frac{(1-\xi_p\beta)\,(1-\xi_p)}{\xi_p\,(1+\beta\gamma_p)}[(1-e)\,\hat{w}_t + er_t^k - \hat{a}_t] + \epsilon_t^\lambda$$

其中，γ_p 为价格递减指数、ξ_p 为价格黏性、r_t^k 为资本回报率、ϵ_t^λ 为价格冲击。

最终厂商购买中间产品，并将其组合为最终产品出售，属于完全竞争市场。最终产品 Y_t 是一系列中间产品 Y_t^j 的组合，生产满足 Dixit-Stiglitz 生产函数。

资本生产者处于完全竞争市场中。资本生产者将从最终厂商处购买的商品转化为投资，通过投资增加新的资本 $\left[1-S\left(\dfrac{I_t}{I_{t-1}}\right)\right]I_t$，再卖给企业家，价格为 Q_t。S 表示投资的调整成本，其中 $\psi = 1/S''(1)$ 表示投资调整成本的倒数。资本折旧率为 δ。

优化并对数线性化得到投资和资本的方程分别为（Smets and Wouters，2003）：

$$\hat{I}_t = \frac{\beta}{1+\beta}E_t\hat{I}_{t+1} + \frac{1}{1+\beta}\hat{I}_{t-1} + \frac{\psi}{1+\beta}\hat{q}_t + \epsilon_t^I, \quad \epsilon_t^I = \rho^I\epsilon_{t-1}^I + u_t^I$$

$$\hat{k}_t = (1-\delta)\hat{k}_t + \delta\hat{I}_t$$

企业家利用自有资本 N_t 以及从银行获得的贷款 L_t，从资本生产者处以 Q_t^k 的价格购买资本 K_t，满足 $Q_t^kK_t = N_t + L_t$。

t 期，企业家以 R_t^k 的租金出售资产。企业家拥有未折旧的资本，同时资本成本为 $\Psi(z_t)$，z_t 为资本使用效率。企业的收益为：

$$\prod\nolimits_t = R_t^kz_tK_{t-1} + (1-\delta)K_{t-1}Q_t^k - \Psi(z_t)K_{t-1}$$

企业受到冲击 ω，导致收益减少，ω 的分布为 F(ω)，满足 $E\omega = 1$。企业的收益为 $\omega\prod\nolimits_t$。假设厂商违约的阈值为 $\overline{\omega}$，即当 $\omega < \overline{\omega}$ 时企业违约，违约后企业的资产由银行进行清算，由于存在监督成本，因此银行得到比例为 $1-\mu$ 的企业收益；$\omega \geqslant \overline{\omega}$ 时企业可还本付息，并获得额外收入。因此企业的利润为：

$$V_{t+1} = \int_{\overline{\omega}}^{\infty}\left[\omega\prod\nolimits_{t+1} - R_{Lt+1}L_t\right]dF(\omega)$$

贷款利率 R_{Lt} 满足：$\overline{\omega}\prod\nolimits_{t+1} = R_{Lt+1}L_t$。

厂商生存率为 γ，则厂商的净资本为 $N_t = \gamma V_t$。

三、银行部门

1. 银行利润

模型对利率双轨制下的银行部门的行为进行刻画。2015 年 10 月，我国取消了存款利率浮动限制，但是基准利率对于存贷款利率仍具有重要影响。一方面，出于货币调控手段和传导机制及金融机构产品定价等方面的考虑，我国仍保留了存贷款基准利率，存贷款基准利率在货币调控和银行利率定价中仍发挥重要的作用。另一方面，2013 年放开贷款利率的同时，我国建立了市场利率定价自律机制。银行存贷款利率与基准利率的偏离不仅受自律组织的约束，还是宏观审慎政策评估（MPA）的重要考核内容，商业银行利率定价大幅偏离基准利率将影响其 MPA 评分。因而，与基准利率的偏离程度显著影响了金融机构产品定价。可见，尽管当前已经放开了存贷款利率浮动限制，但由于存贷款基准利率是银行定价的重要参考且仍被压抑在较低水平，我国仍存在着隐性的利率双轨制特征（李宏瑾、苏乃芳，2018）。本章考虑利率双轨制的特征，基于 Monti-Klein 模型（Freixas and Rochet，2008）对我国银行部门进行刻画。

银行吸收存款并发放贷款，向中央银行缴纳准备金，并通过同业拆借弥补流动性不足。其资产负债表为：

$$\widetilde{C}_t^s + L_t + \alpha_t D_t = D_t + \widetilde{C}_t^d$$

其中，D_t 为银行的存款、L_t 为贷款、α_t 为存款准备金率、$\widetilde{C}_t^s$ 和 $\widetilde{C}_t^d$ 分别为拆出资金和拆入资金。

假设市场利率为 R_t，这里利率均为名义利率。

银行的收入包括贷款收益和拆出资金收益，银行的支出包括存款利息和拆入资金利息以及管理成本 $Cost_t$。参考 Dib（2010）等的设定，令 $Cost_t = (C_D D_t^2 + C_L L_t^2) /2$，将其表示为存贷款的运营成本。

根据企业家部分的讨论，银行贷款得到的预期收益为：

$$\int_{\underline{\omega}}^{\infty} R_{Lt+1} L_t dF(\omega) + \int_0^{\overline{\omega}} (1-\mu) \omega \prod_{t+1} dF(\omega)$$

定义 $H(\bar{\omega}) = \int_{\bar{\omega}}^{\infty} dF(\omega) + \dfrac{1}{\bar{\omega}} \int_{0}^{\bar{\omega}} (1-\mu)\omega dF(\omega)$，银行贷款收益为：

$H(\bar{\omega}) R_{Lt+1} L_t$

银行的利润为：

$\pi_{it} = H(\bar{\omega}) R_{Lt+1} L_{it} + R_{t+1} (\tilde{C}_t^s - \tilde{C}_t^d) - R_{Dt+1} D_t - Cost_t - F_{Lt} - F_{Dt}$

采用存款利率定价成本和贷款利率定价成本 F_{Dt} 和 F_{Lt} 来刻画利率双轨制，定义为 $F_{Dt} = F'_D D_t R_{Dt}$ 和 $F_{Lt} = F'_L L_t R_{Lt}$。令 $\bar{R}_D$ 和 $\bar{R}_L$ 分别为存款基准利率和贷款基准利率，设 $F'_L = (R_{Lt} - \bar{R}_L)/R_{Lt}$ 和 $F'_D = (R_{Dt} - \bar{R}_D)/R_{Dt}$ 分别为贷款利率和存款利率偏离基准利率时银行的成本，表示了利率的管制程度。这一成本在我国表示商业银行利率定价仍围绕基准利率浮动的背景下具有明确的现实意义。由于基准利率存在压低，当贷款利率高于基准利率或存款利率高于基准利率时，加之谈判成本、定价成本、考核成本等问题，银行的利润则会减少。因此，利率定价偏离成本对于商业银行来说不容忽视。

通过利润最大化得到银行的存款、贷款利率满足（Freixas and Rochet, 2008）：

$$R_{Dt+1} = \dfrac{R_{t+1}(1-\alpha) - C_D D_t}{1 + F'_D}, \quad R_{Lt+1} = \dfrac{R_{t+1} + C_L L_t}{(1 + F'_L) H(\bar{\omega})}$$

从优化结果来看，贷款利率水平与市场利率、贷款总量、贷款管理成本呈现正相关，贷款利率水平与贷款利率与基准利率的偏离成本呈现负相关，同时依赖于企业的违约情况；存款利率水平与市场利率呈现正相关，存款利率水平与存款总量、准备金率、存款管理成本以及存款利率与基准利率的偏离成本呈现负相关。

在完全市场化条件下，商业银行将完全根据市场供求进行存贷款利率定价，不存在存贷款利率与基准利率的偏离成本，即利率管制程度将为零：$F'_L = 0$，$F'_D = 0$。用上标 0 代表利率完全市场化情形，此时的银行存贷款利率记为 R_{Dt}^0 和 R_{Lt}^0。分析发现，在其他变量不变的情况下，$R_{Lt} < R_{Lt}^0$，$R_{Dt} < R_{Dt}^0$。由此可见，存贷款基准利率和利率偏离成本（利率管制）使商业银行

存贷款利率低于完全市场化的存贷款利率水平。这表明尽管存贷款利率浮动限制已经取消，但我国仍存在明显的利率双轨制特征，这使市场化的金融市场利率被人为扭曲压低。

2. 均衡时贷款利率

根据企业部门的分析，企业的利润为：

$$\int_{\underline{\omega}}^{\infty} [\omega \prod_{t+1} - R_{Lt+1} L_t] dF(\omega)$$

需满足的约束条件为：

$$H(\overline{\omega}) R_{Lt+1} = \frac{R_{t+1} + C_L L_t}{1 + F'_L}$$

为简化，这里假定 $C_L = 0$

企业的优化问题为在约束条件下进行利润最大化：

$$\begin{cases} \max_{L_t, \overline{\omega}} \int_{\underline{\omega}}^{\infty} [\omega \prod_{t+1} - R_{Lt+1} L_t] dF(\omega) \\ \\ s.t. \ H(\overline{\omega}) R_{Lt+1} = \frac{R_{t+1}}{1 + F'_L} \end{cases}$$

根据金融加速器理论（Bernanke et al, 1999），令 $F_{t+1} = \prod_{t+1} / Q_t^k K_t$ 为企业资本收益率，满足 $\overline{\omega} F_{t+1} Q_t^k K_t = R_{Lt+1} L_t$，则优化的结果为：

$$F_{t+1} = S\left(\frac{Q_t^k K_t}{N_t}\right) \frac{R_{t+1}}{1 + F'_L}$$

$$R_{Lt+1} = \overline{\omega} S(\rho_t) \left(\frac{\rho_t}{\rho_t - 1}\right) \frac{R_{t+1}}{1 + F'_L}, \quad \rho_t = \frac{Q_t^k K_t}{N_t}$$

其中，$S(\cdot)$ 表示融资溢价函数。这里假定企业的外部融资 $L_t > 0$，即 $\rho_t > 1$。

从优化结果来看，企业的贷款利率与市场利率之间的融资溢价来源于两个部分：第一部分是 $\overline{\omega} S(\rho_t)(\rho_t / \rho_t - 1)$，来源于企业自身的违约清算成本，融资溢价依赖于企业的杠杆率水平；第二部分是 $R_t / (1 + F'_L)$，来源于银行的贷款机会成本，融资溢价随着贷款管制成本的提高而增加。

3. 稳态与对数线性化

假设不存在管制的市场利率为 R_t^0，根据银行间市场的分析（李宏瑾、苏乃芳，2018），对数线性化满足：$\hat{r}_t = F_1 \hat{r}_t^0 + F_2$。

根据银行的优化决策分析，存贷款利率的稳态满足：

$$\overline{R}_L = \kappa \frac{\overline{R}}{1+F'_L}, \quad \overline{R}_D = \frac{\overline{R}(1-\alpha) - C_D \overline{D}}{1+F'_D}$$

其中，$\kappa = \overline{\omega} S(\overline{\rho}) \dfrac{\overline{\rho}}{\rho-1}$，$\overline{\rho} = K/N$ 为资本资产比率。

对数线性化方程为：

$$\hat{r}_{Dt+1} = \frac{(1-\alpha)\overline{R}}{(1-\alpha)\overline{R} - C_D \overline{D}} \hat{r}_{t+1} - \frac{C_D \overline{D}}{(1-\alpha)\overline{R} - C_D \overline{D}} \hat{d}_t$$

$$\hat{r}_{Lt+1} = v_k (\hat{q}_t^k + \hat{k}_t - \hat{n}_t) + \hat{r}_{t+1}$$

其中，$v_k = \psi - 1/(\overline{\rho}-1)$，$\psi = S'(\overline{\rho})/S(\overline{\rho})\overline{\rho}$。

企业资本满足（Bernanke et al.，1999；Gelain，2010）：

$$\hat{n}_t = \overline{\rho}\hat{r}_{Lt} - (\overline{\rho}-1)\hat{r}_t + \left(\frac{\overline{\rho}}{\rho-1} - \psi(\overline{\rho}-1)\right)(\hat{q}_{t-1}^k + \hat{k}_{t-1}) - \left(\frac{1}{\overline{\rho}-1} - \psi(\overline{\rho}-1)\right)\hat{n}_{t-1}$$

$$\hat{z}_t = \phi \hat{r}_t^k$$

其中，$\hat{r}_t^k$ 为资本收益、$\hat{r}_t$ 为实际市场利率、$\hat{n}_t$ 为自有资本、$\hat{z}_t$ 为资本使用效率。

四、自然利率

当经济系统不存在摩擦，即满足价格弹性（$\xi_p = 0$）和工资弹性（$\xi_w = 0$），企业的清算成本为零，同时不存在利率管制，此时经济系统达到不存在系统摩擦的处于完全竞争条件下的充分价格弹性。根据 Woodford（2003）的定义，此时的实际利率为自然利率。因此，在没有管制情况下的实际利率 R_t^0 对应的弹性系数利率 R_t^{f0} 就是自然利率。

五、中央银行

虽然我国货币政策以数量调控为主，但中央银行在日常操作中仍非常重视价格调控的作用，在利率市场化改革过程中更加重视利率价格手段（徐忠，2018）。中央银行制定货币政策，满足泰勒规则：

$$\hat{r}_t^0 = \phi_m \hat{r}_{t-1}^0 + (1-\phi_m)\left[\hat{r}_t^{f0} + r_\pi \hat{\pi}_{t-1} + r_y(\hat{y}_{t-1} - \hat{y}_{t-1}^f)\right] + \epsilon_t^r$$

六、市场均衡

劳动市场的均衡得到：

$$\hat{la}_t = -\hat{w}_t + (1+\phi)\hat{r}_t^k + \hat{k}_{t-1}$$

ϕ 是资本效用成本系数。

市场均衡条件是最终厂商的总产出等于家庭消费、投资、政府消费和资本利用成本的总和，即 $Y_t = C_t + G_t + I_t + \Psi(z_t) K_{t-1}$，对数线性化得到：

$$\hat{y}_t = (1-\delta k_y - g_y)\hat{c}_t + \delta k_y \hat{I}_t + g_y \hat{g}_t + k_y \overline{R}^k \phi \hat{r}_t^k$$

其中，$k_g = \overline{K}/\overline{Y}$，$g_y = \overline{G}/\overline{Y}$。

假设政府支出满足：$\hat{g}_t = \rho_g \hat{g}_{t-1} + \epsilon_t^g$

同时，根据生产函数有：

$$\hat{y}_t = \alpha \hat{k}_{t-1} + \alpha \phi \hat{r}_t^k + (1-\alpha)\hat{I}_t + \hat{a}_t$$

第四节　对我国自然利率的估算

一、参数校准与估计

1. 参数校准

DSGE 模型的稳态参数根据校准得到（见表 10-1）。根据 2004—2020

年金融机构存款准备金率的平均值设定存款准备金率 x 为 15%。以 2004 年
1 月至 2020 年 12 月样本数据校准利率的稳态值。以隔夜银行间质押式回购
利率作为市场利率的代表，利率均值约为 2%，对应的季度利率约为 0.5%，
因此选择受管制的市场利率的稳态值为 1.005。根据李宏瑾等（2016）的测
算及白重恩和张琼（2014）对中国资本回报率的测算，2004 年以来我国的
自然利率水平在 2.5% 左右，考虑样本期平均通胀水平，市场名义利率水平
在 5% 左右，对应的季度利率约为 1.3%，因此选择市场利率的稳态值为
1.013。根据两个利率估算得到线性关系的系数 F_1 和 F_2 分别为 0.4 和 0.6。
我国一年期存款利率和一年期贷款利率平均为 2.5256% 和 6.5692%，对应
的季度利率约为 0.6314% 和 1.6323%，选择管制的存款利率稳态值和贷款
利率稳态值分别为 1.0063 和 1.0163。根据实际数据估算得到存款利率偏离
基准利率的成本为 0.0004，贷款利率偏离基准利率的成本 F_L^i 为 0.0027。结
合已有数据校准得到贷款溢价参数 $\overline{\omega}^*$ 为 0.6053，存款管理成本 $C_D\overline{D}$ 为
−0.1523，存款与现金之间的比例 d_m 为 26。

参考刘斌（2008）、Gelain（2010）的研究，折现因子 β 设为 0.995。
根据李成等（2009）的研究，资本折旧率 δ 的年度值约为 10%，对应的季
度值选择 2%。参考李成等（2009）、Gelain（2010）的研究，风险溢价的稳
态值 $\overline{S}$ 选为 1.005。中间产品的替代弹性参数 λ^P 选为 5，家庭工资的替代弹
性参数 λ^w 选为 2。中间商品厂商的生产函数中资本占产出的比重 e 设定为
0.3。根据赵平（2013）的研究，上市公司的资产负债率约为 0.6，因此稳
态时净财富与总资产之比 NW/K 为 0.4。根据 2004—2019 年的支出法 GDP
数据，消费占产出比重平均为 52.7%，设消费占产出比例为 0.5。

表 10-1 DSGE 模型的稳态参数校准

参数	含义	取值
银行稳态参数		
α	存款准备金率	0.15
F_1	压制的市场利率与市场利率的斜率	0.4

续表

参数	含义	取值
F_2	压制的市场利率与市场利率的截距	0.6
F'_L	贷款利率偏离基准利率的成本	0.0027
F'_D	存款利率偏离基准利率的成本	0.0004
$\overline{\omega}^*$	贷款溢价参数	0.6053
$C_D\overline{D}$	存款管理成本	−0.1523
其他部门稳态参数		
β	折现因子	0.995
δ	季度资本折旧率	0.02
e	生产函数中资本占产出的比重	0.3
$NW/K = 1/\overline{\rho}$	资本资产比率	0.4
λ^w	家庭工资的替代弹性参数	2
λ^P	中间产品的替代弹性参数	5
C/Y	消费占产出的比重	0.5
$\overline{R}^0$	市场利率的稳态值	1.013
$\overline{S}$	风险溢价的稳态值	1.005
d_m	存款与现金之间的比例	26

资料来源：笔者根据数据校准得到。

2. 参数估计

DSGE 模型中的其他参数根据贝叶斯估计得到。笔者选取产出、通货膨胀率和利率数据进行参数校准和估计。产出选择 GDP 同比增长率、通货膨胀率选择 CPI 的季度平均值、利率选择隔夜的银行间质押式回购加权利率作为市场利率，数据来自 Wind、CEIC 数据库，样本期为 2004 年第一季度至 2020 年第四季度。

新型冠状病毒肺炎疫情对我国经济产生了巨大冲击，不仅为经济增速带来了巨大的下行压力，也造成了物价指数的波动。为了消除新型冠状病毒肺炎疫情的短期影响，笔者采用 Hale 等（2021）提出的政府响应指数（COVID-19 Government Response Index）来衡量新型冠状病毒肺炎疫情的影响。参考 Holston 等（2020）的做法，对通货膨胀率、利率、货币增长率和 GDP 建立 VAR 模型并对 2020 年各季度的 GDP 和 CPI 进行预测。预测得到的 GDP、CPI 与实际数据建立回归模型，从而估算新型冠状病毒肺炎疫情影响系数。在此基础上，笔者对 GDP 和 CPI 数据进行修正。定义 $ly_t^a = ly_t - \psi_1 d_t - \psi_2 d_t^2$，$lcpi_t^a = lcpi_t - \psi_3 d_t - \psi_4 d_t^2$，其中 ly_t 表示对数 GDP，$lcpi_t$ 表示对数定基 CPI，ly_t^a 表示修正后的对数 GDP，$lcpi_t^a$ 表示修正后的对数 CPI，ψ_1、ψ_2、ψ_3、ψ_4 表示影响系数，d_t 衡量了新型冠状病毒肺炎疫情的影响，这里考虑了二次项的影响。

在对贝叶斯估计时，参考 Del Negro 和 Schorfheide（2012）在模型中加入年度产出增长率、年度通货膨胀率和利率几个变量与实际观测变量相对应。同时参考 Gelain（2010）、Del Negro 和 Schorfheide（2012）的研究给定先验分布，采用 Metropolis 算法计算后验均值（见表 10-2）。

表 10-2 DSGE 模型的参数估计

参数	含义	先验分布	先验均值	先验标准差	后验均值
冲击的持续性参数					
ρ_b	偏好冲击的持续性	β	0.5	0.2	0.3284
ρ_l	劳动冲击的持续性	β	0.5	0.2	0.5035
ρ_x	投资冲击的持续性	β	0.5	0.2	0.9924
ρ_a	技术冲击的持续性	β	0.5	0.2	0.8854
ρ_g	政府支出冲击的持续性	β	0.5	0.2	0.8512
ρ_m	货币冲击的持续性	β	0.5	0.2	0.6812
ρ_d	存款冲击的持续性	β	0.4	0.2	0.8835
其他参数					
v_κ	融资溢价参数	Normal	0.2	0.1	0.0881
γ	企业生存比例	β	0.9	0.01	0.8945
h	消费习惯形成参数	β	0.5	0.1	0.6778
σ_l	劳动力供给弹性的倒数	Normal	1.5	0.2	1.2604
σ_c	消费替代弹性的倒数	Normal	1.5	0.5	2.3551
σ_m	实际货币弹性的倒数	Normal	1.5	0.5	1.3616

续表

参数	含义	先验分布	先验均值	先验标准差	后验均值
γ_w	工资递减系数	β	0.5	0.1	0.4842
γ_p	价格递减系数	β	0.5	0.1	0.4829
ξ_w	工资调整比例	β	0.5	0.1	0.4162
ξ_p	价格调整比例	β	0.5	0.1	0.5402
ψ	投资调整成本的倒数	Normal	5	1	3.9907
φ	资本效用成本弹性倒数	Normal	2	0.1	1.9448
φ_m	货币规则中利率系数	β	0.5	0.1	0.2099
r_π	通货膨胀率系数	Normal	2.5	0.1	2.5226
r_y	产出缺口系数	Normal	2.5	0.1	2.5317
r_m	货币缺口系数	Normal	0	0.1	0.0059

资料来源：笔者根据模型估计得到。

二、对中国自然利率的估算结果

利用 DSGE 模型对数据进行模拟，可以估计得到我国的自然利率运行情况。出于讨论的需要，笔者还采用 LW 法对我国的自然利率进行了估算（李宏瑾等，2016）。观察发现，两种模型估算的自然利率呈以下特点：

首先，两种方法估算的我国自然利率在水平上基本一致。DSGE 模型估算的自然利率平均值为 2.5076%，与 LW 法状态空间模型估算的 2.4992% 的平均水平基本一致，均值和中位数检验均表明二者没有显著差别（原假设均值相等的 t 检验 p 值为 0.9764）。二者走势一致，相关系数为 0.4154（p 值 = 0.0004）。这说明采用 DSGE 的估算结果与 LW 法的估算结果基本一致（见图 10-1）。不过，与 LW 法估算的自然利率相比（标准差为 1.3976%），DSGE 模型估算的自然利率波动更大（标准差为 1.8728%），这主要是由于模型中考虑到更多冲击，包括政府支出冲击、政策冲击、技术冲击、投资冲击，这与之前基于文献的讨论相符（Del Negro et al.，2019）。总的来看，我国自然利率基本在 2.5% 左右，明显高于美国 2% 的自然利率水平，这进一步验证了自然利率作为中性利率在不同分析框架下的估计结果基本稳健。

自然利率明显高于实际利率水平，验证了由于利率双轨制的存在，我国货币市场利率仍受到人为抑制的客观现实。

其次，自然利率走势与宏观经济运行密切相关。与 LW 法结果类似（李宏瑾等，2016），自然利率与提前一年的 GDP 走势基本一致。对自然利率和 GDP 同比增长率在 VAR 模型框架下进行 Granger 因果关系检验结果表明（根据 SC 等标准选择滞后阶数为 4 期），自然利率在 1% 的显著性水平下是 GDP 同比增长率的 Granger 原因（$p=0.0000$），这与李宏瑾等（2016）、李宏瑾和苏乃芳（2016）的研究结果一致。当自然利率上升时，表示经济即将上行；当自然利率下降时，意味着经济增速将下降，这验证了自然利率对经济增长的"指示器"作用。由此可见，模型估算的自然利率合理，为我国利率市场化中基准利率的选择提供了重要参考。

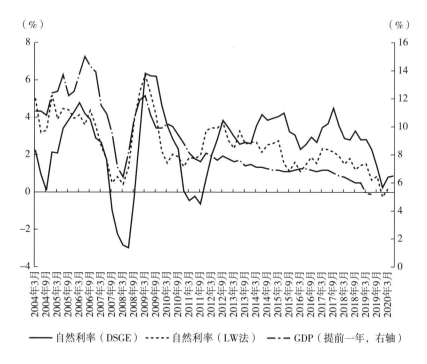

图 10-1　中国自然利率估算结果

资料来源：笔者根据模型计算得到。

再次，与资本回报率相符是自然利率的核心含义，这里借鉴李宏瑾等（2016）的做法，根据利率期限结构预期理论将估算的隔夜自然利率转换为一年期水平，将其与白重恩和张琼（2014）估算的中国资本回报率进行比较。笔者借鉴白重恩和张琼（2014）的方法得到 2014~2019 年中国资本回报率数据（李宏瑾、唐黎阳，2021），并将年度资本回报率通过线性插值方法得到季度数据或将各季自然利率进行平均从而得到年度数据（见图 10-2）。季度数据和年度数据都无法拒绝自然利率和资本回报率两序列均值相等的原假设（季度数据原假设均值相等的 t 检验的 p 值为 0.1908，年度数据为0.2735），这表明 DSGE 法估算的自然利率水平与中国资本回报率相符的典型性事实，本章的估算是合理的。而且，从样本量较大的季度数据来看，在 VAR 框架下对两序列进行 Granger 因果检验都表明（根据 SC 等标准选择滞后阶数为 2 期），自然利率是资本回报率的 Granger 原因（p = 0.0306），但资本回报率始终不是自然利率的 Granger 原因（p = 0.8849），这与李宏瑾等（2016）运用 LW 法的分析相一致，充分说明自然利率的变化领先于实体经济，自然利率上升或下降预示着经济的扩张或紧缩。相应地，资本回报率和经济增速也将随之变化，因此自然利率可以起到作为经济运行的"指示器"作用。

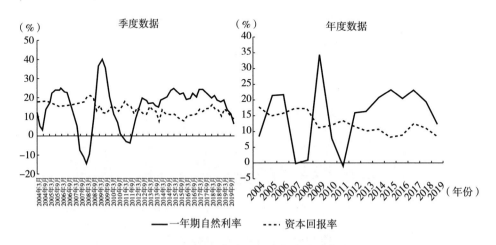

图 10-2　一年期自然利率与资本回报率

资料来源：笔者根据模型计算得到。

最后，考察利率缺口与产出缺口、通胀等变量的关系。由于管制下我国现实的利率水平长期扭曲压低，因而这里利率缺口定义为模型估算的不存在管制的市场利率与自然利率之差（见图10-3）。对利率缺口、产出缺

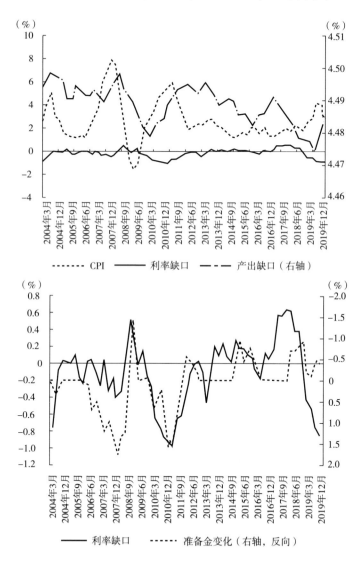

图 10-3 利率缺口与主要经济和货币政策变量情况

资料来源：笔者根据模型计算得到。

口和通货膨胀率在 VAR 框架下进行 Granger 因果分析（SC 准则等选择滞后阶数为 1 期），结果表明在 10% 的显著水平下利率缺口、产出缺口都是 CPI 的 Granger 原因（p 值分别为 0.0541、0.0946），同时利率缺口和产出缺口互为 Granger 原因（p 值分别为 0.0002 和 0）。这与国内外学者对利率缺口的讨论类似（Laubach and Williams，2003；李宏瑾等，2016）。当利率缺口增大，说明实际利率偏离自然利率的程度提高，经济趋紧，通货膨胀率也将有所降低；当利率缺口减小，说明实际利率偏离自然利率的程度减小，经济有扩张趋势，通货膨胀率也将有所上升。由此可见，利率缺口是中央银行货币政策制定和评价的重要参考。观察法定准备金率 2004—2020 年上半年的调整情况（2008 年以后根据大型和中小型金融机构的规模对其准备金率进行加权平均），VAR 框架下对利率缺口和准备金率变化关系进行 Granger 因果检验（SC 准则等选择滞后阶数为 2 期），结果表明利率缺口是准备金率变化的 Granger 原因（p 值为 0.0382），但准备金率变化不是利率缺口的 Granger 原因（p 值为 0.7971）。当利率缺口增大时，通货膨胀率即将下降，此时通过采取降低准备金的宽松货币政策来促进经济；反之亦然。当实际利率与自然利率一致，经济达到均衡。可见，自然利率在经济运行预判和货币政策评价中发挥了"指示器"的重要作用。

第五节　利率完全市场化对我国银行存贷款利率的影响

一、我国存贷款利率及市场利率模拟

在估算自然利率的同时，模型也对受压制的市场利率、存款利率和贷款利率进行了模拟（见图 10-4）。比较发现，模拟结果与实际的利率在水

平和走势上高度一致。通过均值相等性检验表明，市场利率、存款利率和
贷款利率的模拟结果和真实数据没有显著差别（均值相等性的 t 检验的 p 值
分别为 0.6388、0.0726 和 0.1150），这进一步验证了模型的合理性。隐性
利率双轨制的理论模型表明，利率双轨制下市场利率和存贷款利率都受到
了压制，估算结果进一步验证了理论模型的结论。在对我国自然利率的研
究中，大量估算结果表明自然利率在零附近波动，这些研究中估算的自然
利率实际上是围绕受压制的市场利率波动的利率。笔者对这一受压制的
"自然利率"进行了估计，结果表明其基本围绕市场利率波动，与邓创等
（2012）的研究基本一致。从理论上来说，这一"自然利率"并不是完全市
场化情形的均衡实际利率，不符合自然利率的定义（Woodford，2003）。

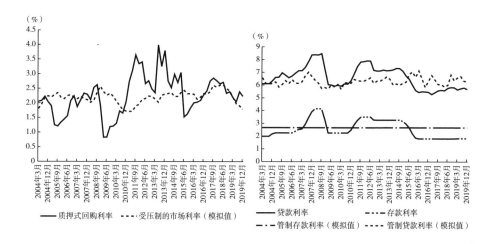

图 10-4　管制的市场利率、存贷款利率模拟

资料来源：笔者根据模型计算得到。

　　大量文献和本章的理论模型分析都表明，利率市场化将提高存款利率
和贷款利率，同时提高了市场利率（Feyzioglu et al.，2009；He and Wang，
2012）。对取消管制的市场利率进行模拟，发现完全取消管制后市场利率将
大幅提高，利率均值为 5.0552%，高于现有的 2.2254% 的市场利率水平。
与此同时，市场化情形的存款利率和贷款利率也明显高于管制利率水平。

測算表明，存款和貸款的利率均值達到了 5.2668% 和 10.3231%，高於現有的存款利率 2.6636% 和貸款利率 6.3156% 的水平。可見，隨著利率市場化的推進，我國存款和貸款利率將逐步提高。這不僅驗證了模型的結論，也與利率市場化後各國存貸款利率上升 2~3 個百分點的國際經驗相符。

　　另外，通過對模型模擬發現，取消管制的存貸款利率平均利差為 4.5564%，高於現有的存貸款利差 4.0238% 的水平，存貸款利差將有所提高，這也與利率市場化之後各國名義利差上升的國際經驗相一致（李宏瑾，2015）（見圖 10-5）。

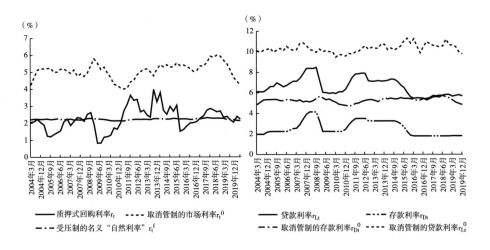

圖 10-5　取消管制的市場利率、存貸款利率模擬

資料來源：筆者根據模型計算得到。

二、貨幣政策有效性

　　理論模型分析表明，利率管制使存貸款利率對市場利率的敏感性降低。為此筆者進一步分析貨幣政策衝擊對於各項利率的影響。這裡分別就管制情形和市場化情形下貨幣政策對存款利率、貸款利率和市場利率的衝擊進行脈衝響應分析。當貨幣政策衝擊使政策利率提高時（衝擊 0.1%），市場利率有所提高，随着产出和通胀的变化，利率水平有所下降，并在一段时间后趋于稳定。比较发现，市场化情形下利率对于货币政策更加敏感，而管制情形下利率的敏感性有所降低，这进一步验证了模型的分析结果。与此同时，随着政策利率的变化，存贷款利率也受到冲击。在市场化情形下，市场利率向存贷款利率的传导更加显著，因此存贷款利率与市场利率的变动趋势一致。而在利率双轨制情形下，由于商业银行对基准利率存在依赖性，自身定价能力不足，同时市场出清存在黏性，因此影响了货币政策对商业银行存贷款利率和市场利率的传导效果。存款利率受存款量影响较大，贷款利率受融资溢价的影响更加明显，因此波动与市场利率不完全一致。随着利率市场化的推进，存贷款基准利率的作用将逐步减弱，利率调控机制的完善将疏通利率传导渠道，提高市场利率和存贷款利率对货币政策的敏感性（见图10-6）。

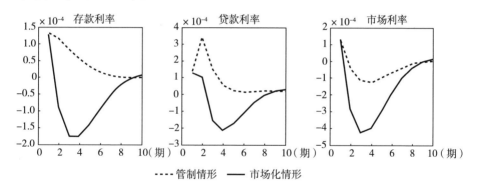

图10-6　货币政策对市场利率和存贷款利率的冲击

资料来源：笔者根据模型计算得到。

第六节　本章小结

自然利率作为经济中的均衡实际利率，对于体现货币政策当局的政策立场以及判断经济走势情况具有重要的意义。特别是，以美联储为代表的主要国家中央银行正式或着手开展加息、收缩资产负债表等货币政策正常化进程，对自然利率的研究再次引起各国中央银行的广泛关注。随着利率市场化改革的加快推进和基本完成，中国向以利率为主的货币价格调控方式转型的必要性和迫切性日趋上升，自然利率为我国制定短期政策目标利率、探索符合中国国情的利率规则和顺利完成深化利率市场化改革都具有非常重要的意义。针对当前中国利率体系双轨制的典型特征，本章构建了考虑隐性利率双轨制的 DSGE 模型，对中国自然利率水平进行了估算。结果表明，我国自然利率水平在 2.5%左右，这与 LW 法的结果一致。自然利率走势与经济增长、资本回报率密切相关，是宏观经济运行重要的"指示器"；利率缺口与通货膨胀率、产出缺口和法定准备金率的变化呈显著负相关，能够为制定和评价货币政策提供有益的参考；利率双轨制下市场利率和存贷款利率都受到明显的扭曲压抑，存贷款利率对市场利率的敏感性降低，利率传导效率受到了明显降低；模拟结果还表明，利率完全放开后，我国金融市场利率、存贷款利率和存贷利差都将出现明显上升。

尽快实现市场化利率与存贷款利率并轨，并向利率为主的货币价格调控方式转型，不仅是深化利率市场化改革的核心内容，也是让市场在金融资源配置中发挥决定性作用、实现高质量发展的客观要求。作为宏观经济重要的"指示器"和货币价格调控的实际利率锚，自然利率对转型后科学制定和评估货币政策具有非常重要的意义。今后，在真正实现利率市场化、优化货币政策工具体系、畅通利率传导机制的同时，应进一步考虑中国经济金融的典型特征，加强对中国自然利率的估算研究，以自然利率作为货币价格调控的利率决策基准，结合产出通胀情况探索符合中国实际的利率规则，充分发挥利率价格杠杆的引导功能，更好地发挥政府在金融资源配置中的作用，只有这样才能通过价格机制促进金融更好地服务实体经济，顺利实现经济金融的高质量发展。

第十一章 转型时期的混合型货币政策规则

货币政策向价格型调控方式转型，是建设我国现代中央银行制度的重要内容。在我国货币政策由数量型向价格型转型的过程中要非常注意"量"与"价"的平衡。针对这一典型特征，本章从理论上对数量规则与利率规则进行了深入的讨论，并基于货币数量论和货币效用模型，阐明了货币数量规则与利率价格规则的等价关系，构建了符合中国货币政策实践的数量与价格混合型货币政策规则，并通过状态空间模型对货币数量和利率与物价、经济增长等货币政策最终目标的动态系数和权重进行了估算。本章的分析对于更好地理解中国在转型时期的数量和价格混合型货币政策实践以及建立符合我国特征的货币政策规则提供了可靠的理论和实证研究支撑。

第一节 转型时期我国货币政策操作的特点

自 1996 年我国正式将货币供应量作为货币政策中介目标并从 1998 年转向间接货币调控方式以来，我国货币政策主要采用数量型间接调控的方式。近年来，随着我国经济由高速增长阶段转向高质量发展阶段，经济运行中的结构性、体制性、周期性问题相互交织，增长速度换挡期、结构调整阵痛期、前期刺激政策消化期的"三期叠加"影响持续深化，货币政策必须把握好总量调控与结构优化的关系。从本质上来说，货币政策作为总量宏观政策手段，要科学稳健地把握好逆周期调节力度，在实现物价稳定、经济增长等总量目标的同时，还要做好金融风险防范，通过定向降准等结构性货币政策工具，支持薄弱环节，优化经济结构，为高质量发展营造适宜的货币金融环境。与此同时，随着我国金融创新和金融脱媒的迅猛发展，以货币供应量为中介目标的数量型货币调控效果日益下降。特别是，2015年10月基本放开存贷款利率浮动限制以来，我国利率市场化进入了以市场化利率形成和以调控机制为核心的深化改革新阶段，货币政策从数量型调控为主向价格型调控为主转型的迫切性不断上升（张晓慧，2015；易纲，2019）。2018年，我国开始不再公布具体的M2增速目标，这是向货币价格调控方式转型迈出的重要一步。虽然我国很早就认识到M2作为货币政策中介目标的可测性、可控性及与物价产出等货币政策最终目标的相关性明显下降，但21世纪初以来，由于外汇储备积累过快，货币政策调控主要运用数量型工具对冲过剩的流动性，再加上全球金融危机的影响，使我国利率市场化改革进程一度放缓。为提高货币数量调控的有效性，我国于2011年开始创新性地公布社会融资规模统计指标并将其作为货币决策的重要参考。从2016年初起，我国开始公布社会融资规模存量年度政策目标，盛松成（2019）认为社会融资规模在事实上已经成为与M2同等重要的货币政策中介目标。尽管此后不久不再公布数量指标的具体目标值，但我国并未明确新的利率操作目标。同时，为更好地实现与市场沟通，我国于2019年初正式提出M2和社会融资规模增速与名义GDP增速基本匹配[①]，逐步将名义GDP增速作为数量型中介目标的锚定方式（孙国峰，2021）。

从国际经验来看，各国中央银行货币政策也经历了由"利率到货币数量再回归利率"这一循环往复的过程。在金本位制下，各国中央银行都通过短期利率手段（Bank Rate，即银行贴现率）来影响资本和黄金的跨境流动，很多古典和新古典（Neoclassical）经济学家也都认为，利率政策应是纸币时代货币政策调控的重要方式。"二战"后以传统凯恩斯主义指导的各国在19世纪60年代后期开始陷入"滞胀"时期，加上在以Friedman

---

① 2018年底，我国就曾提出"M2增速趋稳，与名义GDP增速大体相当"。参见：《中国货币政策执行报告（2018年第3季度）》，2018年11月。

（1968）为代表的货币主义的大力推动下，货币政策"数量派"和"价格派"进行了长期争论。尽管数量调控在 19 世纪 70 年代以来一度成为各国货币政策实践的主流，但"价格派"最终取得了胜利，泰勒规则（Taylor, 1993）就是对以利率为目标的货币政策操作规则的经典描述。

理论上，货币的数量与价格正如一枚硬币的两面，价格的调整将导致数量的变化，数量的变化也将引发价格的反应（Lucas, 1976）。货币政策数量调控与价格调控方式在实践中并不是非此即彼，而是一个连续的过程，主要与一国货币政策传导机制和金融体系的发育程度密切相关（周小川, 2004）。货币的数量调控与价格调控相互影响，货币数量超出合理水平将降低价格传导的效率，而价格严重偏离均衡水平将不可避免地引发货币数量的扭曲，因而我国货币政策在以数量调控为主的同时也要关注数量调控与价格调控的平衡（张晓慧, 2015）。那么，为什么各国货币调控会经历如此往复的曲折过程？与之相关的问题是，货币的数量调控与价格调控的本质区别是货币政策工具、货币政策的操作目标还是中介目标？作为一枚硬币的两面，为了实现货币数量与价格平衡而制定的货币数量规则与价格规则的关系又是怎样的？就中国而言，一个典型的客观事实是，中国的市场利率水平长期低于均衡水平（He and Wang, 2012；李宏瑾, 2012；李宏瑾等, 2016；Li and Su, 2020），但中国经济并未出现严重的恶性通货膨胀，显然以数量为主的货币调控在确保经济平稳增长和物价稳定方面发挥了重要的作用（张晓慧, 2015）。对这一典型事实的分析和解释将对更好地理解处于转型过程中的中国货币政策调控方式具有非常重要的理论和现实意义。

第二节　数量规则与利率规则的讨论

一、数量调控与利率调控

中央银行可以通过政策工具，有效影响基础货币的数量或者价格。因此，根据中央银行操作目标的性质，可以将货币调控方式分为数量调控和价格调控。其中，数量型调控的操作目标主要包括基础货币量、准备金或超额准备金等；价格型调控的操作目标包括基础货币的价格，短期货币市场利率等。

货币政策是选择数量型还是价格型调控方式，一直是货币经济学最重要的研究课题。虽然有关货币调控方式的讨论有着悠久的历史，但现代意义的理论研究主要是从 Poole（1970）开始的。Poole（1970）首次对这一问题进行了规范分析，基于静态 IS-LM 模型的分析表明：当经济冲击主要来自商品市场时，货币数量调控优于价格调控；当经济冲击主要来自金融市场时，则利率价格调控优于货币数量调控。这一静态分析模型优点是简单直观，缺点是没有考虑微观主体行为。

Sargent 和 Wallace（1975）建立了一个理性预期模型。模型假设价格弹性和货币中性，分析发现利率调控存在多重不确定性均衡，而盯住固定货币数量的数量型货币调控方式能够得到确定性均衡。McCallum（1984）和 Woodford（2003）认为，由于市场存在均衡利率水平，因此实际变量具有均衡确定性，不会出现多重不确定性情形。大量研究表明，在价格黏性以及货币非中性的情形下，利率政策可以得到确定性均衡结果，优于货币数量调控。

20 世纪 80 年代以来，很多基于新凯恩斯理论的研究分析认为，利率调控往往优于货币数量调控（Keating and Smith，2018）。当经济体面临供给冲击时，利率调控具备优势，尤其是能够有效应对通胀的波动；当经济体面临货币需求和财政需求冲击时，货币数量调控方式更优，能更好地应对消费和产出波动。

从实践来看，主要经济体中央银行经历了从数量型操作目标向价格型目标转型的过程。随着金汇兑本位制的确立，信用货币体系的作用越来越重要。在古典货币数量论和弗里德曼的"储备头寸说"的影响下，各国中央银行广泛采用数量型操作，通过法定准备金或者通过公开市场操作调整基础货币数量，进而影响市场利率或广义货币数量。20 世纪 70 年代以来，经济危机带来的滞胀使各国在货币主义的理论指导下将物价稳定作为货币政策最终目标，并将货币供应量作为中介目标，数量型货币政策调控逐渐被各国广泛接受。

20 世纪 80 年代迅猛发展的金融创新和金融脱媒使中央银行不能完全有效地控制基础货币和货币供给，有时需被动投放流动性。各国不得不频繁修改货币政策目标的统计口径。英国在 1982 年将中介目标从 M3 改为 Ml，1984 年增加了 M0，到 1985 年又将中介目标定为 M1、M3 加上私人部门流动性。加拿大在 1982 年开始将各层次货币供给量、信用总量、短期利率和汇率等多项指标作为中介目标。1993 年 7 月，美联储宣布不再以货币供应量作为中介目标，从而逐步转向以联邦基金利率作为唯一操作目标的价格调控框架。

二、数量规则与利率规则

根据 Poole（1970）提出的静态 IS-LM 模型，近年来逐渐发展形成了在一定约束条件下对中央银行福利损失进行最优化分析的"最优货币政策理论"（Clarida et al.，1999；Woodford，2003，2010）。许多学者在这一理论框架下对数量规则和利率规则进行了大量讨论。Kilponen 和 Leitemo（2008）通过基于货币效用模型（MIU）所隐含的货币数量与利率的关系，对不确定性对货币政策福利效果的具体影响进行了深入讨论，发现当中央银行目标函数和政策传导存在很大不确定性的条件下，采用弗里德曼单一规则的政策要优于弹性通胀目标制。刘斌（2003）分析发现，泰勒规则对于最大化社会福利是有效的，可以对经济面临的冲击进行积极的调整和反应，以适应经济的变化并更好地实现物价和产出稳定的货币政策最终目标。Taylor（2016）认为当经济面临的不确定性加大时，遵循简单的泰勒规则的政策效果应该优于考虑更多复杂条件的最优货币政策决策。Caballe 和 Hromcova（2011）等在当前宏观经济学主流分析方法—动态随机一般均衡模型（DSGE）的研究中发现，利率政策可以得到确定性均衡结果并优于货币数量调控。Taylor（1999）、Orphanides（2003）根据交易方程式，Kilponen 和 Leitemo（2008）、Beyer 等（2013）根据货币效用（MIU）需求理论，对弗里德曼的货币数量规则所隐含的利率政策含义进行了深入的讨论。

三、我国的实践

在 1998 年取消信贷规模管理制度并开展间接货币调控后，我国也一直存在着有关数量调控和价格调控的争论。周小川（2014）指出，我国的金融市场仍在发展完善，在过渡时期我国可以采用以数量型操作目标为主的数量型调控模式。近年来，以银行理财和互联网金融为代表的金融创新迅猛发展，我国金融深化水平不断提升，以货币供应量作为中介目标的可控性和可测性不断降低。随着利率市场化改革的推进，以及金融创新和金融市场的发展，价格型操作目标应当是转型方向（张晓慧，2015）。

一方面，国内学者对我国货币数量规则进行了大量实证分析。研究表明，弗里德曼规则会导致社会福利损失较大、货币政策有效性降低，并且在弗里德曼规则下，我国的产出和信贷波动性更为明显。麦卡勒姆规则更符合我国的货币政策实践，但麦卡勒姆规则模拟的基础货币增长率明显低于我国实际基础货币增长率（葛结根、向祥华，2008）。我国货币增速较高可能存在货币超发的问题。另一方面，国内学者对我国货币政策是否遵循泰勒规则进行了大量的实证研究。研究发现，利率对通胀的反应系数要小于 1，泰勒原理不成立（郑挺国、王霞，2011）。我国利率政策并不符合泰勒规则稳定的货币政策规则要求，货币市场利率长期低于规则利率水平（李宏瑾，2012）。完全纯粹的数量规则和利率规则都不能完全解释我国的货币政策实践。近年来，很多研究表明，数量和价格混合型的货币规则更有利于我国产出和物价的稳定（王曦等，2017；孟宪春等，2019）。这些研究大多仅注意到我国货币政策数量和价格混合调控的特征，考虑了数量修正形式的泰勒规则，但在分析中往往都是外生假定货币规则，并未对货币规则的具体形式进行内生化的理论分析，也没有对我国存在的典型性事实给出合理的解释。为此，本章分别从交易方程式和货币效用模型出发，从理论上分析货币数量规则与利率价格规则的关系，以更好地理解中国在转型时期的数量和价格混合型货币政策实践。

第三节　货币数量规则与利率规则的理论关系

本节分别基于交易方程式和货币效用需求理论，对我国的货币数量规则与利率规则的关系进行理论分析。

一、基于交易方程式的分析

从交易方程式 $MV = PY$ 出发，Taylor（1999）认为货币流通速度取决于利率和实际产出的变化，这样就可以在交易方程式中用利率变量替代货币流通速度变量，从而得到泰勒规则的一般表达式。Orphanides（2003）对交易方程式所隐含的泰勒规则的理论关系做了进一步的说明，并以泰勒规则的视角对美联储的货币政策进行了全面深入的讨论。这里受 Taylor（1999）、Orphanides（2003）的启发，以交易方程式为基础，对 Friedman 货币数量规则与 Taylor 规则的关系进行理论分析。

根据交易方程式：$M_t V_t = P_t Y_t$，其中 M_t 为货币供应量、V_t 为货币流通速度、P_t 为价格、Y_t 为产出。将方程写为对数的形式，定义：$m_t = \log M_t$、$v_t = \log V_t$、$p_t = \log P_t$、$y_t = \log Y_t$，并将方程写为增速的形式，定义：$\Delta m_t = m_t - m_{t-1}$、$\Delta v_t = v_t - v_{t-1}$、$\pi_t = p_t - p_{t-1}$、$\Delta y_t = y_t - y_{t-1}$，可得：

$\Delta m_t + \Delta v_t = \pi_t + \Delta y_t$

定义 Δm_t^* 为潜在货币增速（或最优货币增速、货币供应目标），π_t^* 为潜在通货膨胀率（或最优通货膨胀率、通货膨胀目标），Δy_t^* 为潜在产出增速（或最优产出增速），Δv_t^* 为潜在货币流通速度增速（或最优货币流通速度增速）。满足经济最优增长路径的上述潜在变量同样满足交易方程式：

定义货币供应缺口 $\tilde{m}_t = \Delta m_t - \Delta m_t^*$，通胀缺口为 $\tilde{\pi}_t = \pi_t - \pi_t^*$，产出缺口为 $x_t = \Delta y_t - \Delta y_t^*$，货币流通速度增速的缺口为 $\tilde{v}_t = \Delta v_t - \Delta v_t^*$。这样可得缺口形式的货币数量规则如下：

$$\tilde{m}_t + \tilde{v}_t = \tilde{\pi}_t + x_t$$

假设货币流通速度变化与名义利率正相关，名义利率越高，货币流通速度增长越快[①]，即：

$$\Delta v_t = \alpha + \beta_{it} + e_t$$

其中，$\beta > 0$、e_t 为随机残差项，主要是受短期货币需求冲击的影响。可有：

$$\tilde{v}_t = \Delta v_t - \Delta v_t^* = \beta\left(i_t - i_t^*\right)$$

因此得到：$\tilde{m}_t + \beta\left(i_t - i_t^*\right) = \pi_t + x_t$

将上面这个式子两边同时除以 $1+\beta$，得到：

$$\frac{1}{1+\beta}\tilde{m}_t + \frac{\beta}{1+\beta}\left(i_t - i_t^*\right) = \frac{1}{1+\beta}\tilde{\pi}_t + \frac{1}{1+\beta}x_t$$

令 $\omega = 1/(1+\beta)$，由此可得：

$$\omega\tilde{m}_t + (1-\omega)\left(i_t - i_t^*\right) = \omega\left(\pi_t - \pi_t^*\right) + \omega x_t$$

可见，货币政策操作（货币供应量和名义利率，公式的左边）对通胀缺口和产出缺口（公式的右边）的反应系数应该是相同的，Taylor（1993）将其设为相同的 0.5。考虑到货币政策对通胀缺口和产出缺口的反应可能并不一致，如 Taylor（1999）还考虑了产出缺口系数为 1 的情形，这样可得到如下经验表达式：

$$\omega\tilde{m}_t + (1-\omega)i_t = (1-\omega)i_t^* + \alpha_1\left(\pi_t - \pi_t^*\right) + \alpha_2 x_t + \varepsilon_t$$

其中，$0 \leqslant \omega \leqslant 1$。

当 $\omega = 1$ 时，货币政策即为 Friedman 的货币数量规则；当 $\omega = 0$ 时，货币政策即为 Taylor 利率规则；当 $0 < \omega < 1$ 时，表明货币政策属于数量与价格

---

① 实证分析验证了这一假设。其中，利率选择货币市场隔夜利率，货币流通速度等于"经济实际增速+通货膨胀率−货币数量增速"，样本期为 2004 年第一季度至 2018 年第二季度。

兼顾的混合型货币操作规则。这样，上述公式可以很好地说明 Friedman 的货币数量规则与 Taylor 利率规则的等价关系。

二、基于货币效用（MIU）的分析

交易方程式主要对货币数量与产出、价格的总量关系进行经验性描述，缺乏必要的微观基础，货币效用（MIU）模型从微观的角度分析了货币在经济中的作用。Kilponen 和 Leitemo（2008）、Beyer 等（2013）等基于货币效用（MIU）模型分析了货币数量与利率的关系。在这些研究的基础上，基于 Galí（2008）的新凯恩斯一般均衡模型，考虑货币效用模型，对货币数量规则与利率规则的关系进行理论分析。

假设家庭部门的效用为[①]：

$$E_0 \sum_{t=1}^{\infty} \beta^t \left[\frac{C_t^{1-\sigma}}{1-\sigma} + \frac{(M_t/P_t)^{1-\nu} - 1}{1-\nu} \right]$$

其中，C_t 为消费量，M_t/P_t 为实际货币余额，σ、ν 分别为消费和实际货币余额的边际替代弹性的倒数。

家庭的预算约束为：

$$P_t C_t + B_t + M_t \leqslant R_{t-1} B_{t-1} + T_t + M_{t-1}$$

其中，P_t、R_t、B_t、T_t、M_t 分别为价格、债券利息[②]、债券数量、转移支付、货币余额。

最优化得到（Gali，2008）：

$$\left(\frac{M_t}{P_t} \right)^{-\nu} = C_t^{-\sigma} \left(1 - \frac{1}{R_t} \right)$$

对数线性化得到：

$$m_t - p_t = \frac{\sigma}{\nu} c_t - \eta i_t$$

---

① 这里为模型的简便，忽略了工资、劳动等与货币供应量无关的变量。

② 与传统新凯恩斯模型的表述一致，这里的 R_t 表示债券的名义利率，后文的 i_t 是对数形式的名义利率。

其中，η 为货币需求隐含的利率半弹性。

通过求解家庭和厂商的最优化问题以及均衡条件，在经济均衡时，$c_t = y_t$，得到货币供应量满足的方程为：

$$m_t - p_t = \frac{\sigma}{\nu} y_t - \eta i_t$$

如果 $\sigma = \nu$，那么就可以得到传统的实际货币余额的线性需求：

$m_t - p_t = y_t - \eta i_t$。

这样，与交易方程式的分析类似，可以得到：

$$\tilde{m}_t - \tilde{\pi}_t = \frac{\sigma}{\nu} x_t - \eta \tilde{i}_t$$

考虑到滞后项的影响较小，利率增长率缺口可以近似为利率缺口，或利率增长率与利率水平正相关，即：

$$\Delta i_t = \kappa + \gamma i_t + u_t$$

其中，$\gamma \geq 0$、u_t 为随机残差项，主要是受短期货币需求冲击的影响，这样即有：

$$\tilde{i}_t = \Delta i_t - \Delta i_t^* = \gamma(i_t - i_t^*)$$

因此，得到：

$$\tilde{m}_t + \eta\gamma(i_t - i_t^*) = \tilde{\pi}_t + \frac{\sigma}{\nu} x_t$$

$$\frac{1}{1+\eta\gamma}\tilde{m}_t + \frac{\eta\gamma}{1+\eta\gamma}(i_t - i_t^*) = \frac{1}{1+\eta\gamma}\tilde{\pi}_t + \frac{\sigma}{\nu(1+\eta\gamma)}x_t$$

在 $\sigma = \nu$ 的传统实际货币余额的线性需求函数形式下，货币政策操作对通胀缺口和产出缺口的反应系数是相同的。

类似地，设 $\omega = \dfrac{1}{1+\eta\gamma}$，可得到如下经验表达式：

$$\omega\tilde{m}_t + (1-\omega)i_t = (1-\omega)i_t^* + \alpha_1(\pi_t - \pi_t^*) + \alpha_2 x_t + \varepsilon_t$$

其中，$0 \leq \omega \leq 1$。

三、混合型货币政策规则对我国实践的几点解释

目前国内外关于货币规则的研究，多是在新凯恩斯框架下，根据中央

银行福利损失得到最优货币规则，这一规则多是纯粹的价格型或数量型规则。纯粹的价格型或数量型规则并不符合我国货币政策实践，而很多有关中国量价混合型货币规则的研究，仅是外生给定规则的形式。本章采用交易方程式和包含货币效用的新凯恩斯一般均衡模型，推导出混合型货币规则方程，这有助于解释我国在转型时期的货币政策操作，对于更好地理解我国货币政策调控方式转型的问题具有非常重要的理论意义。与此同时，包含货币价格和数量的混合型货币政策规则中，货币数量规则与利率规则得以等价的方式表达，可以从理论和实践两个方面，理解弗里德曼规则和泰勒规则等价性的具体含义。

一方面，从理论上来看，混合型货币政策规则验证了货币数量规则与利率规则的等价关系。当产出偏离潜在产出或通胀偏离通胀目标时，既可以通过利率工具也可以通过货币工具来进行调节，数量工具和利率工具具有一定的互补性①。同时，当货币偏离目标水平或利率显著偏离自然利率时，也可以通过利率工具或货币工具进行调整。Taylor（1999）指出，实际货币余额下降将推升利率水平，在固定货币供给条件下，由于货币需求或实际货币余额与利率呈现负相关，并且与实际产出呈现正相关，通胀的上升将导致实际货币余额下降，进而使利率上升，或者实际收入的增加将导致货币需求上升金本位制与固定货币供给情形类似，当通货膨胀率上升，国际收支逆差和竞争力下降，这样黄金将流出以弥补贸易逆差，货币供给下降将导致利率上升，从而使通胀恢复到正常水平。当实际产出上升，货币需求增加，同时推高利率，从而导致贸易逆差、黄金外流和货币供给下降。因而，金本位时期利率对通胀和产出缺口的反应系数都将是正的，对金本位时期的经验分析也验证了这一点。

另一方面，从实践上的政策手段角度来看，作为一枚硬币的两面，货币的数量与价格是等价的（Friedman，1990），而本章的分析进一步表明，

① 严格来说，货币政策框架一般包括货币政策工具、操作目标、中介目标和最终目标以及它们之间的作用机制。Poole（1970）等主流研究大多假设货币政策工具可以直接作用于中介目标。本章采用类似的做法，假设政策工具可以直接作用于中介目标，因此没有明确区分货币政策工具、操作目标和中介目标。货币供应量和利率既是中介目标，也是政策工具。

这种等价性在货币政策规则上也是成立的。在我国货币政策逐步由以数量为主向价格为主的调控方式转型的过程中，货币供应量和市场利率在货币政策调控中都具有非常重要的地位。因此，量价平衡的混合型货币政策规则对于分析中国货币政策调控方式在转型过程中的经济典型性事实具有重要意义。

分析得到几点推论：

1. 利率管制、货币超发与经济均衡

根据上述分析：$\omega \tilde{m}_t + (1-\omega) i_t = (1-\omega) i_t^* + \alpha_1 (\pi_t - \pi_t^*) + \alpha_2 x_t + \varepsilon_t$

当经济处于均衡，即通胀缺口和产出缺口均为零时（Taylor，1999），可得：

$$\omega (\Delta m_t - \Delta m_t^*) = (1-\omega)(i_t - i_t^*)$$

这样，就可得到如下推论：

推论 1（利率管制与货币超发）：在均衡条件下，货币数量调控与利率调控的方向是相反的。如果利率低于稳态增长路径下的均衡利率水平（$i_t - i_t^* < 0$），那么实际货币增速就要大于最优货币增速。

研究认为，我国实际基础货币增长率明显高于麦卡勒姆规则所得到的货币增长率（葛结根、向祥华，2008），推论 1 可以很好地解释，在利率管制以及货币超发的情况下，我国经济并未出现恶性通货膨胀的现实。长期以来，在金融压抑和利率管制政策下，利率被扭曲并低于均衡利率水平是我国经济的典型特征之一。虽然货币市场利率早在 2000 年左右就已基本放开，存贷款利率管制也于 2015 年 10 月基本取消，但在利率双轨制下，我国的市场化利率仍然低于经济稳定增长路径所应有的均衡水平（He and Wang，2012；Li and Su，2020）。与此同时，在高储蓄支撑的投资导向增长模式下，我国一直存在投资和信贷冲动，M2 增速经常超过中央银行制定的目标。由推论 1 可知，实际货币增速高于最优货币增速，与利率管制条件下产出缺口和通胀缺口均为零的要求相符。因此，在利率管制条件下，尽管我国的实际货币确实存在超发，但经济仍然能够保持产出和通胀的稳定。随着利率管制的逐步完全放开，市场供求决定的利率水平将逐步向均衡利率靠拢，为保持产出与物价稳定，实际货币增速必然要向最优增速收敛，这也与近年来利率市场化加快推进的背景下，货币缺口大幅缩小的现实相符。混合型货币政策规则很好地解释了我国利率管制下货币超发的典型性事实。

2. 物价稳定的泰勒原理修正

在 $0<\omega<1$ 的情况下，可得：

$$\frac{\omega}{1-\omega}(\Delta m_t-\Delta m_t^*)+i_t=i_t^*+\frac{\alpha_1}{1-\omega}(\pi_t-\pi_t^*)+\frac{\alpha_2}{1-\omega}x_t+\varepsilon_t$$

由于 $\frac{\omega}{1-\omega}>0$，可见利率政策和货币数量政策实际上是互补的，同样可以作为稳定通胀和产出的方式。

对于不考虑货币供应量（$\omega=0$）的泰勒规则，设此时的利率为 i_t^T，混合型货币政策规则变为泰勒规则原式（Taylor，1999）：

$$i_t^T=i_t^*+\alpha_1(\pi_t-\pi_t^*)+\alpha_2x_t+\varepsilon_t$$

如果希望混合型货币政策和标准泰勒规则达到同样的调控效果，有：

$$\frac{\partial\left(\frac{\omega}{1-\omega}(\Delta m_t-\Delta m_t^*)+i_t\right)}{\partial\pi_t}=\frac{\partial i_t^T}{\partial\pi_t}$$

Taylor（1999）、Woodford（2001）表明，在泰勒规则的利率调控下，利率对通货膨胀的反应系数 $\left(\frac{\partial i_t}{\partial\pi_t}\right)$ 和产出缺口的反应系数 $\left(\frac{\partial i_t}{\partial x_t}\right)$ 对经济稳定至关重要，只有当 $\frac{\partial i_t}{\partial\pi_t}>1$、$\frac{\partial i_t}{\partial x_t}>0$ 时，利率政策才是有利于价格和产出稳定的。特别是，当 $\frac{\partial i_t}{\partial\pi_t}>1$，这是物价稳定的"泰勒原理"（Taylor Principle）。换句话说，名义利率上升的幅度必须大于通货膨胀上升的幅度，否则将导致实际利率不升反降，从而加剧通胀，是不稳定的货币政策。名义利率的调整必须使实际利率随着通胀率的上升而提高，只有这样货币政策当局才能够有效控制通货膨胀。

在仅进行利率调控的情况下，物价稳定的泰勒原理表明货币政策必须满足$\frac{\partial i_t}{\partial \pi_t}>1$。根据前面的讨论，在考虑货币数量和价格的混合型货币规则下，利率的调整可以小于仅进行利率调控的情形。也就是说，在考虑货币数量情形下，利率的调整幅度可以小于通货膨胀的变化幅度。因为除了利率手段外，中央银行还可以通过对货币数量的调节来稳定物价。从具体的货币政策操作角度来讲，为了实现物价稳定目标，货币政策只需要满足：

$\frac{\partial\left(\frac{\omega}{1-\omega}(\Delta m_t-\Delta m_t^*)+i_t\right)}{\partial \pi_t}>1$，就可实现物价稳定。这里注意到均衡实际利率是与技术、家庭时间偏好有关，与货币政策无关。这样可得：

$$\frac{\omega}{1-\omega}\frac{\partial(\Delta m_t-\Delta m_t^*)}{\partial \pi_t}+\frac{\partial i_t}{\partial \pi_t}>1$$

根据$\frac{\omega}{1-\omega}\Delta(\Delta m_t-\Delta m_t^*)+\Delta i_t\approx\frac{\partial\left(\frac{\omega}{1-\omega}(\Delta m_t-\Delta m_t^*)+i_t\right)}{\partial \pi_t}\Delta \pi_t>\Delta \pi_t$，当货币增速超过最优货币增速（即$\Delta m_t>\Delta m_t^*$时），可能会出现$\Delta i_t<\Delta \pi_t$。

推论2（修正的泰勒原理）：在数量与价格混合型货币规则和货币超发条件下（$\Delta m_t>\Delta m_t^*$），利率的调整幅度可以小于通胀的变化幅度，同样能够实现物价的稳定。如果货币供应等于或低于最优货币增速（$\Delta m_t\leq\Delta m_t^*$），利率需要调整到比仅进行利率调控的泰勒规则的利率更高的水平，才能实现物价的稳定。很多研究都表明，受利率管制等政策的影响，我国利率调整幅度确实小于通货膨胀的变化幅度，并不满足标准的泰勒原理（李宏瑾，2012）。泰勒原理在我国不成立的原因是我国货币政策框架中混合使用了货币数量和利率手段。在货币数量调控和货币超发条件下，推论2使我们可以很好地理解被扭曲的利率政策调控仍可以实现物价稳定而不会引起恶性通货膨胀的现象。

推导得到：

$$i_t-i_t^T=\frac{\alpha_1\omega}{1-\omega}(\pi_t-\pi_t^*)+\frac{\alpha_2\omega}{1-\omega}x_t-\frac{\omega}{1-\omega}(\Delta m_t-\Delta m_t^*)$$

可见，如果经济处于产出缺口和通胀缺口为零的均衡状态，那么当实际的货币增速高于潜在货币增速时（$\Delta m_t > \Delta m_t^*$），显然可有：$i_t < i_t^T$。也就是说，在数量与价格混合形式的货币规则下，利率可以不用提高到泰勒规则所要求的利率水平，就可以实现通胀稳定。同理，当实际的货币供应增速等于或低于潜在增速，也就是 $\Delta m_t \leqslant \Delta m_t^*$ 时，可以得到：$i_t \geqslant i_t^T$。也就是说，在考虑货币供应的混合型货币规则下，如果 $\Delta m_t \leqslant \Delta m_t^*$，需要大幅度提高利率才可以保证通胀稳定，这与推论 1 的含义是一致的。

3. 流动性条件与货币市场波动

如果希望混合型货币政策和标准泰勒规则达到同样的调控效果，即：

$$\frac{\partial\left(\dfrac{\omega}{1-\omega}(\Delta m_t - \Delta m_t^*) + i_t\right)}{\partial \pi_t} = \frac{\partial i_t^T}{\partial \pi_t}$$

那么，$\dfrac{\omega}{1-\omega}\Delta(\Delta m_t - \Delta m_t^*) + \Delta i_t \approx \dfrac{\partial\left(\dfrac{\omega}{1-\omega}(\Delta m_t - \Delta m_t^*) + i_t\right)}{\partial \pi_t}\Delta \pi_t = \dfrac{\partial i_t^T}{\partial \pi_t}\Delta \pi_t \approx$

Δi_t^T。因此，当 $\Delta m_t \leqslant \Delta m_t^*$ 时，那么 $\Delta i_t \geqslant \Delta i_t^T$，考虑货币数量的混合型货币规则的利率波动要大于仅考虑利率的泰勒规则情形的利率波动。同理，在数量与价格混合货币规则和货币超发条件下（$\Delta m_t > \Delta m_t^*$），那么 $\Delta i_t < \Delta i_t^T$，利率波动要小于泰勒规则下的利率波动。这样，就可以得到如下推论：

推论 3（流动性效应）：在考虑货币数量的混合型货币规则下，如果货币增速小于等于最优货币增速（$\Delta m_t \leqslant \Delta m_t^*$），那么利率的波动与仅考虑利率调控的泰勒规则情形的利率波动相比要更大；反之，在数量与价格混合型货币规则和货币超发条件下（$\Delta m_t > \Delta m_t^*$），利率波动更为平稳。

这一推论很好地解释了在我国流动性条件变化的情况下货币市场利率波动的情况。在我国经济进入新常态的同时，流动性格局发生了根本性的变化。特别是，2014 年第二季度至 2016 年底，我国资本项目（不考虑储备账户）呈现持续资本净流出的状态；而自 2011 年以来经常账户顺差占 GDP 的比重已回落至 4% 以下的合理水平。伴随着双顺差的结束，在提高中央银行货币政策自主性的同时，也意味着我国流动性格局的转变。基础货币投放渠道由外汇占款为主转变为流动性创新管理工具（如 SLF、MLF、PSL、信贷抵押再贷款等）和以资金投放为主的公开市场操作逆回购。我国货币超发的情况发生转变，尤其是 2011 年以来，货币增速多次回落到目标增速之下。根据推论 3，货币增速低于目标增速时，利率的波动更大。从图 11-1 可以看出，在货币供应量接近或低于目标的时期，市场隔夜利率标准差和 7 天利率的标准差都大幅升高。由此，可以很好地理解 2011 年以来我国货币市场利率波动明显上升（特别是 2013 年的货币市场波动）的现象。

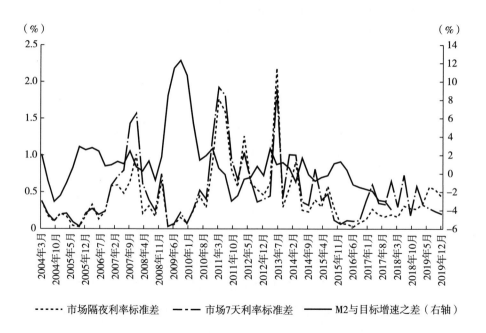

图 11-1　我国的货币市场波动

注：在不做特殊说明的情况下，本章数据皆来自 Wind、CEIC。货币增速目标来自历年《政府工作报告》；根据中国货币市场交易情况（王宇、李宏瑾，2015），市场利率为银行间质押式回购加权平均利率。下同。

资料来源：Wind、CEIC。

随着利率市场化改革的加速和深化推进，在当前利率逐步接近均衡水平和流动性格局逆转的当下，中国的货币增速过快和货币超发最终将回归到正常水平。货币政策一味追求数量目标只能导致利率水平和波动的大幅上升，不利于市场的稳定，因此货币政策转向利率为主的价格型调控方式的必要性和迫切性日趋上升。

第四节　对中国货币政策调控的经验讨论

一、货币流通速度与市场利率

在前面的交易方程式分析中，假定货币流通速度增速与市场利率呈正相关，即 $\Delta v_t = \alpha + \beta i_t + e_t$。在货币效用（MIU）模型分析中，主要是用到了利率增速与名义利率水平正相关的假设，即 $\Delta i_t = \kappa + \gamma i_t + u_t$。在 MIU 模型中，当 $\sigma = \nu$ 时，货币供应量方程对应于传统实际货币余额线性需求 $m_t - p_t = y_t - \eta i_t$，此时可以发现 $v_t = \eta i_t$，MIU 模型中得到的货币供应方程与交易方程式是一致的。由此，可以得到如下关系：$\Delta v_t = \eta \Delta i_t$。其中，$\eta < 0$。因此，就可以对货币流通速度与利率的关系进行经验分析。

这里，根据各国中央银行利率调控的实践和我国货币市场交易情况（王宇、李宏瑾，2015），以货币市场隔夜利率作为利率变量。用 i_t 表示利率，Δi_t 表示利率的同比增速。根据交易方程式，货币流通速度等于"经济实际增速+价格增速（通货膨胀率）−货币数量增速"，即 $\Delta v_t = \pi_t + \Delta y_t - \Delta m_t$。以当季 GDP 增速作为经济实际增速变量，以 M2 增速作为货币数量增速变量。为保证通货膨胀率衡量的全面性，分别以 GDP 平减指数和 CPI 作为通货膨胀变量，其中 GDP 平减指数根据现价 GDP 和 2010 年为基期的不变价 GDP 计算得到。这样可以得到两个货币流通速度增速序列，V1 和 V2 分别为根据 CPI 和 GDP 平减指数计算的变量。样本期为 2004 年第一季度至 2019 年第四季度，下同。具体回归结果如表 11-1 所示：

表 11-1　货币流通速度与市场利率检验结果

因变量\\自变量	V1	V1	V2	V2	Δi_t
常数项	−11.7261 ***	−3.1539 ***	−9.8163 ***	−2.0002 ***	−1.5813 ***
	(1.8221)	(0.8278)	(2.1640)	(0.5774)	(0.2822)
i_t	3.7937 ***		3.4557 ***		0.6993 ***
	(0.7699)		(0.9144)		(0.1192)
Δi_t		9.1082 ***		3.8547 **	
		(3.3569)		(0.7149)	
R^2	0.2814		0.1872	0.3193	0.3568
S. E.	4.2500	6.6222	5.0477	4.6195	0.6582
F	24.2789 ***		14.2814 ***	29.0767 ***	34.3939 ***
Wald		7.36 ***			

注：括号内数字为标准差，***、**分别代表1%、5%的显著性水平，下同。为避免变量内生性的影响，选择滞后一期的利率作为工具变量（刘斌，2003）。经检验，在 v1 和 Δi_t 的回归中，工具变量与自变量具有较强的相关性。豪斯曼检验拒绝了自变量为外生的假设，因此采用 GMM 估计是必要的。在其他回归中，豪斯曼检验没有拒绝自变量为外生的假设（p>0.05），因此不存在内生性，选择普通回归。

资料来源：笔者根据回归计算得到。

所有方程各变量均在5%的显著性水平下显著，说明模型对货币流通速度与利率关系的假设是合理的。

二、货币增速与市场利率

根据推论1，在混合型货币规则下，货币增速缺口与市场利率呈现负相关关系，在这一部分中通过实证分析来验证这一结果。在货币增速缺口指标选取方面，根据每年年初公布的货币供应增速目标，可将实际货币供应增速与政策目标增速之差作为货币增速缺口指标（M2 Target Gap）。随着我国经济由高速转向中高速增长，近年来货币供应目标可能存在一定的偏差①。因此可以通过 HP 滤波法得到 M2 增速的趋势项，将原始数据和趋势项做差得到缺口指标（M2 HP Gap）。另外，在流动性效应下，广义流动性货币增速（M2）与利率具有负相关关系，笔者也对此进行了检验（见表 11-2）。以隔夜银行间质押式回购利率作为利率变量，样本期为 2004 年第一季度至 2019 年第四季度②。

表 11-2　货币增速缺口、货币供给缺口与市场利率检验结果

自变量 ＼ 因变量	M2	M2 Target Gap	M2 HP Gap
常数项	26. 4163 ***	8. 5556 ***	4. 6645 ***
	（2. 1841）	（1. 3684）	（0. 9490）
i_t	− 5. 0990 ***	− 3. 4350 **	− 2. 1133 **
	（0. 9382）	（0. 5878）	（0. 4010）
R^2	0. 2803	0. 3345	0. 3094
S. E.	4. 0732	2. 5520	2. 2136
F			27. 7715 ***
Wald	29. 54 ***	34. 15 ***	

注：在 M2 和 i_t 以及 M2 Target Gap 和 i_t 的回归中，工具变量与自变量具有较强的相关性。豪斯曼检验拒绝了自变量为外生的假设，因此采用 GMM 估计是必要的。在 M2 HP Gap 和 i_t 的回归中，豪斯曼检验没有拒绝自变量为外生的假设（$p>0.05$），因此不存在内生性，选择普通回归。

资料来源：笔者根据回归计算得到。

---

① 例如，虽然中国人民银行多次强调比过去低一些的 M2 增速将成为新的常态，而且随着经济潜在产出增速的下降，货币供应增速目标也应随之降低，但 2016 年 13% 的货币供应目标反而较 2015 年的 12% 还高 1 个百分点。这也是近年来我国逐步淡化货币数量目标，并在 2018 年不再公布货币数量目标的主要原因之一。参见《中国人民银行行长周小川等就"金融改革与发展"答记者问》，www.pbc.gov.cn，2018 年 3 月 9 日。

② 虽然 2018 年之后，我国不再公布 M2 货币增速目标，但由于货币供应量仍包含了大量经济运行的信息，M2 增速与名义 GDP 增速相匹配逐渐成为中国人民银行非常关注的监测指标（参见 2018 年第 3 期以来各期《中国货币政策执行报告》）。因此，以名义 GDP 增速计算得到 2018 年和 2019 年各季度货币增速缺口数据。

可见，货币缺口与市场利率在5%的显著性水平下显著，说明回归效果比较理想。这验证了推论1中货币供应量缺口与利率的负相关关系。

三、流动性效应

根据推论3，货币增速缺口与利率的波动呈负相关关系。表11-3的回归结果表明，货币增速缺口与市场利率波动在5%的显著性水平下显著，说明回归效果比较理想。这验证了推论3的结论。

表11-3　货币供给缺口与市场利率波动检验结果

自变量 ＼ 因变量	M2	M2 Target Gap	M2 HP Gap
常数项	23.5989***	6.6577***	4.4544**
	(3.9255)	(2.5449)	(1.8313)
std（i_t）	−20.5824**	−13.8655**	−10.7891***
	(8.8267)	(5.7223)	(4.1177)
S. E.	9.4930	6.1543	4.4286
Wald	5.44**	5.87**	6.87***

注：经检验，工具变量与自变量具有较强的相关性。豪斯曼检验拒绝了自变量为外生的假设，因此采用GMM估计是必要的。

资料来源：笔者根据回归计算得到。

根据流动性效应（Friedman and Kuttner，2011），货币数量与市场利率和利率波动呈现显著的负相关关系。长期以来，美联储的货币政策调控虽然以利率为主，但同时非常关注商业银行储备头寸的变化，在很大程度上就是要通过对基础货币数量的调节来实现利率政策目标，这本身就是流动性效应的具体体现。超额准备金率（ERR）对市场流动性和中央银行利率操作具有非常重要的意义（Bindseil，2004）。就我国货币政策框架而言，M2是中央银行最重要的货币政策中介目标，超额准备金率则是中央银行最重要的货币政策操作目标（张晓慧，2015）。因而，笔者对超额准备金率与市场利率及其波动的关系进行检验①（见表 11-4）。

表 11-4　我国流动性效应检验结果

自变量 ＼ 因变量	ERR	ERR
常数项	3. 5553 ***	2. 9783 ***
	（0. 3945）	（0. 2066）
i_t	−0. 4913 ***	
	（0. 1667）	
std（i_t）		−0. 6621 **
		（0. 3134）
R^2	0. 1229	0. 0884
S. E.	0. 9202	0. 9778
F	8. 6860 ***	4. 4628 **

注：经检验，变量不存在内生性。

资料来源：笔者根据回归计算得到。

可见，市场利率和利率波动与超额准备金率的回归在 5% 的显著性水平下显著，F 统计量也是显著的，表明回归效果比较理想，这说明我国流动性效应是成立的，与中国人民银行营业管理部课题组（2013）的结论一致。近年来，随着经济进入新常态，流动性格局和基础货币供应渠道出现了根本性变化，中央银行在积极开展包括短期流动性调节工具（SLO）、常备借贷便利（SLF）、中期借贷便利（MLF）等政策创新的同时，充分运用价格杠杆稳定市场预期，积极调整人民币存贷款基准利率，适时下调中期借贷便利利率，改进再贷款和准备金管理方式，探索发挥常备借贷便利（SLF）

---

① 2015 年 9 月，我国存款准备金开始采用分子平均考核法；2016 年 7 月，我国存款准备金实行分子、分母双平均考核法；2016 年 2 月，我国公开市场操作频率由每周两次改为每个工作日操作。货币政策操作改革有效地促进了金融机构资金运用效率和流动性管理水平，超额准备金率出现趋势性下降，对货币政策传导产生了显著的影响。因此，表 11-4 中对超额准备金率与市场利率及其波动的检验，样本期为 2004 年第一季度至 2015 年第四季度。

利率作为利率走廊上限的作用，将每周两次的常规公开市场操作进一步扩展至每天操作，进一步加强了对市场利率的引导作用。这也表明利率手段在我国货币调控中的重要性越来越大，价格型货币调控方式转型的条件日趋成熟。

第五节　对中国货币政策调控的实证分析

一、理论模型

与国外对货币调控方式的研究类似，针对中国货币调控方式转型的实证研究（Kim and Chen，2019；吕昊旻、李成，2020），主要是考察货币数量、利率等中间变量与物价产出的反应系数或相关性，发现利率对物价产出的影响明显大于货币数量。这些研究大多仍是在 VAR 框架下的经验分析，而不是建立在结构化模型基础上的实证研究。本章第四节的理论分析为实证研究提供了理论基础，量价混合型货币政策规则形式如下：

$$\omega_t(m_t-m_t^*)+(1-\omega_t)(i_t-i_t^*)=\alpha_1(\pi_t-\pi_t^*)+\alpha_2 x_t+\epsilon_t$$

其中，m_t 为货币供应量增速，m_t^* 为货币增速目标，i_t 为利率，i_t^* 为均衡利率，π_t 为通货膨胀率，π_t^* 为通胀目标，x_t 为产出缺口，ω_t 为量价混合的权重。从量价混合型货币政策规则的角度来看，作为中间或操作目标的货币数量和利率（公式的左边）的权重之和为 1。正如货币数量与价格相当于一枚硬币的两面，如果 $\omega_t=1$，中央银行就是严格的数量调控；如果 $\omega_t=0$，就是全球金融危机前主要中央银行"单目标、单工具"的常规货币政策利率调控。显然，对于转型时期的中国而言，货币政策调控方式实际上是数量与价格的动态综合。从最终目标（公式右边）来看，通胀始终是各国中央银行最主要的货币政策最终目标，兼顾产出、就业等其他目标正是弹性通胀目标制的情形（Svensson，1999）。作为全球最大的转轨经济体，尽管中国采取了多目标的货币政策，但物价稳定仍是货币政策的首要目标（周小川，2016；徐忠，2018）。由此，根据货币数量和利率与货币政策最终目标（物价或产出）的关系，利用状态空间模型对作为中间变量的货币数量和利率在货币调控中的动态权重系数进行估算。以 CPI 作为通胀率变量，GDP 增速作为产出变量，M2 增速作为货币供应变量，隔夜质押式回购利率作为利率变量，样本期为 2004 年第一季度至 2020 年第四季度。

二、以物价作为最终目标的实证结果

目前，有关我国货币调控方式的实证研究大多采用固定系数回归，无法动态反映中国货币政策的状况。在不同的时刻，货币数量和利率与物价的关系是不同的。为了动态分析我国货币政策调控方式，构建了状态空间模型：

$$\pi_t = \beta_0 - \beta_{0t} - \beta_{1t} m_t - \beta_{2t} i_t + \epsilon_{1t}$$

状态方程为：

$$\beta_{0t} = \gamma_0 \beta_{0t-1} + \epsilon_{2t}$$

$$\beta_{1t} = \gamma_1 \beta_{1t-1} + \epsilon_{3t}$$

$$\beta_{2t} = \gamma_2 \beta_{2t-1} + \epsilon_{4t}$$

β_{1t} 和 β_{2t} 是状态空间模型估计的动态参数，分别表示利率变量和数量变量对物价的影响程度，β_{0t} 是截距动态参数。

这一状态方程与前面的讨论一致。混合型货币规则的左侧 $\omega_t(m_t - m_t^*) + (1 - \omega_t)(i_t - i_t^*)$ 相当于"量""价"混合型货币政策调控，这类似于很多学者提出的货币条件指数（MCI），将中央银行关注的各类操作目标或中介目标进行加权，用以衡量影响货币政策的信息以及货币政策效果，并作为货币政策重要的参照指标，有效评估货币政策的松紧程度（Ericsson et al.，1998）。如果考虑动态权重，那么 MCI 对物价的影响可以表示为：

$$\pi_t = \alpha_0 - \alpha_1 [\omega_t(m_t - m_t^*) + (1 - \omega_t)(i_t - i_t^*)] + \epsilon_{1t}$$

那么，当 $\beta_0 = \alpha_0$，$\beta_{0t} = -\alpha_1\omega_t m_t^* - \alpha_1(1-\omega_t)i_t^*$，$\beta_{1t} = \alpha_1\omega_t$，$\beta_{2t} = \alpha_1(1-\omega_t)$时，与状态空间模型一致。可见，以状态空间模型对货币调控方式进行估计是合理的。

估计结果得到：$\gamma_1 = 0.95$（p 值 $= 0$），$\gamma_2 = 1.05$（p 值 $= 0$），由此可以得到 β_{1t} 和 β_{2t} 的估计。根据动态系数可以计算动态权重 $\omega_t = \beta_{1t}/(\beta_{1t}+\beta_{2t})$ 和 $1-\omega_t = \beta_{2t}/(\beta_{1t}+\beta_{2t})$。

从图 11-2 可以看出，从 2004 年起，我国货币数量和利率变量对物价稳定的影响逐渐加强。数量变量的动态系数变化不大，而利率变量的动态系数大幅提高，说明数量目标对物价的影响呈现整体平稳态势，而利率目标对物价稳定起到了越来越重要的作用，这也与我国金融市场不断深化发展和利率传导渠道日益畅通和有效的实际相符。

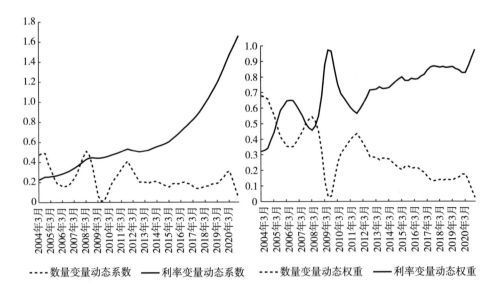

图 11-2　影响物价的数量变量和利率变量的动态系数和动态权重

资料来源：笔者根据模型计算得到。

三、以经济增速作为最终目标的实证结果

与通胀目标类似，进一步考察从经济增长作为货币政策的最终目标，构建状态空间模型：

$y_t = \beta_0 - \beta_{0t} - \beta_{1t}m_t - \beta_{2t}i_t + \epsilon_{1t}$

其中，状态方程为：

$\beta_{0t} = \gamma_0\beta_{0t-1} + \epsilon_{2t}$

$\beta_{1t} = \gamma_1\beta_{1t-1} + \epsilon_{3t}$

$\beta_{2t} = \gamma_2\beta_{2t-1} + \epsilon_{4t}$

新型冠状病毒肺炎疫情对经济造成了巨大的冲击，为抵消新型冠状病毒肺炎疫情的影响，参考 Holston 等（2020）的做法，对 GDP 数据进行修正。定义 $ly_t^a = ly_t - \psi_1 d_t - \psi_2 d_t^2$，其中 ly_t 表示对数 GDP，ly_t^a 表示修正后的对数 GDP，ψ_1、ψ_2 表示影响系数，d_t 衡量了新型冠状病毒肺炎疫情的影响，这里考虑了二次项的影响。采用 Hale 等（2021）提出的政府响应指数（COVID-19 Government Response Index）来衡量新型冠状病毒肺炎疫情带来的影响[①]。参考 Holston 等（2020）的做法，笔者通过对指数进行季度平均来得到季度政府响应指数；对实际 GDP 取对数后进行 XII 季调得到对数 GDP；对通货膨胀率、利率、货币增长率和对数 GDP 建立 VAR 模型并对 2020 年的 GDP 数据进行预测，从而得到的 GDP 与实际数据建立回归模型。

在此基础上得到修正后的对数 GDP，并计算得到同比 GDP 增长率 y_t。估计结果得到：$\gamma_1 = 0.98$（p 值 = 0），$\gamma_2 = 1.02$（p 值 = 0），由此可以得到 β_{1t} 和 β_{2t} 的估计。根据动态系数可以计算动态权重 $\omega_t = \beta_{1t} / (\beta_{1t} + \beta_{2t})$ 和 $1 - \omega_t = \beta_{2t} / (\beta_{1t} + \beta_{2t})$。

影响产出的动态系数的走势与图 11-2 是一致的。我国利率变量的动态系数大幅提高，对产出起到了越来越重要的作用。从动态权重来看，近年

---

① 这一指数对政府关闭学校、工作场所、取消公共活动、限制集会规模、关闭公共交通、要求居家办公、限制跨区域和跨境交通等政策进行打分并汇总得到总指数。

来我国数量目标变量的作用逐渐下降、利率目标变量作用大幅增加（见图11-3），这一趋势与对影响物价的权重分析得到的权重基本一致，进一步说明了利率传导渠道的有效性和我国向价格型货币政策转型的条件日趋成熟。

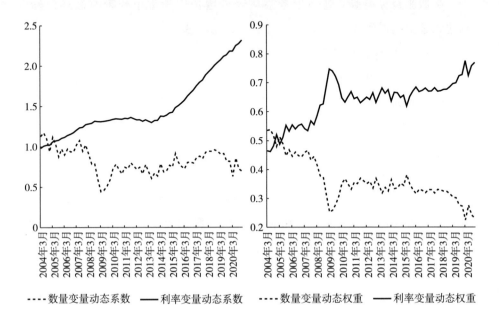

图11-3 影响产出的数量变量和利率变量的动态系数和动态权重

资料来源：笔者根据模型计算得到。

第六节 本章小结

本章在分析我国货币框架转型过程中的典型性事实的基础上，分别基于交易方程式和货币效用模型，构建了我国数量和价格混合的货币政策规则，并分析了货币数量规则与利率价格规则的理论等价关系。相关的推论表明，正是由于货币数量规则和价格规则的等价性，在利率低于均衡水平的利率管制情形下，中国的货币超发并未引起经济波动和恶性通货膨胀；在此条件下，修正的物价稳定泰勒原理表明，利率的调整幅度可以小于通胀的上升幅度，同样能够实现物价的稳定；反之，如果货币增速趋向最优水平或货币缺口为负，利率调整要大于泰勒原理所要求的利率调整幅度，利率的波动也更大。对中国的经验分析支持了相关推论。在此基础上，本章以货币数量与价格混合型货币政策规则作为理论基础，通过状态空间模型对货币数量、利率与物价、经济增长等货币政策最终目标的动态系数和权重进行了估算。结果表明，利率与物价、产出的动态系数和权重明显高于货币数量，价格变量作为货币政策操作中间变量与最终目标的关系越来越紧密。虽然近年来受日益严峻的国内外经济环境的影响，我国货币政策传导有效性明显下降，货币政策操作更加依赖数量调控方式，但利率对物价的作用和对产出的影响仍明显上升。本章的发现，为我国货币政策由以数量为主转向以利率为主的价格调控方式的转型，提供了可靠的实证研究支撑。

　　本章分析表明，数量规则与利率价格规则是等价的，货币数量与价格作为一枚硬币的两面也具有等价性，这对利率市场化后中国货币政策调控方式的转型具有非常重要的启示性意义。随着存贷款利率管制的基本放开，在利率水平逐步趋向均衡利率的背景下，货币增速最终将收敛至正常的最优水平。混合型货币调控下，一味地追求过高的货币数量目标只能导致利率水平和利率波动的上升，不利于金融市场的稳定，因此货币政策转向以利率为主的价格型调控方式的必要性和迫切性日趋上升。今后要在进一步完善公开市场操作机制和发挥 SLF、MLF 等创新流动性管理工具的作用，切实提高对市场利率的调控和引导能力，积极推进向以利率为主的货币政策转型，只有这样才能真正促进中国经济金融的高质量发展。

参考文献

白重恩、张琼：《中国的资本回报率及其影响因素分析》，《世界经济》2014年第10期。

卞志村、高洁超：《适应性学习、宏观经济预期与中国最优货币政策》，《经济研究》2014年第4期。

卞志村：《转型期中国货币政策操作规范》，《世界经济》2007年第6期。

伯南克：《伯南克的自白：我眼中的泰勒法则和美联储利率》，2015年5月3日，https://www.sohu.com/a/13464329_117959，2022年6月21日。

蔡群起、龚敏：《中国的自然利率有多高》，《财贸经济》2016年第6期。

蔡喜洋：《日本央行货币政策框架演变与当前进展》，《国际金融》2017年第11期。

陈彦斌、陈小亮、陈伟泽：《利率管制与总需求结构失衡》，《经济研究》2014年第2期。

陈雨露：《当前全球中央银行研究的若干重点问题》，《金融研究》2020年第2期。

邓创、吴泰岳、石柱鲜：《我国潜在产出、自然利率与均衡汇率的联合估计及其应用》，《数理统计与管理》2012年第3期。

葛结根、向祥华：《麦卡勒姆规则在中国货币政策中的实证检验》，《统计研究》2008年第11期。

龚思铭、张帆：《通胀预测目标法在日本失效的原因分析》，《现代日本经济》2018年第2期。

郭豫媚、郭俊杰、肖争艳：《利率双轨制下中国最优货币政策研究》，《经济学动态》2016 年第 3 期。

何广文、刘波：《德国联邦银行货币政策工具的改革及启示》，《金融研究》
　　1995 年第 3 期。

贺聪、项燕彪、陈一稀：《我国均衡利率的估算》，《经济研究》2013 年第
　　8 期。

纪洋、徐建炜、张斌：《利率市场化的影响、风险与时机》，《经济研究》2015
　　年第 1 期。

李成、马文涛、王彬：《通货膨胀预期与宏观经济稳定：1995—2008——基
　　于动态随机一般均衡模型的分析》，《南开经济研究》2009 年第 6 期。

李宏瑾：《基于标准泰勒规则的我国货币市场利率偏离估算》，《金融评论》
　　2012 年第 2 期。

李宏瑾：《利率市场化对商业银行的挑战及应对》，《国际金融研究》2015
　　年第 2 期。

李宏瑾：《货币政策两分法、操作（中间）目标与货币调控方式》，《金融评
　　论》2019 年第 3 期。

李宏瑾：《利率并轨、风险溢价与货币政策传导》，《经济社会体制比较》
　　2020 年第 5 期。

李宏瑾、唐黎阳：《全球金融危机以来资本回报率变化趋势》，《经济评论》
　　2021 年第 3 期。

李宏瑾、苏乃芳、洪浩：《价格型货币调控中的实际利率锚》，《经济研究》
　　2016 年第 1 期。

李宏瑾、苏乃芳：《货币理论与货币政策中的自然利率及其估计》，《世界经
　　济》2016 年第 12 期。

李宏瑾、苏乃芳：《金融创新、金融脱媒与信用货币创造》，《财经问题研
　　究》2017 年第 10 期。

李宏瑾、苏乃芳：《中国隐性利率双轨制及其对市场利率的影响》，《财经问
　　题研究》2018 年第 8 期。

刘斌：《最优货币政策规则的选择及在我国的应用》，《经济研究》2003 年

第 9 期。

刘斌：《最优前瞻性货币政策规则的设计与应用》，《世界经济》2004 年第 4 期。

刘斌：《高级货币经济学》，中国金融出版社 2008 年版。

刘斌：《动态随机一般均衡模型及其应用》，中国金融出版社 2016 年版。

孟宪春、张屹山、李天宇：《中国经济"脱实向虚"背景下最优货币政策规则研究》，《世界经济》2019 年第 5 期。

潘淑娟、叶斌：《中国自然利率及其货币政策意义》，《金融经济学研究》2013 年第 1 期。

任杰、尚友芳：《我国货币政策中介目标是否应改变为利率——基于扩展的普尔分析的实证研究》，《宏观经济研究》2013 年第 10 期。

盛松成：《社会融资规模指标的诞生和发展》，《中国金融》2019 年第 19 期。

苏乃芳、李宏瑾、张怀清：《有关 GDP 平减指数的再认识》，《经济学动态》2016 年第 5 期。

苏乃芳：《"安倍经济学"简析》，《北京金融评论》2013 年第 3 期。

孙丹、李宏瑾：《利率市场化改革与商业银行利率定价机制转型》，《南方金融》2016 年第 5 期。

孙国峰：《信用货币制度下的货币创造和银行运行》，《经济研究》2001 年第 2 期。

孙国峰：《健全现代货币政策框架》，《中国金融》2021 年第 3 期。

孙国峰、段志明：《中期政策利率传导机制研究——基于商业银行两部门决策模型的分析》，《经济学（季刊）》2016 年第 4 期。

汪川、黎新、周镇峰：《货币政策的信贷渠道》，《国际金融研究》2011 年第 1 期。

王关荣：《法兰西银行公开市场业务操作的特点》，《金融会计》1995 年第 9 期。

王曦、汪玲、彭玉磊、宋晓飞：《中国货币政策规则的比较分析——基于 DSGE 模型的三规则视角》，《经济研究》2017 年第 9 期。

王小奕、蒋万进：《德国货币政策的目标、操作及其启迪》，《中国金融》
　　1997 年第 6 期。

王宇、李宏瑾：《利率市场化条件下的中央银行基准利率——兼论价格型货
　　币调控机制》，《金融评论》2015 年第 2 期。

吴忠群：《原始存款与基础货币的对应关系》，《财贸经济》2006 年第 10 期。

夏斌、廖强：《货币供应量已不宜作为当前我国货币政策的中介目标》，《经
　　济研究》2001 年第 8 期。

向祥华、杨昱星：《麦卡勒姆规则及其对我国货币政策的借鉴意义》，《上海
　　金融》2004 年第 5 期。

项卫星、李宏瑾：《我国中央银行数量型货币调控面临的挑战与转型方向》，
　　《国际金融研究》2012 年第 7 期。

谢太峰：《法兰西银行及其货币政策》，《金融理论与实践》1994 年第 6 期。

休谟：《汉译世界学术名著丛书：休谟经济论文选》，陈玮译，商务印书馆
　　1984 年版。

徐忠：《经济高质量发展阶段的中国货币调控方式转型》，《金融研究》2018
　　年第 4 期。

徐忠、贾彦东：《自然利率与中国宏观政策选择》，《经济研究》2019 年第
　　6 期。

杨林：《德国货币政策中介目标的历史回顾与分析》，《浙江金融》1996 年
　　第 10 期。

易纲：《中国改革开放三十年的利率市场化进程》，《金融研究》2009 年第
　　1 期。

易纲：《新中国成立 70 年金融事业取得辉煌成就》，《中国金融》2019 年第
　　19 期。

易纲：《金融助力全面建成小康社会》，《中国金融》2020 年第 Z1 期。

于学军：《法国中央银行货币政策和金融监管的特点及借鉴意义》，《特区理
　　论与实践》1998 年第 1 期。

余建干、吴冲锋：《中国最优货币政策的选择、比较和影响——基于混合型

新凯恩斯模型的实证研究》，《财经研究》2014 年第 10 期。

张晓慧：《货币政策的发展、挑战与前瞻》，《中国金融》2015 年第 19 期。

张勇、李政军、龚六堂：《利率双轨制、金融改革与最优货币政策》，《经济研究》2014 年第 10 期。

赵平：《我国企业负债水平与地区信贷增长差异——基于省级面板数据的实证分析》，《上海金融》2013 年第 1 期。

郑挺国、王霞：《泰勒规则的实时分析及其在我国货币政策中的适用性》，《金融研究》2011 年第 8 期。

中国人民银行营业管理部课题组、李宏瑾：《中央银行利率引导——理论、经验分析与中国的政策选择》，《金融研究》2013 年第 9 期。

周莉萍：《全球负利率政策：操作逻辑与实际影响》，《经济学动态》2017 年第 6 期。

周小川：《当前研究和完善货币政策传导机制需要关注的几个问题》，2004 年 4 月 14 日. http：//www. pbc. gov. cn/hanglingdao/128697/128719/128766/2835231/index. html，2022 年 6 月 21 日。

周小川：《新世纪以来中国货币政策主要特点》，《中国金融》2013 年第 2 期。

周小川：《把握好多目标货币政策：转型的中国经济的视角》，2016 年 6 月 24 日，http：//www. pbc. gov. cn/goutongjiaoliu/113456/113469/3090366/index. html，2022 年 6 月 21 日。

Acharya V. V. , T. Eisert, C. Eufinger and C. W. Hirsch, "Whatever it Takes: the Real Effects of Unconventional Monetary Policy", *The Review of Financial Studies*, Vol. 32, No. 9, 2019, pp. 3366-3411.

Amamiya M. , "Japan's Economy and Monetary Policy", Speech by Mr Masayoshi Amamiya, Deputy Governor of the Bank of Japan, at the Japan National Press Club, Tokyo, July 29, 2020.

Amato J. , "The Role of the Natural Rate of Interest in Monetary Policy", BIS Working Papers, No. 171, 2005.

Barro R. J. and D. B. Gordon, "A Positive Theory of Monetary Policy in a Natural Rate Model", *Journal of Political Economy*, Vol. 91, No. 4, 1983, pp. 589-610.

Barsky R., A. Justiniano and L. Melosi, "The Natural Rate of Interest and its Usefulness for Monetary Policy", *American Economic Review*, Vol. 104, No. 5, 2014, pp. 37-43.

Bernanke, B. and A. Blinder, "Credit, Money, and Aggregate Demand", *American Economic Review*, Vol. 78, No. 2, 1988, pp. 435-439.

Bernanke B. and F. Mishkin, "Central Bank Behavior and the Strategy of Monetary Policy: Observations from Six Industrialized Countries", NBER Macroeconomics Annual, No. 7, 1992, pp. 183-228.

Bernanke B. and F. Mishkin, "Inflation Targeting: A New Framework for Monetary Poliey?", *Journal of Economic Perspectives*, Vol. 11, No. 2, 1997, pp. 97-116.

Bernanke B. and M. Gertler, "Inside the Black Box: The Credit Channel of Monetary Policy Transmission", *Journal of Economic Perspectives*, Vol. 9, No. 4, 1995, pp. 27-48.

Bernanke B. and M. Gertler, "Asset Prices and Central Bank Policy", NBER Working Paper, No. 7559, 2000.

Bernanke B., M. Gertler and S. Gilchrist, "The Financial Accelerator and the Flight to Quality", *Review of Economics and Statistics*, Vol. 78, No. 1, 1996, pp. 1-15.

Bernanke B., M. Gertler and S. Gilchrist, "The Financial Accelerator in a Quantitative Business Cycle Framework", *Handbook of Macroeconomics*, No. 1, 1999, pp. 1341-1393.

Bernanke B. and V. Reinhart, "Conducting Monetary Policy at Very Low Short-Term Interest Rates", *AEA papers and proceedings*, Vol. 94, No. 2, 2004, pp. 85-90.

Beyer A. , V. Gaspar, C. Gerberding and O. Issing, "Opting out of the Great Inflation", in *The Great Inflation: The Rebirth of Modern Central Banking*, Bordo, M. and A. Orphanides (eds.), 2013, pp. 301–346.

Beyer R. and V. Wieland, "Instability, Imprecision and Inconsistent Use of Equilibrium Real Interest Rate Estimates", *Journal of International Money and Finance*, Vol. 94, 2019, pp. 1–14.

Bindseil U. , "Evaluating Monetary Policy Operational Frameworks", Paper for the Jackson Hole Symposium on Designing Resilient Monetary Policy Frameworks for the Future, Federal Reserve Bank of Kansas City, 2016.

Bindseil U. , *Monetary Policy Implementation: Theory, Past and Present.* New York: Oxford University Press, 2004.

Blanchard, O. and S. Fischer, *Lectures on Macroeconomics.* Cambridge: MIT Press, 1989.

Bordo M. , "Rules for A Lender of Last Resort: A Historical Perspective", *Journal of Economic Dynamics & Control*, Vol. 49, No. 1, 2014, pp. 126–134.

Bordo M. and F. E. Kydland, "The Gold Standard as a Rule: An Essay in Exploration", *Explorations in Economic History*, Vol. 32, No. 4, 2004, pp. 423–464.

Borio C. and B. Hofmann, "Is Monetary Policy Less Effective When Interest Rates are Persistently Low?", BIS Working Papers, No. 628, 2017.

Borio C. and H. Zhu, "Capital Regulation: Risk−taking and Monetary Policy", BIS Working Paper, No. 268, 2008.

Borio C. and W. White, "Whither Monetary and Financial Stability? The Implications of Evolving Policy Regimes", BIS Working Paper, No. 147, 2004.

Borio C. , L. Gambacorta and B. Hofmann, "The Influence of Monetary Policy on Bank Profitability", BIS Working Papers, No. 514, 2015.

Brainard L. , "Navigating Monetary Policy through the Fog of COVID", At the Perspectives on the Pandemic Webinar Series, hosted by the National Association for Business Economics, Washington, D. C. , July 14, 2020.

Brunnermeier M. and Y. Koby, *"The Reversal Interest Rate"*: *An Effective Lower Bound on Monetary Policy*, Princeton, NJ: Princeton University Press, 2016.

Buiter H. and N. Panigirtzoglou, "Overcoming the Zero Bound on Nominal Interest Rates with Negative Interest on Currency: Gesell's Solution", *The Economic Journal*, Vol. 113, No. 490, 2003, pp. 723–746.

Caballe J. and J. Hromcova, "The Role of Central Bank Operating Procedures in an Economy with Productive Government Spending", *Computational Economics*, Vol. 37, No. 1, 2011, pp. 39–65.

Caballero R., T. Hoshi and A. Kashyap, "Zombie Lending and Depressed Restructuring in Japan", *American Economic Review*, Vol. 98, No. 5, 2008, pp. 1943–1977.

Cagan P., "The Choice among Monetary Aggregates as Targets and Guides for Monetary Policy", *Journal of Money Credit and Banking*, Vol. 14, No. 4, 1982, pp. 661–686.

Carare A. and M. R. Stone, "Inflation Targeting Regimes", IMF Working Papers WP/03/9, 2003.

Carpenter S. and S. Demiralp, "Anticipation of Monetary Policy and Open Market Operations", *International Journal of Central Banking*, Vol. 2, No. 2, 2006, pp. 25–63.

Cecchetti S., H. Genberg, J. Lipsky and S. Wadhwani, *Asset Prices and Central Bank Policy*, Centre for Economic Policy Research, 2000.

Christensen J. and G. Rudebusch, "A New Normal for Interest Rates? Evidence from inflation-indexed debt", *Review of Economics and Statistics*, Vol. 101, No. 5, 2019, pp. 933–949.

Christensen J., "Yield Curve Responses to Introducing Negative Policy Rates", FRBSF Economic Letter, No. 27, 2019.

Christiano L., R. Motto and M. Rostagno, "Financial Factors in Economic Fluctuations", European Central Bank Working Paper Series, No. 1192, 2010.

Clarida R. , "The Global Factor in Neutral Policy Rates", BIS Working Paper, No. 732, 2018.

Clarida R. , J. Gali and M. Gertler, "The Science of Monetary Policy: A New Keynesian Perspective", *Journal of Economic Literature*, Vol. 37, No. 4, 1999, pp. 1661-1707.

Cuaresma J. & E. Gnan, "The Natural Rate of Interest: Which Concept? Which Estimation Method? Which Policy Conclusions?", *Journal of Post Keynesian Economics*, Vol. 29, No. 4, 2007, pp. 667-688.

Cunliffe J. , "Why are Interest Rates Low?", Speech at Manchester University, Nov. 16, 2016.

Currie D. and P. Levine, *Rules, Reputation and Macroeconomic Policy Coordination*, Cambridge: Cambridge University Press, 1993, pp. 176-211.

Del Negro M. and F. Schorfheide, "DSGE Model-Based Forecasting", in *Handbook of Economic Forecasting*, Elliott G. , C. Granger and A. Timmermann (ed.), Vol. 1, No. 2, 2012, pp. 57-140.

Del Negro M. , D. Giannone, M. Giannoni and A. Tambalotti, "Global Trends in Interest Rates", *Journal of International Economics*, No. 118, 2019, pp. 248-262.

Dib A. , "Banks, Credit Market Frictions, and Business Cycles", Working Paper, Bank of Canada. No. 24, 2010.

Draghi M. , "The International Dimension of Monetary Policy", Speech at ECB Forum on Central Banking, Jun. 28, 2016.

ECB, "The Natural Real Interest Rate in the Euro Area", Monthly Bulletin, May, 2004, pp. 57-69.

Eggertsson G. B. and M. Woodford, "Optimal Monetary and Fiscal Policy in a Liquidity Trap", NBER Working Papers, No. 10840, 2004.

Ericsson N. , E. Jansen, N. Kerbeshian and R. Nymoen, "Interpreting A Monet ary Conditions Index in Economic Policy", BIS Conference Papers, No. 6. 1998.

Evans A. , "The Natural Rate of Interest: An Estimate for the United Kingdom", *Economic Affairs*, Vol. 40, No. 1, 2020, pp. 24–35.

Ferguson R. , "Equilibrium Real Interest Rate", Speech at the University of Connecticut School of Business, Hartford, Connecticut, Oct. 29, 2004.

Ferreira T. and S. Shousha, "Scarcity of Safe Assets and Global Neutral Interest Rates", Board of Governors of the Federal Reserve System, International Finance Discussion Papers, No. 1293, 2020.

Feyzioglu T. , N. , Porter and E. Takats, "Interest Rate Liberalization in China", IMF Working Papers, No. 09/171, 2009.

Fischer S. , "Monetary Policy, Financial Stability, and the Zero Lower Bound", *American Economic Review*, Vol. 106, No. 5, 2016, pp. 39–42.

Fischer S. , "The Low Level of Global Real Interest Rates", Speech at the Conference to Celebrate Arminio Fraga's 60 Years, Jul. 31, 2017.

Fisher I. , *The Theory of Interest.* Sentry Press: New York, pp. 99–125.

Freixas X. and J. Rochet, *Microeconomics of Banking.* MIT Press, 2008.

Friedman B. and K. Kuttner, "Implementation of Monetary Policy", in *Handbook of Monetary Economics*, 2011, pp. 1345–1438.

Friedman M. and A. Schwartz, *A Monetary History of the United States* 1867–1960, NBER Books, 1963.

Friedman M. , "The Role of Monetary Policy", *American Economic Review*, Vol. 58, No. 1, 1968, pp. 1–17.

Friedman B. , "Targets and Instruments of Monetary Policy", in *Handbook of Monetary Economics*, Vol. 2, No. 1, 1990, pp. 1185–1230.

Fujiwara S. , Y. Iwasaki, I. Muto, K. Nishizaki and N. Sudo, "Developments in the Natural Rate of Interest in Japan", *Bank of Japan Review*, No. 16–E–12, 2016.

Fukuda S. I. and N. Soma, "Inflation Target and Anchor of Inflation Forecasts in Japan", *Journal of the Japanese and International Economies*, Vol. 52, No. 1, 2019, pp. 154−170.

Gaballo G., "Good Luck or Good Policy", *Journal of Economic Dynamics and Control*, Vol. 37, No. 12, 2013, pp. 2755−2770.

Gali J., *Monetary Policy, Inflation, and the Business Cycle*. Princeton: 2008.

Gambetti L. and J. Gali, "On the Sources of the Great Moderation", *American Economic Journal: Macroeconomics*, Vol. 1, No. 1, 2009, pp. 26−57.

Gelain P., "The External Finance Premium in the Euro Area: A Dynamic Stochastic General Equilibrium Analysis", *North American Journal of Economics & Finance*, Vol. 21, No. 1, 2010, pp. 49−71.

Genay H. and R. Podjasek, "What is the Impact of a Low Interest Rate Environment on Bank Profitability?", Chicago FED Letter, No. 324, 2014.

Gertler M. and P. Karadi. "Qe 1 vs. 2 vs. 3...: A Framework for Analyzing Large−Scale Asset Purchases as a Monetary Policy Tool", *International Journal of central Banking*, Vol. 9, No. S1, 2013, pp. 5−53.

Giammarioli, N. and N. Valla, "The Natural Real Interest Rate and Monetary Policy: A Review", *Journal of Policy Modeling*, Vol. 26, No. 5, 2004, pp. 641−660.

Giannoni M. and M. Woodford "Optimal Inflation Targeting Rules", in *The inflation Targeting Debate*, Bernanke, B. and M. Woodford (ed.), 2004, pp. 93−162.

Glover A., "Negative Nominal Interest Rates Can Worsen Liquidity Traps", The Federal Reserve Bank of Kansas City Research Working Papers. No. 10. 18651/ RWP 2019−07, 2019.

Goncalves C., S. Eduardo and Alexandre Carvalho, "Inflation Targeting Matters: Evidence from OECD Economies' Sacrifice Ratios", *Journal of Money, Credit and Banking* Vol. 41, No. 1, 2009, pp. 233−243.

Goncalves C. , S. Eduardo and J. M. Salles, "Inflation Targeting in Emerging Economies: What Do the Data Say?" *Journal of Development Economics*Vol. 85, No. 1-2, 2008, pp. 312-318.

Gürkaynak R. S. , A. T. Levin, E. T. Swanson and A. N. Marder, "Inflation Targeting and the Anchoring of Inflation Expectations in the Western Hemisphere", *Economia Chilena*, Vol. 9, No. 3, 2007, pp. 19-52.

Hakkio C. and L. Smith, "Bond Premiums and the Natural Real Rate of Interest", Federal Reserve Bank of Kansas City, Economic Review, Q1, 2017, pp. 5-39.

Hale T. , Angrist N. , Goldszmidt R. , Kira B. , Petherick A. , Philips T. , Webster S. , Cameron-Blake E. , Hallas L. , Majumdar S. , Tatlow H. , "A Global Panel Database of Pandemic Policies (Oxford COVID-19 Government Response Tracker)", *Nature Human Behavior*, No. 5, 2021, pp. 529-538.

Hamilton J. , E. Harris, J. Hatzius K. West, "The Equilibrium Real Funds Rate: Past, Present, and Future", *IMF Economic Review*, Vol. 64, No. 4, 2016, pp. 660-707.

Hammond G. , "State of the Art of Inflation Targeting", Centre for Central Banking Studies Hand-book, No. 29, 2011.

Hartmann P. and F. Smets, "The First Twenty Years of the European Central Bank", European Central Bank Working Papers, No. 2219, 2018.

He, D. and H. Wang, 2012, "Dual-Track Interest Rate and the Conduct of Monetary Policy in China", *China Economic Review*, Vol. 23, No. 4, 2012, pp. 928-947.

Hofmann B. and E. Kohlscheen, "Consumption and Interest Rates: A Cross Country Analysis", Bank for International Settlements, 2017.

Holston K. , T. Laubach and J. C. Williams, "Measuring the Natural Rate of Interest: International Trends and Determinants", *Journal of International*

Economics, Vol. 108, No. S1, 2017, pp. 59–75.

Holston K. , T. Laubach, and J. C. Williams, "Adapting the Laubach and Williams and Holston, Laubach, and Williams Models to the COVID-19 Pandemic", May 27, 2020, https://www. newyorkfed. org/research/policy/rstar, June 21, 2022.

Hooper P. , F. Mishkin and A. Sufi, "Prospects for Inflation in a High Pressure Economy: Is the Phillips Curve Dead or is It Just Hibernating?", NBER Working Papers, No. 25792, 2019.

IMF, "Chapter 3: Perspectives on Global Real Interest Rates", World Economic Outlook: Legacies, Clouds, Uncertainties, Oct. 2014.

ING, "Negative Rates, Negative Reactions", ING Economic and Financial Analysis, 2016.

Ito T. and F. S. Mishkin, "Two Decades of Japanese Monetary Policy and the Deflation Problem", NBER Working Papers No. 10878, 2004.

Jansson P. and A. Vredin, "Forecast-Based Monetary Policy: The Case of Sweden", *International Finance*, Vol. 6, No. 3, 2003, pp. 349–380.

Justiniano, A. G. Primiceri and A. Tambalotti, "Investment Shocks and the Relative Price of Investment", *Review of Economic Dynamics*, Vol. 14, No. 1, 2011, pp. 101–121.

Kahn G. and A. Palmer, "Monetary Policy at the Zero Lower Bound", Federal Reserve Bank of Kansas City Economic Review (First Quarter), 2016, pp. 5–37.

Keating J. , and A. Smith, "The Optimal Monetary Instrument and the (Mis) Use of Causality Tests", Federal Reserve of Kansas City Research Working Paper, No. 18-11, 2018.

Keynes, J. , *Treatise on Money*. New York: Harcourt, Brace & Co. , 1930.

Kiley M. , "What Can Data Tell Us About the Equilibrium Real Interest Rate?" Board of Governors of the Federal Reserve System, Finance and Economics

Discussion Series, No. 2015-077, 2015.

Kilponen J. and K. Leitemo, "Model Uncertainty and Delegation", *Journal of Money*, *Credit, and Banking*, Vol. 40, No. 2/3, 2008, pp. 547-556.

Kim S. , and H. Chen, "From a Quantity to an Interest Rate-Based Framework", Hong Kong Institute for Monetary Research Working Paper. No. 01, 2019.

Krugman P. , "It's Back: Japan's Slump and the Return of the Liquidity Trap", Brookings Papers on Economic Activity, Feb, 1998.

Kydland F. and E. Prescott, "Rules Rather than Discretion: The Inconsistency of Optimal Plans", *Journal of Political Economy*, Vol. 85, No. 3, 1977, pp. 473-491.

Laubach T. and J. C. Williams, "Measuring the Natural Rate of Interest", Review of Economics and Statistics, Vol. 85, No. 4, 2003, pp. 1063-1070.

Laubach T. and J. C. Williams, "Measuring the Natural Rate of Interest Redux", Federal Reserve Bank of San Francisco Working Paper, No. 2015-2016, 2015.

Leideman L. and L. Svensson, *Inflation Targets*, London: Centre for Economic Policy Research, 1995.

Leijonhufvud, A. , "The Wicksell Connection: Variations on A Theme", in *Information and Coordination: Essays in Macroeconomic Theory*, Oxford: Oxford University Press, 1981, pp. 131-202.

Lewis K. F. and F. Vazquez-Grande, "Measuring the Natural rate of Interest: A Note on Transitory Shocks", *Journal of Applied Econometrics*, Vol. 34, No. 3, 2019, pp. 425-436.

Lewis K. F. and F. Vazquez-Grande, "Measuring the Natural Rate of Interest", Board of Governors of the Federal Reserve System, Finance and Economics Discussion Series, No. 059, 2017.

Li H. and N. Su. "Financial Factors Openness and the Natural Interest Rate of China". *China & World Economy*, Vol. 28, No. 4, 2020, pp. 76-100.

Lindahl E. , *Studies in the Theory of Money and Capital*, London: Allen & Unwin, 1939.

Lis E. , C. Nickel and A. Papetti, "Demographics and Inflation in the Euro Area: A Two – sector New Keynesian Perspective", ECB Working Paper, No. 2382, 2020.

Lucas R. , "Econometric Policy Evaluation: A Critique", Carnegie–Rochester Conference Series on Public Policy, Vol. 1, No. 1, 1976, pp. 19–46.

McCallum B. and E. Nelson, "Targeting versus Instrument Rules for Monetary Policy", Federal Reserve Bank of St. Louis Review, Vol. 87, No. 1, 2005, pp. 597–612.

McCallum B. and E. Nelson. "Performance of Operational Policy Rules in an Estimated Semi–Classical Structural Model", NBER Working Paper, No. 6599, 1998.

McCallum B. , "Monetarist Rules in the Light of Recent Experience", *American Economic Review*, Vol. 74, No. 2, 1984, pp. 388–391.

McKinnon R. I. , "Money and Capital in Economic Development", The Brookings Institution, Washington DC, 1973.

Mester L. , "Comments on 'the Equilibrium Real Funds Rate: Past, Present, and Future' ", Presentation at the 2015 US Monetary Policy Forum, New York, 27 Feb. , 2015.

Mishkin F. S. , "Inflation Targeting in Emerging Market Countries", NBER Working Paper, No. 7618, 2000.

Mishkin F. S. , *The Economics of Money, Banking and Financial Markets*, Boston: Pearson Education and Addison–Wesley, 2009.

Mishkin F. S. , "Monetary Policy Strategy: Lessons from the Crisis", NBER Working Paper, No. 16755, 2011.

Mishkin F. S. , "Central Banking After the Crisis", Series on Central Banking Analysis and Economic Policies, No. 19, 2014.

Mishkin F. S. and K. Schmidt–Hebbel, "Monetary Policy Under Inflation Targeting：An Introduction", Working Papers Central Bank of Chile, No. 11, 2006, pp. 5-17.

Moore B. J. *Horizontalists and Verticalists：The Macroeconomics of Credit Money*, Cambridge University Press, 1988.

Myrdal G. , *Monetary Equilibrium.* London：William Hodge & Co. 1939.

Nakata T. , "Optimal Fiscal and Monetary Policy with Occasionally Binding Zero Bound Constraints", Finance and Economics Discussion Series, No. 40, 2013.

Neiss K. and E. Nelson, "The Real Interest Rate Gap as an Inflation Indicator", *Macroeconomic Dynamics*, Vol. 7, No. 2, 2003, pp. 239-262.

Okazaki Y. and N. Sudo, "Natural Rate of Interest in Japan", Bank of Japan Working Paper, No. 18-E-6, 2018.

Okina K. and S. Shiratsuka, "Policy Commitment and Expectation Formation：Japan's Experience under Zero Interest Rates", *North American Journal of Economics and Finance*, Vol. 15, No. 1, 2004, pp. 75-100.

Orphanides A. , "Historical Monetary Policy Analysis and the Taylor Rule", *Journal of Monetary Economics*, Vol. 50, No. 5, 2003, pp. 983-1022.

Pagan H. A. , "Dissecting the Cycle：A Methodological Investigation", *Journal of Monetary Economics*, Vol. 49, No. 2, 2002, pp. 365-381.

Pescatori A. and J. Turunen, "Lower for Longer：Neutral Rate in the US", IMF Economic Review, Vol. 64, No. 4, 2016, pp. 708-731.

Phillips W. , "The Relationship between Unemployment and the Rate of Change of Money Wages in the United Kingdom, 1861 - 1957", *Economica*, Vol. 27, No. 105, 1958, pp. 1-31.

Pigou A. , "The Value of Money", *Quarterly Journal of Economics*, Vol. 32, No. 4, 1917, pp. 38-65.

Podolski T. , "Financial Innovation and Money Supply", The new Palgrave Dictionary of Money & Finance, Springer, London：Macmillan, 1992, pp. 69-72.

Poole W. , "Optimal Choice of Monetary Policy Instrument in a Simple Stochastic

Macro Model", *Quarterly Journal of Economics*, Vol. 84, No. 2, 1970, pp. 197-216.

Poole W. , "Understanding the Fed", Federal Reserve Bank of St. Louis Review, No. 89, 2007, pp. 3-14.

Porter N. and T. Xu, "Money-Market Rates and Retail Interest Regulation in China", *International Journal of Central Banking*, Vol. 12, No. 1, 2016, pp. 143-198.

Powell J. , "COVID-19 and the Economy", At the Hutchins Center on Fiscal and Monetary Policy, The Brookings Institution, Washington, D. C. Apr. 9, 2020.

Powell, "Semiannual Monetary Policy Report to the Congress", Testimony before the Committee on Banking, Housing, and Urban Affairs, U. S. Senate, Jul. 17, 2018.

Ricardo D. , *On the Principles of Political Economy and Taxation*. London: John Murray, 1821, pp. 55-83.

Samarina A. and N. Apokoritis, "Evolution of Monetary Policy Frameworks in the Post-Crisis Environment", DNB Working Papers, No. 664, 2020.

Sargent T. and N. Wallace, "Rational' Expectations, the Optimal Monetary Instrument, and the Optimal Money Supply Rule", *Journal of Political Economy*, Vol. 83, No. 2, 1975, pp. 241-254.

Shaw E. , *Financial Deepening in Economic Development*, New York: Oxford University Press, 1973.

Simons H C. , "Rules versus Authorities in Monetary Policy", *Journal of Political Economy*, Vol. 44, No. 1, 1936, pp. 1-30.

Sims C. A. , J. H. Stock, and M. W. Watson, "Inference in Linear Time Series Models with some Unit Roots", *Econometrica*, Vol. 58, No. 1, 1990, pp. 113-144.

Smets F. and R. Wouters, "An Estimated Stochastic Dynamic General Equilibrium

Model of the Euro Area", *Journal of European Economic Association*, No. 5, 2003, pp. 1123-1175.

Söderlind P. , "Solution and Estimation of RE Macro Models with Optimal Policy", *European Economic Review*, Vol. 43, No. 4-6, 1999, pp. 813-823.

Summers L. , "Reflections on the New Secular Stagnation", in *Secular Stagnation: Facts, Causes and Cures*, London: Centre for Econcmic Policy Research - CEPR, 2014, pp. 27-40.

Summers L. , "US Economic Prospects", *Business Economics*, Vol. 49, No. 2, 2014, pp. 65-73.

Summers L. , "Policy Responses to Crises", Speech at IMF 14th Annual Research Conference in Honor of Stanley Fischer, Nov. 8, 2013.

Svensson L. , "Inflation Forecast Targeting: Implementing and Monitoring Inflation Targets", *European Economic Review*, Vol. 41, No. 6, 1997, pp. 1111-1146.

Svensson L. "Inflation Targeting as a Monetary Policy Rule", *Journal of Monetary Economics*, Vol. 43, No. 3, 1999, pp. 607-654.

Svensson L. , "Open-Economy Inflation Targeting", *Journal of International Economics*, Vol. 50, No. 1, 2000, pp. 155-183.

Svensson L. , "Targeting versus Instrument Rules for Monetary Policy: What is Wrong with McCallum and Nelson?", Federal Reserve Bank of St. Louis Review, No. 87, 2005, pp. 613-625.

Svensson L. , "Inflation Targeting", NBER Working Paper, No. 16654, 2010.

Svensson L. , "Evaluating Monetary Policy", in The Taylor Rule and the Transformation of Monetary Policy, Hoover Press, 2013, pp. 219-245.

Svensson L. and M. Woodford, "Implementing Optimal Policy through Inflation-Forecast Targeting", NBER Chapters 9747, 2004, pp. 19-92.

Taylor J. B. , "Discretion versus Policy Rules in Practice", Carnegie-Rochester Conference Series on Public Policy, Vol. 39, 1993, pp. 195-214.

Taylor, J. B. , "A Historical Analysis of Monetary Policy Rules", in Monetary

Policy Rules, University of Chicago Press, 1999, pp. 319-348.

Taylor J. B., "Housing and Monetary Policy", Paper for the Symposium on Housing, Housing Finance, and Monetary Policy, Federal Reserve Bank of Kansas City, Economic Symposium Conference Proceedings, 2007, pp. 463-476.

Taylor J. B., "Monetary Policy Rules Work and Discretion Doesn't: A Tale of Two Eras", *Journal of Money Credit & Banking*, Vol. 44, No. 6, 2012, pp. 1017-1032.

Taylor J. B., "Monetary Policy during the Past 30 Years with Lessons for the Next 30 Years", *Cato Journal*, Vol. 33, No. 1, 2013, pp. 333-345.

Taylor J. B., "Getting Back to a Rules-Based Monetary Strategy", Presentation at the Shadow Open Market Committee Conference, Mar. 20, 2015.

Taylor J. B. and V. Wieland, "Finding the Equilibrium Real Interest Rate in a Fog of Policy Deviations", *Business Economics*, Vol. 51, No. 3, 2016, pp. 147-154.

Taylor J. B. and J. C. Williams, "Simple and Robust Rules for Monetary Policy", Handbook of Monetary Economics, Chapter 15, 2010, pp. 829-859.

Umino S., "Real-Time Estimation of the Equilibrium Real Interest Rate", *North American Journal of Economics and Finance*, Vol. 28, No. C, 2014, pp. 17-32.

Walsh C., "Inflation Targeting: What Have We Learned?", *International Finance*, Vol. 12, No. 2, 2009, pp. 195-233.

Walsh C., *Monetary Theory and Practice*, Cambridge: MIT Press, 2010.

Wicksell K., *Interest and Prices*. London: MacMillan, 1936.

Wieland V., "R-tar: The Natural Rate and Its Role in Monetary Policy", in The Structural Foundations of Monetary Policy, Bordo, Stanford: Hoover Institution Press, 2018.

Woodford M., "The Taylor Rule and Optimal Monetary Policy", *American Economic Review*, Vol. 91, No. 2, 2001, pp. 232-237.

Woodford M., "Inflation Stabilization and Welfare", *Contributions in Macroeco-*

nomics, Vol. 2, No. 1, 2002, pp. 1-51.

Woodford M. , *Interest and prices*: *Foundations of a Theory of Monetary Policy*. Princeton University Press, 2003, pp. 205-240.

Woodford M. , "Central Bank Communication and Policy Effectiveness", NBER Working paper, No. 11898, 2005.

Woodford M. , "Optimal Monetary Stabilization Policy", *Handbook of Monetary Economics*, Vol. 3, 2010.

Wray L. R. , "Alternative Paths to Modern Money Theory", *Real-World Economics Review*, Vol. 89, No. 1, 2019, pp. 5-22.

Yellen J. , "The Economic Outlook and Monetary Policy", Speech at the Economic Club of Washington, Washington D. C. Dec. 2, 2015.

Yellen J. , "From Adding Accommodation to Scaling It Back", Speech at the Executives' Club of Chicago, Mar. 3, 2017.

Zhang W. L. , "China's Monetary Policy: Quantity Versus Price Rules", *Journal of Macroeconomics*, Vol. 31, No. 3, 2009, pp. 473-484.

Roger S, "Inflation Targeting Turns 20: A Growing Number of Countries are Making a Specific Inflation Rate the Primary Goal of Monetary Policy, with Success", Finance & Development, Vol. 47, No. 1, 2010, pp. 46-49.

索　引

后　记

2013年7月，我从北京大学统计学专业博士研究生毕业，进入中国人民银行营业管理部工作。在这里，我从一个经济学的门外汉开始一步一步地学习和成长。我的第一个研究课题是"金融脱媒"。新兴理财产品的层出不穷加速了金融脱媒，引起了广泛的关注。对于这一热点问题，虽然研究者众多，但基于理论模型进行深入分析的研究较为少见。因此，如何用合适的模型和数据对"宝宝"类理财产品进行刻画从而分析其影响机制成为研究的难点。在这一过程中，我从米什金的《货币银行学》这一经典教材开始学习，梳理了国内外相关的近百篇研究论文，通过不断地尝试和改进，完成了最终的课题报告，并获得了中国人民银行青年论坛金奖，这也为我后续的经济学研究打下了基础。

2015年，我第一次接触"货币政策规则"这一课题。货币政策规则研究在发达国家已经有100多年的历史，近年来在理论和实践上都取得了突破性的进展。在我国，由于货币政策处于转型时期，货币政策规则的适用性仍有待探讨，因此相关研究较少。虽然这一领域的理论难度较大，政策实践也需探索，但我坚信关于货币政策规则的研究大有可为，它对我国货币政策的理论和实践都有重要的意义。围绕这一课题，我在最优货币政策、自然利率、利率市场化等领域开展了大量的研究工作。

2020年，党的十九届五中全会提出"建设现代中央银行制度"，这为货币政策规则的研究提供了新的契机。现代中央银行制度的重要部分是健全现代货币政策框架，增强货币政策操作的规则性是我国健全货币政策框架的重要方向。在这一背景下，我将2013年以来的研究成果进行了汇总完善，形成了本书的框架和内容，这既是对过去几年来货币政策规则相关研究的总结，也为我未来的研究指明了方向。

回首八年时光，我的研究之路虽然有不少艰辛，但也收获了不少成果。在本书付梓之际，要感谢中国人民银行营业管理部为我提供了学习和成长的环境，在这里我开始接触中国人民银行的实际业务；感谢中国人民银行金融研究所为我提供了博士后学习的机会，让我有机会向中国人民银行和高校的权威研究人员学习最前沿的理论知识，为我提供了更大的成长空间和更广阔的研究平台；感谢我的博士后导师张晓慧院长，她对我的点拨和指导让我受益终生；感谢我的同事李宏瑾博士，正是他的引领和悉心教导才有了我的点滴进步；感谢中国人民银行营业管理部金融研究处以及中国人民银行金融研究所的领导和同事，与他们热烈和愉快的学术讨论让我受益良多，我的成果离不开他们的集思广益和鼎力支持；感谢经济管理出版社的宋娜主任，她热情、周到的编辑服务工作促进了本书的出版。

需要特别说明的是，本书的观点和内容仅是个人的学术思考，不代表所在单位的观点。与此同时，由于作者水平所限，错误与疏漏在所难免，责任均由作者承担，敬请读者批评指正。

"会当凌绝顶，一览众山小。"科研之路没有终点，而是需要永攀高峰。我将继续在研究之路上探索前行。

苏乃芳

2021 年 12 月 23 日

专家推荐表

第十批《中国社会科学博士后文库》专家推荐表 1

　　《中国社会科学博士后文库》由中国社会科学院与全国博士后管理委员会共同设立，旨在集中推出选题立意高、成果质量高、真正反映当前我国哲学社会科学领域博士后研究最高学术水准的创新成果，充分发挥哲学社会科学优秀博士后科研成果和优秀博士后人才的引领示范作用，让《文库》著作真正成为时代的符号、学术的示范。

推荐专家姓名	张晓慧	电　　话	
专业技术职务	研究员	研究专长	货币政策
工作单位	清华大学五道口金融学院	行政职务	院长
推荐成果名称	现代中央银行视角下的货币政策规则： 理论基础、国际经验与中国的政策方向		
成果作者姓名	苏乃芳		

　　苏乃芳同志长期在中央银行从事货币政策相关研究工作。其近期作品《现代中央银行视角下的货币政策规则：理论基础、国际经验与中国的政策方向》，初步厘清了货币政策规则的理论逻辑和实践脉络，创新性地采用理论分析、经验分析、实证分析和数理模型等多种方法，对我国转型时期的货币政策特点进行了分析，并探索符合我国实际的货币政策规则。本书在理论上将丰富对货币政策规则的理论基础与相关认识，在实践上也将对我国货币政策框架转型具有一定的借鉴意义，是一部很有价值的作品。

　　作为苏乃芳同志的博士后指导老师，我推荐其作品入选《中国社会科学博士后文库》。

签字：张晓慧

2021　年　3　月　12　日

　　说明：该推荐表须由具有正高级专业技术职务的同行专家填写，并由推荐人亲自签字，一旦推荐，须承担个人信誉责任。如推荐书稿入选《文库》，推荐专家姓名及推荐意见将印入著作。

第十批《中国社会科学博士后文库》专家推荐表2

　　《中国社会科学博士后文库》由中国社会科学院与全国博士后管理委员会共同设立，旨在集中推出选题立意高、成果质量高、真正反映当前我国哲学社会科学领域博士后研究最高学术水准的创新成果，充分发挥哲学社会科学优秀博士后科研成果和优秀博士后人才的引领示范作用，让《文库》著作真正成为时代的符号、学术的示范。

推荐专家姓名	马骏	电　话	
专业技术职务	研究员	研究专长	货币政策
工作单位	北京绿色金融与可持续发展研究院、北京大学国家发展研究院	行政职务	院长
推荐成果名称	现代中央银行视角下的货币政策规则：理论基础、国际经验与中国的政策方向		
成果作者姓名	苏乃芳		

　　加强价格型货币政策调控方式转型并遵循一定规则开展利率决策，是我国健全与现代中央银行制度相匹配的货币政策框架的重要方向。《现代中央银行视角下的货币政策规则：理论基础、国际经验与中国的政策方向》一书，在对货币政策规则的基本理论和国际经验进行深入剖析的基础上，全面分析货币政策转型时期的主要特征，并探索现代中央银行制度下的符合我国实践的货币政策规则，初步形成了具有一定创新性的理论思路和较为系统完整的理论范式。本书为建立符合我国特征的货币政策规则提供了可靠的理论依据和实证研究支撑。

　　全书谋篇布局合理紧凑，行文流畅，是一部很好的研究作品，推荐其入选《中国社会科学博士后文库》。

签字：

中国人民银行货币政策委员会委员

北京绿色金融与可持续发展研究院院长

北京大学国家发展研究院兼职教授

2021　年　3　月　12　日

说明：该推荐表须由具有正高级专业技术职务的同行专家填写，并由推荐人亲自签字，一旦推荐，须承担个人信誉责任。如推荐书稿入选《文库》，推荐专家姓名及推荐意见将印入著作。

经济管理出版社
《中国社会科学博士后文库》
成果目录

第二批《中国社会科学博士后文库》

序号	书　名	作　者
1	《国有大型企业制度改造的理论与实践》	董仕军
2	《后福特制生产方式下的流通组织理论研究》	宋宪萍
3	《基于场景理论的我国城市择居行为及房价空间差异问题研究》	吴　迪
4	《基于能力方法的福利经济学》	汪毅霖
5	《金融发展与企业家创业》	张龙耀
6	《金融危机、影子银行与中国银行业发展研究》	郭春松
7	《经济周期、经济转型与商业银行系统性风险管理》	李关政
8	《境内企业境外上市监管问题研究》	刘　轶
9	《生态维度下土地规划管理及其法制考量》	胡耘通
10	《市场预期、利率期限结构与间接货币政策转型》	李宏瑾
11	《直线幕僚体系、异常管理决策与企业动态能力》	杜长征
12	《中国产业转移的区域福利效应研究》	孙浩进
13	《中国低碳经济发展与低碳金融机制研究》	乔海曙
14	《中国地方政府绩效管理研究》	朱衍强
15	《中国工业经济运行效益分析与评价》	张航燕
16	《中国经济增长：一个"破坏性创造"的内生增长模型》	韩忠亮
17	《中国老年收入保障体系研究》	梅　哲
18	《中国农民工的住房问题研究》	董　昕
19	《中美高管薪酬制度比较研究》	胡　玲
20	《转型与整合：跨国物流集团业务升级战略研究》	杜培枫

序号	书　名	作　者
1	《程序正义与人的存在》	朱　丹
2	《高技术服务业外商直接投资对东道国制造业效率影响的研究》	华广敏
3	《国际货币体系多元化与人民币汇率动态研究》	林　楠
4	《基于经常项目失衡的金融危机研究》	匡可可
5	《金融创新与监管及其宏观效应研究》	薛昊旸
6	《金融服务县域经济发展研究》	郭兴平
7	《军事供应链集成》	曾　勇
8	《科技型中小企业金融服务研究》	刘　飞
9	《农村基层医疗卫生机构运行机制研究》	张奎力
10	《农村信贷风险研究》	高雄伟
11	《评级与监管》	武　钰
12	《企业吸收能力与技术创新关系实证研究》	孙　婧
13	《统筹城乡发展背景下的农民工返乡创业研究》	唐　杰
14	《我国购买美国国债策略研究》	王　立
15	《我国行业反垄断和公共行政改革研究》	谢国旺
16	《我国农村剩余劳动力向城镇转移的制度约束研究》	王海全
17	《我国吸引和有效发挥高端人才作用的对策研究》	张　瑾
18	《系统重要性金融机构的识别与监管研究》	钟　震
19	《中国地区经济发展差距与地区生产率差距研究》	李晓萍
20	《我国国有企业对外直接投资的微观效应研究》	常玉春
21	《中国可再生能源决策支持系统中的数据、方法与模型研究》	代春艳
22	《中国劳动力素质提升对产业升级的促进作用分析》	梁泳梅
23	《中国少数民族犯罪及其对策研究》	吴大华
24	《中国西部地区优势产业发展与促进政策》	赵果庆
25	《主权财富基金监管研究》	李　虹
26	《专家对第三人责任论》	周友军

第四批《中国社会科学博士后文库》

序号	书　名	作　者
1	《地方政府行为与中国经济波动》	李　猛
2	《东亚区域生产网络与全球经济失衡》	刘德伟
3	《互联网金融竞争力研究》	李继尊
4	《开放经济视角下中国环境污染的影响因素分析研究》	谢　锐
5	《矿业权政策性整合法律问题研究》	郗伟明
6	《老年长期照护：制度选择与国际比较》	张盈华
7	《农地征用冲突：形成机理与调适化解机制研究》	孟宏斌
8	《品牌原产地虚假对消费者购买意愿的影响研究》	南剑飞
9	《清朝旗民法律关系研究》	高中华
10	《人口结构与经济增长》	巩勋洲
11	《食用农产品战略供应关系治理研究》	陈　梅
12	《我国低碳发展的激励问题研究》	宋　蕾
13	《我国战略性海洋新兴产业发展政策研究》	仲雯雯
14	《银行集团并表管理与监管问题研究》	毛竹青
15	《中国村镇银行可持续发展研究》	常　戈
16	《中国地方政府规模与结构优化：理论、模型与实证研究》	罗　植
17	《中国服务外包发展战略及政策选择》	霍景东
18	《转变中的美联储》	黄胤英

第五批《中国社会科学博士后文库》

序号	书　名	作　者
1	《财务灵活性对上市公司财务政策的影响机制研究》	张玮婷
2	《财政分权、地方政府行为与经济发展》	杨志宏
3	《城市化进程中的劳动力流动与犯罪：实证研究与公共政策》	陈春良
4	《公司债券融资需求、工具选择和机制设计》	李　湛
5	《互补营销研究》	周　沛
6	《基于拍卖与金融契约的地方政府自行发债机制设计研究》	王治国
7	《经济学能够成为硬科学吗?》	汪毅霖
8	《科学知识网络理论与实践》	吕鹏辉
9	《欧盟社会养老保险开放性协调机制研究》	王美桃
10	《司法体制改革进程中的控权机制研究》	武晓慧
11	《我国商业银行资产管理业务的发展趋势与生态环境研究》	姚　良
12	《异质性企业国际化路径选择研究》	李春顶
13	《中国大学技术转移与知识产权制度关系演进的案例研究》	张　寒
14	《中国垄断性行业的政府管制体系研究》	陈　林

第六批《中国社会科学博士后文库》

序号	书　名	作　者
1	《城市化进程中土地资源配置的效率与平等》	戴媛媛
2	《高技术服务业进口对制造业效率影响研究》	华广敏
3	《环境监管中的"数字减排"困局及其成因机理研究》	董　阳
4	《基于竞争情报的战略联盟关系风险管理研究》	张　超
5	《基于劳动力迁移的城市规模增长研究》	王　宁
6	《金融支持战略性新兴产业发展研究》	余　剑
7	《粮食流通与市场整合——以乾隆时期长江中游为中心的考察》	赵伟洪
8	《文物保护绩效管理研究》	满　莉
9	《我国开放式基金绩效研究》	苏　辛
10	《医疗市场、医疗组织与激励动机研究》	方　燕
11	《中国的影子银行与股票市场：内在关联与作用机理》	李锦成
12	《中国应急预算管理与改革》	陈建华
13	《资本账户开放的金融风险及管理研究》	陈创练
14	《组织超越——企业如何克服组织惰性与实现持续成长》	白景坤

第七批《中国社会科学博士后文库》

序号	书 名	作 者
1	《行为金融视角下的人民币汇率形成机理及最优波动区间研究》	陈 华
2	《设计、制造与互联网"三业"融合创新与制造业转型升级研究》	赖红波
3	《复杂投资行为与资本市场异象——计算实验金融研究》	隆云滔
4	《长期经济增长的趋势与动力研究：国际比较与中国实证》	楠 玉
5	《流动性过剩与宏观资产负债表研究：基于流量存量一致性框架》	邵 宇
6	《绩效视角下我国政府执行力提升研究》	王福波
7	《互联网消费信贷：模式、风险与证券化》	王晋之
8	《农业低碳生产综合评价与技术采用研究——以施肥和保护性耕作为例》	王珊珊
9	《数字金融产业创新发展、传导效应与风险监管研究》	姚 博
10	《"互联网+"时代互联网产业相关市场界定研究》	占 佳
11	《我国面向西南开放的图书馆联盟战略研究》	赵益民
12	《全球价值链背景下中国服务外包产业竞争力测算及溢出效应研究》	朱福林
13	《债务、风险与监管——实体经济债务变化与金融系统性风险监管研究》	朱太辉

第八批《中国社会科学博士后文库》

序号	书　名	作　者
1	《分配正义的实证之维——实证社会选择的中国应用》	汪毅霖
2	《金融网络视角下的系统风险与宏观审慎政策》	贾彦东
3	《基于大数据的人口流动流量、流向新变化研究》	周晓津
4	《我国电力产业成本监管的机制设计——防范规制合谋视角》	杨菲菲
5	《货币政策、债务期限结构与企业投资行为研究》	钟　凯
6	《基层政区改革视野下的社区治理优化路径研究：以上海为例》	熊　竞
7	《大国版图：中国工业化70年空间格局演变》	胡　伟
8	《国家审计与预算绩效研究——基于服务国家治理的视角》	谢柳芳
9	《包容型领导对下属创造力的影响机制研究》	古银华
10	《国际传播范式的中国探索与策略重构——基于会展国际传播的研究》	郭　立
11	《唐代东都职官制度研究》	王　苗

序号	书　名	作　者
	第九批《中国社会科学博士后文库》	
1	《中度偏离单位根过程前沿理论研究》	郭刚正
2	《金融监管权"三维配置"体系研究》	钟　震
3	《大股东违规减持及其治理机制研究》	吴先聪
4	《阶段性技术进步细分与技术创新效率随机变动研究》	王必好
5	《养老金融发展及政策支持研究》	娄飞鹏
6	《中等收入转型特征与路径：基于新结构经济学的理论与实证分析》	朱　兰
7	《空间视角下产业平衡充分发展：理论探索与经验分析》	董亚宁
8	《中国城市住房金融化论》	李　嘉
9	《实验宏观经济学的理论框架与政策应用研究》	付婷婷

第十批《中国社会科学博士后文库》

序号	书　名	作　者
1	《中国服务业集聚研究：特征、成因及影响》	王　猛
2	《中国出口低加成率之谜：形成机制与优化路径》	许　明
3	《易地扶贫搬迁中的农户搬迁决策研究》	周君璧
4	《中国政府和社会资本合作发展评估》	程　哲
5	《公共转移支付、私人转移支付与反贫困》	解　垩
6	《基于知识整合的企业双元性创新平衡机制与组织实现研究》	李俊华
7	《我国流域水资源治理协同绩效及实现机制研究》	陈新明
8	《现代中央银行视角下的货币政策规则：理论基础、国际经验与中国的政策方向》	苏乃芳
9	《警察行政执法中法律规范适用的制度逻辑》	刘冰捷
10	《军事物流网络级联失效及抗毁性研究》	曾　勇
11	《基于铸牢中华民族共同体意识的苗族经济史研究》	孙　咏

《中国社会科学博士后文库》
征稿通知

为繁荣发展我国哲学社会科学领域博士后事业，打造集中展示哲学社会科学领域博士后优秀研究成果的学术平台，全国博士后管理委员会和中国社会科学院共同设立了《中国社会科学博士后文库》（以下简称《文库》），计划每年在全国范围内择优出版博士后成果。凡入选成果，将由《文库》设立单位予以资助出版，入选者同时将获得全国博士后管理委员会（省部级）颁发的"优秀博士后学术成果"证书。

《文库》现面向全国哲学社会科学领域的博士后科研流动站、工作站及广大博士后，征集代表博士后人员最高学术研究水平的相关学术著作。征稿长期有效，随时投稿，每年集中评选。征稿范围及具体要求参见《文库》征稿函。

联系人：宋　娜

联系电话：13911627532

电子邮箱：epostdoctoral@126.com

通讯地址：北京市海淀区北蜂窝 8 号中雅大厦 A 座 11 层经济管理出版社《中国社会科学博士后文库》编辑部

邮编：100038

经济管理出版社